ESPAÑOL CON FINES ESPECÍFICOS

© Editorial Edinumen

Editorial Edinumen, 2010
José Celestino Mutis, 4
28028 - Madrid
Tlf.: 91 308 51 42
Fax: 91 319 93 09
e-mail: edinumen@edinumen.es
www.edinumen.es

ISBN: 978-84-9848-218-8
Depósito Legal: M-30437-2013

Edición: Sonia Eusebio
Diseño de cubierta: Carlos Yllana
Maquetación: Ana M.ª Gil y Susana Fernández
Fotografías: Archivo Edinumen
Imprime: Glodami. Coslada (Madrid)

CULTURA Y NEGOCIOS

El español de la economía española y latinoamericana

Director de la obra: Ángel Felices
Autores: Ángel Felices
Emilio Iriarte
Emilia Núñez
M.ª Ángeles Calderón

ÍNDICE

CONTENIDO DE LAS UNIDADES

Así nos ven, así nos vemos	Viaje a la economía de América Latina	Zona Web
Rasgos culturales del hombre y la mujer de negocios en Argentina	Fundamentos de la economía argentina	Instituto Nacional de Meteorología de España y Ministerio de Economía de la República de Argentina
El liderazgo, el estatus y el estilo de comunicación en España	Fundamentos de la economía uruguaya	Instituto Nacional de Estadística de España y Ministerio de Ganadería, Agricultura y Pesca de Uruguay
Aspectos socioculturales de Chile	Fundamentos de la economía chilena	Ministerio de Agricultura, Alimentación y Medio Ambiente de España y Ministerio de Economía, Fomento y Turismo de Chile
La organización, la gestión del tiempo y las reuniones en la empresa española	Fundamentos de la economía brasileña	Ministerio de Agricultura, Alimentación y Medio Ambiente de España y Gobierno de la República Federal de Brasil
Rasgos culturales del negociador peruano	Fundamentos de la economía peruana	Instituto para la Diversificación y Ahorro de la Energía y Ministerio de Economía y Finanzas de Perú
Rasgos culturales del negociador colombiano	Fundamentos de la economía colombiana	Secretaría General de Industria y la Dirección General de Política de la Pequeña y Mediana Empresa de España y Ministerio de Comercio, Industria y Turismo de Colombia
Rasgos culturales del negociador venezolano	Panorama de los sectores económicos venezolanos	El Banco de España y el Ministerio del Poder Popular para la Agricultura y Tierras de Venezuela
Cualidades, valores y estilo de negociación de los directivos españoles	Panorama de los sectores económicos panameños	Ministerio de Industria, Energía y Turismo de España y Ministerio de Economía de Guatemala
Rasgos culturales del hombre y de la mujer de negocios en México	Fundamentos de la economía mexicana	Ministerio de Fomento español y Secretaría de Economía de México
Retrato cultural de los cubanos	Fundamentos de la economía cubana	Instituto de Comercio Exterior (ICEX) y el sitio Web de la industria cubana

PRÓLOGO

La tercera edición del texto que les presentamos continúa siendo una novedad en España y en la especialidad de Español de los Negocios. En esta ocasión hemos mantenido la estructura de la primera edición, dado su buen funcionamiento en el aula, pero hemos actualizado en profundidad datos, información, contenidos y diversas actividades. Los cambios han afectado fundamentalmente a la sección denominada Zona web, la más sensible al paso del tiempo. Asimismo, la práctica en el aula y la experiencia docente durante los años transcurridos desde la primera edición nos han ayudado a detectar y eliminar contenidos desactualizados y actividades superfluas o carentes de efectividad.

CULTURA Y NEGOCIOS es un manual dirigido a aquellos que desean aprender tanto el lenguaje de la economía como las claves de las diferencias culturales y de protocolo para hacer negocios con iberoamericanos y españoles, aunque no se tengan conocimientos previos de estas materias. Los alumnos deben poseer como mínimo un nivel B2 del *Marco común europeo de referencia para las lenguas*, si bien el nivel C1 sería incluso más adecuado para un mejor aprovechamiento de todas las potencialidades que ofrece este libro. El profesor que lo utilice tampoco va a necesitar amplios conocimientos de los temas tratados. Su manejo resulta muy sencillo si se consultan las dificultades en el glosario de definiciones que se ofrece al final o las soluciones y alternativas que se recogen en el Libro de Claves.

Los rasgos más sobresalientes de este volumen son los siguientes:

- El libro está estructurado por medio de contenidos temáticos. Las actividades de explotación de dichos contenidos corresponden a diferentes enfoques de enseñanza, creando en conjunto un eclecticismo metodológico.

- Se trata del primer manual hecho en España con una clara orientación a la enseñanza del léxico y las características fundamentales de la economía española y las de los países de América Latina con mayor volumen de actividad económica.

- Se incluye también una sección en cada unidad para aprender el protocolo y las claves para tener éxito en los negocios con españoles, argentinos, mejicanos, chilenos o peruanos, entre otros.

- Se puede hallar también una sección especial para desarrollar tareas a través de Internet y en conexión con los temas de cada unidad del libro.

- Puede ayudar a preparar los contenidos de diversos capítulos de los temarios de los exámenes organizados por la Cámara de Comercio e Industria de Madrid para la obtención del Certificado Superior y/o Diploma de Español de los Negocios.

- Todos los términos y expresiones relacionados directa o indirectamente con la economía y el comercio se destacan para indicar al alumno que, si lo necesita, dicho término está clasificado por orden alfabético y definido en el glosario final. Cada entrada del glosario se presenta con la equivalencia en inglés.

El libro consta de **10 unidades didácticas**, un **anexo** con 4 temas complementarios sobre la economía de América Latina y un **glosario bilingüe** (español-inglés) de terminología económica con las definiciones en español.

Cada unidad consta de las siguientes **SECCIONES**:

- **España en su economía:** tema clave de economía española con sus correspondientes actividades.

- **La prensa informa:** artículos de prensa relacionados con el tema de economía española de cada unidad y con sus correspondientes actividades.

- **Así nos ven, así nos vemos:** información y actividades para conocer las claves culturales y protocolarias para hacer negocios con éxito en España y diversos países de Hispanoamérica.

- **Viaje a la economía de América Latina:** tratamiento en profundidad de los rasgos esenciales de la economía de 10 países iberoamericanos, uno por cada unidad, a través de tres apartados con sus actividades correspondientes y con los encabezamientos siguientes: **Panorama de los sectores económicos**, **Bloc de notas para el hombre y la mujer de negocios** y **Noticias breves**.

- **Zona Web:** planteamiento de una o más tareas relacionadas con los temas de economía española e iberoamericana de cada unidad a través de la red y que suponen un trabajo de investigación para que el alumno profundice en los temas tratados.

Unidad 1

ESPAÑA: La infraestructura natural
de la economía española

AMÉRICA LATINA: Argentina

Sección	Tema
España en su economía	Fundamentos de la economía española
La prensa informa	Influencia de los fenómenos meteorológicos en la economía
Así nos ven, así nos vemos	Rasgos culturales del hombre y la mujer de negocios en Argentina
Viaje a la economía de América Latina	Fundamentos de la economía argentina
Zona Web	España: Instituto Nacional de Meteorología de España
	Argentina: Ministerio de Economía de la República de Argentina

ESPAÑA EN SU ECONOMÍA ••••••••••••••••••••••••••••••••

1.1.A. Preparación

1. Amplía tu vocabulario: intenta clasificar las siguientes palabras en los dos campos léxicos que te ofrecemos. Comenta los resultados con tu compañero.

1. infraestructura	3. cordillera	5. erosión	7. orografía	9. superficie forestal
2. recursos	4. embalse	6. regadíos	8. energía	10. deforestación

GEOGRAFÍA	ECONOMÍA

2. ¿Crees que hay una relación estrecha entre la economía de un país y su geografía? Razona tu respuesta.

1.1.B. Texto

LA INFRAESTRUCTURA NATURAL DE LA ECONOMÍA ESPAÑOLA

LOS fundamentos de la economía española (al igual que la economía de cualquier país) se apoyan en recursos físicos y humanos. La **infraestructura** y los recursos naturales están en relación con las condiciones del espacio geográfico donde vivimos. El análisis de la relación entre el **sistema productivo** y los recursos disponibles es muy complejo y se pueden mezclar muchos asuntos diferentes. Los elementos más básicos son los siguientes:

España está en el límite de la zona templada (donde está la mayor parte de los países europeos), ya que en la mayor parte de su superficie los veranos son africanos (muy calurosos) y, por la altitud de las tierras, los inviernos son fríos. Sin embargo, lo más importante es que las lluvias son escasas e irregulares en casi todo el país y ello provoca frecuentes **sequías**, sobre todo en la mitad sur.

Los **regadíos** han sido la vía para compensar los escasos aportes de agua necesaria para elevar la producción de la agricultura. Y los instrumentos utilizados han sido la construcción de embalses o la explotación de aguas subterráneas. En este terreno España es un país muy avanzado.

La **orografía** ha sido y es un factor clave. Más del 60% del territorio español se encuentra entre los 500 y los más de 1000 metros de altura sobre el nivel del mar. La abundancia de montañas dificultó la construcción de ferrocarriles y carreteras, limitó el desarrollo económico y aisló a muchas regiones entre sí, separando al país de Europa, sobre todo por la cordillera de los Pirineos.

El suelo en España es, desde un punto de vista agronómico, de mala calidad o mediocre. En torno al 90% se incluye dentro de esa valoración negativa. Por otra parte, el problema del abastecimiento energético constituye otro obstáculo bastante importante. La escasez de fuentes de energía primaria disponibles en España ha encarecido históricamente su desarrollo económico, ya que en la actualidad apenas el 20% de nuestras necesidades están cubiertas por fuentes de origen propio. La **energía hidráulica** y

las otras energías renovables son las únicas que no tienen que importarse. La producción nacional solo cubre en torno al 30% de la demanda de carbón, el 1% de las necesidades de gas natural y el 0,5% de las de petróleo.

En cambio, los recursos minerales no energéticos han sido muy abundantes en España desde tiempos muy antiguos. Los mejores yacimientos de mineral de hierro, cobre y plomo se hallan exhaustos, si bien la minería del cinc, las piritas, el mercurio y las potasas tienen todavía un futuro brillante.

En cuanto a los llamados recursos bióticos (productos agrícolas, ganaderos, pesqueros, forestales, etc.), España presenta un panorama bastante bueno, aunque los recursos pesqueros en las aguas españolas estén bastante agotados y nuestra superficie forestal apenas supere el 5% del valor de la producción agraria total del país.

Los temas del medioambiente no pueden olvidarse. La erosión del suelo, la deforestación y la desertización son los problemas más graves y están unidos a las sequías cíclicas y las pérdidas de cubierta vegetal provocadas por la acción del hombre. También existen problemas de contaminación atmosférica, fluvial y marítima, pero no alcanzan el nivel de riesgo de los anteriores. No obstante, la acción decidida de los gobiernos nacionales y regionales ha mejorado significativamente la recuperación de la superficie forestal del país en el último decenio.

1.1.C. ¿Qué sabes tú?

1. Une los conceptos con sus definiciones correspondientes.

1. sequía   **2.** agronomía   **3.** erosión   **4.** contaminación

☐ a) Desgaste causado en la superficie de rocas, terrenos, etc. por medio de la acción de elementos tales como el viento y el agua.

☐ b) Falta de lluvias durante un largo periodo de tiempo.

☐ c) Conjunto de conocimientos que pueden ser aplicados al cultivo de la tierra.

☐ d) Alteración de la pureza de algo al incorporarle bacterias o gérmenes.

2. Indica si las afirmaciones siguientes son verdaderas o falsas.

	V	F
1. La contaminación marítima es uno de los problemas medioambientales más graves.	☐	☐
2. España cubre todas sus necesidades de carbón y una parte importante de las de gas natural.	☐	☐
3. En casi toda España los veranos son muy calurosos y los inviernos suaves.	☐	☐
4. La sequía, la deforestación y otros problemas similares son las preocupaciones medioambientales más importantes en España.	☐	☐
5. La elevación del suelo no ha sido un obstáculo para el desarrollo económico del país.	☐	☐

3. **Elige la respuesta adecuada.**

1. Los productos agrícolas, ganaderos, pesqueros o forestales se llaman también…

☐ a) recursos bióticos ☐ b) recursos naturales

☐ c) recursos energéticos ☐ d) recursos agronómicos

2. Los recursos minerales más abundantes actualmente en España son…

☐ a) cobre y plomo ☐ b) cinc y piritas

☐ c) oro y plata ☐ d) hierro y bronce

3. Los fundamentos de la economía del país se apoyan en los…

☐ a) recursos marítimos y fluviales ☐ b) recursos minerales y energéticos

☐ c) infraestructuras y recursos naturales ☐ d) recursos físicos y humanos

4. En los embalses se puede producir lo que se conoce como…

☐ a) energía primaria ☐ b) energía renovable

☐ c) energía hidráulica ☐ d) energía nuclear

5. La erosión del suelo está unida a los problemas de…

☐ a) sequía y contaminación atmosférica ☐ b) contaminación fluvial y marítima

☐ c) minería y yacimientos ☐ d) desertización y deforestación

6. El problema del abastecimiento energético lo provocan…

☐ a) el petróleo y el gas natural ☐ b) las energías renovables

☐ c) el hierro y el plomo ☐ d) el mercurio y las potasas

7. La producción nacional de energía apenas cubre las necesidades del país un…

☐ a) 8% ☐ b) 20% ☐ c) 60% ☐ d) 90%

8. La producción propia de gas natural cubre las necesidades del país en un…

☐ a) 1 % ☐ b) 8% ☐ c) 30% ☐ d) 60%

9. El porcentaje del suelo que se considera de una calidad deficiente es un…

☐ a) 8% ☐ b) 15% ☐ c) 30% ☐ d) 90%

1.2. LA PRENSA INFORMA ●

1.2.A. Prelectura — *"Nunca llueve a gusto de todos"*

1. **¿Qué fenómenos meteorológicos conoces?**

lluvia

FENÓMENOS

2. **¿Cómo crees tú que pueden afectar los fenómenos meteorológicos a la economía de un país?**

EL ALTO PRECIO DE LAS INCLEMENCIAS

El campo perdió 600 millones de euros por heladas y sequías en la última campaña

La sequía que se registra desde otoño y a la que se han sumado los **temporales** y las **heladas** de los últimos meses han provocado graves daños en el conjunto de las producciones. Las pérdidas para la agricultura se elevan a 600 millones de euros. Estas pérdidas se concentran especialmente en las regiones de Levante, Canarias y Andalucía.

Según los datos manejados por ASAJA (Asociación de Jóvenes Agricultores) y la FEPEX (Federación de Productores y Exportadores de Frutas y Hortalizas), los mayores daños se han producido en los **productos hortofrutícolas**, los **invernaderos**, los cereales y olivares. En este último caso, si se mantienen estas condiciones climáticas en las próximas semanas, entonces las pérdidas podrían ser catastróficas para esta campaña.

Junto a la falta de agua, el **sector agrario** se vio afectado en los últimos meses por los **temporales** ocasionales que tuvieron una incidencia muy negativa en algunas zonas de **invernaderos** en Andalucía Oriental, Levante y, fundamentalmente, Canarias. Los daños se concentraron en los cultivos de plataneras y en el de tomate.

A la sequía y los temporales de agua y viento se han sumado últimamente las bajas temperaturas con fuertes **heladas** en la mitad sur de la Península y Levante con las pérdidas para el conjunto de los **cultivos tempranos bajo plástico**. Los fríos frenaron el desarrollo de las producciones, provocando un recorte de las **exportaciones** hacia el **mercado comunitario**.

Adaptación del artículo de Vidal Maté en El País Negocios

1. Menciona tres factores que condicionan la productividad en la agricultura.

2. Contesta a las siguiente preguntas relacionadas con el artículo.

 a) ¿Qué regiones del país y qué productos han sufrido las inclemencias?

 b) ¿Qué efectos han tenido los temporales en las Islas Canarias?

 c) ¿Qué quiere decir "campaña" en este texto?

3. Relaciona los conceptos de las dos columnas.

 1. inclemencias   [ ] a) federación

 2. pérdidas   [ ] b) cultivos

 3. canalizaciones   [ ] c) sector agrario

 4. producciones   [ ] d) temporales

 5. exportaciones   [ ] e) riegos

 6. remolacha   [ ] f) bajas temperaturas

 7. asociación   [ ] g) daños

 8. heladas   [ ] h) calor

 9. el campo   [ ] i) mercado comunitario

 10. sequías   [ ] j) azúcar

4. ¿Sabías que existen dos Españas: la húmeda y la seca? Diferencia en el mapa con la ayuda del texto precedente las zonas húmedas, las secas y las muy secas.

1. Escribe tu opinión sobre el siguiente tema basándote en las ideas que te proponemos y *aporta algo de tu propia cosecha*.

Cambio climático

- La acción del hombre sobre el clima en los últimos 50 años.

- Deterioro progresivo y continuo de la naturaleza y su incidencia en la agricultura.

- Migraciones.

1.3.A. Prelectura

1. **Habla con tus compañeros y contesta a las siguientes preguntas.**

a) ¿Cuál crees tú que es el tiempo de espera que en tu país se considera adecuado en una cita? ¿Te parece que la puntualidad es una cualidad importante en una persona?

b) ¿Qué crees que significa el refrán "Las cosas de palacio van despacio"? ¿Existe algún dicho equivalente en tu idioma?

c) Cada país tiene diferentes nociones de lo que significa vestirse formalmente. Teniendo en cuenta la cultura de tu país, explica cómo crees que sería correcto vestirse para las siguientes ocasiones:

- una cena formal
- una reunión de negocios
- una visita a la familia de tu novio o novia

1.3.B. Texto

ARGENTINA

ENTRE los países latinoamericanos, Argentina es conocida como el más europeo de todos e incluso la ciudad de Buenos Aires es a menudo llamada "el París de América". Esto es al menos cierto en lo que se refiere a su población, cuya mayoría procede de Italia y España.

De los argentinos se dice que son acogedores, cordiales y emotivos, si bien con cierta tendencia al dramatismo. La corrección y la cordialidad en su trato puede inducir a que el visitante piense que trabar amistad es algo inmediato, cuando en realidad se trata de un proceso que suele llevar su tiempo. Por otro lado, la familia es un elemento esencial en el tejido social de Argentina. También la religión católica, que sigue más del 90% de la población, ejerce una gran influencia en la manera de ser de los argentinos. Estos valores transcienden el mero trato personal y se ven reflejados en la sociedad en general, dejando su clara huella en la cultura de los negocios.

Las buenas relaciones personales son importantes y un largo almuerzo de negocios puede ser decisivo para cerrar un buen trato. Si invitan a comer a la casa a alguien, es costumbre llevar regalos a los anfitriones: flores, libros o cerámica son buenas opciones. Por lo general, es conveniente evitar los temas de conversación relacionados con la política y la guerra de Las Malvinas. En cambio, hablar sobre cutura, viajes, fútbol y otros deportes puede asegurar un ambiente muy cordial. La forma de vestir es también importante, asociándose a ella la clase y el prestigio personal. El estilo europeo y conservador es el que predomina, tanto para los hombres como para las mujeres. Los complementos de calidad, pero sin excesos, no pasan desapercibidos.

Para hacer negocios en Argentina es conveniente indicar claramente el cargo que uno tiene para que el interlocutor de este país tenga claro el nivel jerárquico correspondiente. La presencia de la mujer en puestos elevados de las empresas es todavía escasa, pero está mejorando mucho en los últimos años, sobre todo en la administración pública.

Aunque pueda sorprender a aquellos que se mueven por otros países de Hispanoamérica, los horarios suelen respetarse y la puntualidad se valora, si bien esperar algunos minutos es normal. Debido a la inestabilidad económica y financiera del país, algo que no suelen comprender los negociadores de otros países es que en Argentina es frecuente revisar o replantear acuerdos que, aparentemente, habían quedado cerrados con anterioridad. Tampoco se suelen concluir los acuerdos en la mesa de negociaciones, sino en la esfera de la alta dirección.

Adaptación de un artículo de F. J. Safont en *El Exportador*

1.3.C. Actividades

1. **La reunión.** De lo leído anteriormente podemos deducir algunas características que definen al negociador argentino.

a) **Con un compañero escribe a continuación las que consideres más importantes.**

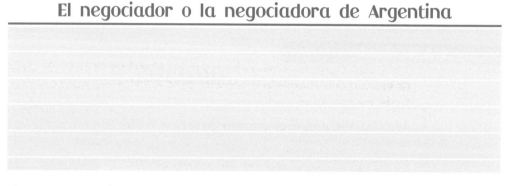

El negociador o la negociadora de Argentina

b) **Ahora, intenta escribir algunos de los elementos que deberían caracterizar al hombre o mujer de negocios de tu país. Escríbelas en el siguiente recuadro y compáralas con las de tu compañero.**

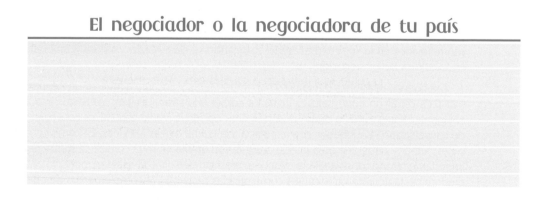

El negociador o la negociadora de tu país

2. **Discusión.** ¿Cuáles son los puntos que estos dos negociadores tienen en común? ¿Y las diferencias? ¿Crees que las negociaciones entre ellos se desarrollarían con fluidez? ¿Piensas que podría haber malentendidos? ¿Cuáles?

3. **Minidrama:** Kurt Schneider, un empresario alemán, acaba de llegar a Argentina para instalar una pequeña empresa de maquinaria electrónica. Acuerda una cita con un empresario argentino, Adolfo Messi, y tras esperar quince minutos en la antesala decide marcharse y volver otro día. Tiene muchas cosas que hacer.

a) **Escribe un correo electrónico en el que Kurt explique las razones por las que se fue y pide una nueva cita con el Sr. Messi.**

⊗ ⊖ ⊕						
ELIMINAR	NO DESEADO	RESPONDER	RESP. A TODOS	REENVIAR	NUEVO	RECIBIR

De: Kurt Schneider <kschneider@alemania.de>

Para: Adolfo Messi <messi@argentina.ar>

Asunto: Nuestra reunión

FECHA:

_____

_____

_____

_____

b) **Unos días después, Kurt visita a Adolfo Messi en la sede de su empresa. Adolfo va vestido con chaqueta y corbata, pese al calor del verano y Kurt con una camisa de manga corta.**

Adolfo: ¡Hola, buenos días! ¡No se pare!

Kurt: ¡Hola! ¿Qué tal?

Adolfo: Muy bien, gracias. ¿Y usted? Perdone la tardanza, pero estaba con la comisión directiva.

Kurt: Bien, pero con mucho calor... No se preocupe.

Adolfo: Bueno, este... espero que se solucione el problema pronto.... ¿Y cómo lo está pasando usted aquí? No encuentro mis cigarrillos para ofrecerle uno.

Kurt: Bastante bien. Gracias. Buenos Aires es una ciudad típicamente hispanoamericana, el caos de las calles me recuerda mucho a Montevideo y Bogotá, aunque la gente aquí habla un poco más raro... je,je... He estado haciendo un poco de *guiri* y he visitado el Museo Nacional de Bellas Artes y el Museo Nacional de Arte Decorativo, son *guays*, pero aún no he encontrado un buen museo de arte contemporáneo.

Adolfo: Ya veo que está interesado en el arte, eso es fantástico, aunque no le fue bien con el lunfardo… ¿Visitaste las galerías privadas que hay en la ciudad? Algunas de ellas tienen interesantes exposiciones.

Kurt: Es verdad, pero me gusta de todas maneras. Es una ciudad preciosa.

Adolfo: ...Mmmmm...Bien. Y a su familia, ¿cómo le va?

Kurt: Estupendo, mi mujer no para en casa porque ha decidido dedicarse al golf, aunque sigue empeñada en que deje de fumar. Bueno, tengo aquí el informe de los abogados.

Adolfo: El costo es diferente y el remito no lo tengo, aunque ahora en receso de invierno todo es diferente y no sé si podremos ir a ver el baldío. Ya sabe el caos de estas fechas y yo no quiero una changa, por lo tanto debemos apurarnos. Voy a discar para que me den una mano.

Kurt: Muy bien.

Adolfo: Pero, ¿qué pasó? No me funciona la computadora y mi compañero se fue a ver a su pibe. Y es hora pico ya. Señor Kurt esta tarde le llamaré al celular porque ahora no podrá ser. ¿Le molesta?

Kurt: Bueno, está bien.

Adolfo: Okey, esta tarde lo llamo para comentar las novedades. Chao, pues.

c) **En el diálogo establecido entre Kurt y Adolfo podemos ver que hay registros lingüísticos que no se corresponden con la situación en la que ambos se encuentran, por ejemplo: hacer de *guiri* es una expresión que se corresponde con el lenguaje de la calle y es utilizada especialmente por gente joven. ¿Podrías detectar algunas más? Vuestro profesor os dirá el resto.**

d) **Además de registros lingüísticos inadecuados, también se pueden observar diferentes variedades del español, ya que Kurt habla lo que se denomina un español peninsular y Adolfo utiliza el español de Argentina. ¿Sabrías localizar en el texto aquellas palabras o modismos que pertenecen al español de Argentina?**

4. **¿Cuánto sabes de Argentina? Basándote en tu intuición y visión del mundo responde a las siguientes afirmaciones con verdadero o falso. Al final, sabrás tu nivel de adaptación para negociar en Argentina según el número de respuestas correctas que hayas obtenido.**

	V	F
1. Es aconsejable romper el hielo hablando de política.	☐	☐
2. La mayoría de los argentinos fuman.	☐	☐
3. En Argentina se aconseja cubrir la boca cuando se bosteza.	☐	☐
4. Generalmente, los argentinos no buscan conflictos en el proceso de negociación, lleva tiempo conocer su verdadera intención.	☐	☐
5. Los argentinos, por lo general, responden mejor a una negociación no agresiva.	☐	☐
6. No se deben ofrecer cigarrillos en público.	☐	☐
7. Es aconsejable regalar algo en la primera negociación.	☐	☐
8. Hacer un movimiento circular con el dedo índice mientras se señala un lado de la cabeza significa que tienes o que vas a hacer una llamada telefónica.	☐	☐
9. Los argentinos normalmente se acercan al interlocutor en una conversación. Se considera rudo echarse hacia atrás.	☐	☐

ARGENTINA

Extensión geográfica (km²)	2 766 899
Población (millones)	40,1
Capital de país	Buenos Aires. (El Gran Buenos Aires posee una población superior a los once millones de habitantes)
Otras ciudades importantes	Córdoba, Rosario, Mendoza, La Plata
Densidad demográfica	13 1 hab/km2
Sistema de gobierno	República presidencialista
Moneda	Peso argentino
PIB (per cápita)	$ 8.200

1.4.A. Panorama de los sectores económicos

1. **Prelectura: antes de comenzar el texto, vamos a analizar una parte de la economía: la economía sectorial. Responde a las siguientes preguntas.**

a) ¿Sabrías decirnos qué diferentes tipos de sectores podemos encontrar en el conjunto de la economía de un país?

b) ¿Podrías definir el PIB?

2. **Texto.**

EL sector primario aporta en torno al 8,5% del PIB (Producto Interior Bruto), pero la importancia económica de este sector sería muy superior si se calculase el impacto de las materias primas ya procesadas. Por ese motivo, alrededor del 52% del valor total de las exportaciones del país está constituido por productos agrícolas o agroindustriales. La riqueza de los recursos naturales argentinos es impresionante. Un ejemplo es la región de la Pampa, considerada como una de las zonas agrícolas más fértiles del mundo. Los principales productos agrarios son los cereales (trigo, maíz), soja, caña de azúcar, tabaco, algodón, frutas y cítricos. La ganadería (sobre todo bovina y ovina) y la producción de carne son actividades prioritarias para su economía (alrededor del 70% de la superficie del país se dedica a pastizales para el ganado). De hecho, Argentina es uno de los mayores exportadores mundiales de carne. El sector pesquero también ha crecido mucho en los últimos años con la pesca de merluza, calamar y langostino.

ooo⇨

La minería no está muy desarrollada y existen varias reservas importantes de cinc, oro, plata, plomo, uranio y cobre. Asimismo, el sector petrolero y el gas natural tienen un gran potencial de crecimiento.

Las inversiones de las multinacionales y los elevados aranceles de los años setenta contribuyeron a un rápido desarrollo de la industria en Argentina. En cambio, durante la difícil década de los ochenta este sector sufrió una gran contracción debido a la crisis de la deuda externa. Numerosas empresas extranjeras se retiraron del mercado. Afortunadamente, la tendencia cambió en los años noventa. La reforma económica atrajo de nuevo a la inversión internacional y la actividad industrial se recuperó y creció a ritmo fuerte, pero de manera desequilibrada: gran desarrollo de la industria del automóvil y electrodomésticos y retroceso de los textiles, acero, papel y petroquímicos. El panorama en el siglo XXI está dominado por grandes empresas nacionales y multinacionales y depende, en buena medida, de la inversión extranjera. El sector manufacturero y de la construcción le ha aportado alrededor del 27% al PIB en los últimos años.

Según el Ministerio de Economía, han sido comprometidas inversiones extranjeras directas por valor de 24 000 millones de dólares, de las que ya se han realizado la mayor parte. La cuatro quintas partes de las mismas se concentran en los sectores de telecomunicaciones, automóvil, petroquímica, alimentos y energía. España ocupa los primeros lugares en la clasificación de inversores. La existencia de una legislación absolutamente liberal y la enorme necesidad de capital extranjero para la modernización del sector industrial explican esta situación. El ambiente de corrupción ampliamente generalizado que existe en algunos ámbitos, así como la inseguridad jurídica constituyen los principales obstáculos para el inversor.

Los servicios aportan más del 60% del PIB, pero la productividad de muchos subsectores es bastante baja. El sistema de transportes público y privado está muy deteriorado tanto en infraestructura como en equipamiento, si bien se espera que la desregulación del sector pueda contribuir a cambiar este panorama. También el sector financiero, en plena concentración y transformación, tiene un mercado potencial considerable.

3. Comprendiendo el texto. Responde a las siguientes preguntas.

a) ¿Puedes explicar con tus propias palabras las diferencias existentes en la economía argentina durante las décadas de los 70, 80 y 90?

b) ¿Cuáles son los sectores más y menos desarrollados de la economía argentina según el texto?

c) ¿Crees que las inversiones extranjeras favorecen o desfavorecen la economía de un país? Razona tu respuesta.

d) ¿Por qué la inseguridad jurídica supone un obstáculo para un inversor que quiere invertir en un país extranjero?

- En torno al 85% de la población argentina es de ascendencia europea. Si bien España e Italia fueron los principales países emisores, el porcentaje de inmigrantes de Europa Central y Oriental es también considerable. El 15% restante lo forman mestizos, y en menor número, descendientes de indígenas y de inmigrantes de Siria y Líbano.

- La red viaria consta de 211 370 km de carretera, en su mayor parte asfaltada. La mayoría de las autopistas existentes son gestionadas por **concesionarios** privados y debe pagarse **peaje**. El ferrocarril (34 500 km) no tiene tanto peso, ya que desde la **privatización** de 1992 se ha dejado de dar servicio a algunas regiones del país y el avión es un medio caro, si bien bastante utilizado dada la extensión del país. La red de aeropuertos es muy extensa y se cuenta con 10 aeropuertos internacionales. Sin embargo, el transporte marítimo y fluvial constituyen el sector más importante de las comunicaciones del país. Más del 90% del comercio internacional utiliza este medio, destacando el puerto de Buenos Aires, donde más del 90% del tráfico de **contenedores** pasa por él.

- El Gran Buenos Aires –capital, área metropolitana y alrededores– concentra a las dos terceras partes de la población del país. En líneas generales, el mercado argentino se caracteriza por la concentración de la población en centros urbanos, el lento crecimiento de la misma, un elevado nivel educativo y una alta concentración del **poder adquisitivo** en la franja de edad que va de los 20 a los 40 años.

- La pertenencia de Argentina al Mercado Común del Sur (MERCOSUR) desde 1995 supone la existencia de un área de libre comercio entre sus estados miembros. El **Arancel Exterior Común** se aplica ya a la mayoría de los productos.

- El **Impuesto al Valor Agregado (IVA)** se aplica en el país. La tasa general es del 21 % y existe una tasa reducida del 10,5% que se aplica a los seguros médicos y a la televisión por cable. Pan, leche, libros y enseñanza están exentos de impuestos.

- El horario comercial es muy flexible. Las grandes superficies abren sábados y domingos hasta las 22:00 horas. Si bien el horario normal es de lunes a viernes de 10:00 a 20:00 horas y sábados hasta las 14:00 horas. La banca atiende al público de lunes a viernes de 10: 00 a 15: 00 horas.

- Las vacaciones pagadas son de 15 días durante los primeros 5 años trabajados y de 30 días a partir de los 10 años. Suelen disfrutarse en enero o febrero (verano austral).

Actividades

1. **Estás en un restaurante argentino celebrando una reunión de negocios y pides la cuenta, la cual asciende a un total de 2000 pesos, sin IVA. ¿Cuál será el total a pagar?**

2. **¿Qué porcentaje del IVA se aplica en Argentina a los siguientes productos?**

Producto	Porcentaje	Producto	Porcentaje
Medicamentos		Seguro de enfermedad	
Un coche		Pan	
Un litro de leche		Libros	

3. **Compara los horarios comerciales y las condiciones de las vacaciones entre tu país y Argentina.**

ARGENTINA PIDE CONFIANZA

A principios de la década de los 50, el PIB **per cápita** de Argentina doblaba casi al de España, superaba al de Francia y era similar al de Canadá y Australia. Cincuenta años después, la situación es muy distinta, y ello se debe a las interminables turbulencias políticas, golpes de Estado, dictaduras militares y crisis económicas que jalearon la vida pública argentina hasta finales de los años 80.

UN PLAN QUE CAMBIÓ TODO

El **Plan de Convertibilidad** de 1991, que significaba principalmente el intercambio de pesos por dólares a un **tipo de cambio** fijo (1 por 1), modificó el panorama de forma radical. Desapareció la **hiperinflación** (que había llegado a alcanzar, en algunos momentos, el 4 923%), el PIB tuvo un crecimiento espectacular, el **déficit fiscal** disminuyó de forma drástica, los intercambios comerciales con el exterior se multiplicaron por cinco y las inversiones extranjeras se convirtieron en el primer motor del sistema.

Posteriormente, se produjeron las sucesivas crisis internacionales (el llamado **efecto tequila** en 1995 y, a partir de mediados de 1997, las crisis asiática, rusa y brasileña) que afectaron de forma muy seria a la economía argentina. Esta inestabilidad económica culminó en la gran crisis de 2002, que puso fin a la convertibilidad y provocó nuevas devaluaciones de la moneda nacional.

MERCOSUR, VITAL PARA ARGENTINA

Desde el 1 de enero de 1995, existe una unión aduanera entre los cuatro países miembros (Argentina, Brasil, Uruguay y Paraguay) mediante la cual las mercancías ingresarán de un país a otro con total exención arancelaria. Con respecto a las importaciones procedentes de terceros países, se ha iniciado la aplicación plena de un Arancel Exterior Común desde el año 2000.

Adaptación del artículo de Manuel Javier Arce en la revista *El Exportador*

Actividad

1. Haz un resumen, con tus propias palabras, de las tres noticias anteriores, destacando la información que te ha parecido más relevante en cada una de ellas.

1.5. ZON@ WEB

1.5.A. España

Vamos a empezar nuestra ruta en la página del Instituto Nacional de Meteorología de España. Para ello, seleccionamos la siguiente dirección:

www.inm.es

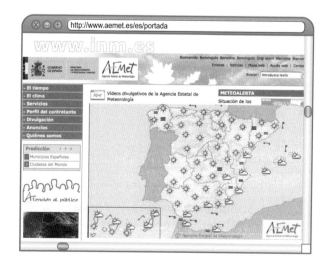

Actividades

1. Una vez que estamos en la página, hacemos clic en *Mapa web* que está situado en la parte superior de la página. Después hacemos clic en *Predicción*. Ahora necesitamos elegir una de las categorías que nos ofrece una sección. Cuando tengas la información, intercámbiala con el resto de la clase o con un compañero.

2. De los siguientes estados y fenómenos meteorológicos, ¿puedes decir a qué estación pertenece cada uno? A veces pueden pertenecer a más de una, en ese caso debes especificarlo.

• nublado • tormenta • tornado • niebla • inundación • nieve
• helada • granizo • riada

3. Ahora hacemos clic en *Noticias*, dividimos la clase en tantos grupos como noticias haya y debemos hacer de presentadores de televisión. Cada grupo debe dar la información meteorológica que ha elegido como si fuera un presentador.

1.5.B. Argentina

Te vamos a dar la dirección del Ministerio de Economía de la República de Argentina:

www.mecon.gov.ar

Actividades

1. Haz clic en el enlace *Sala de Prensa* y después en el enlace de la columna de la izquierda *Noticias*. Selecciona una de las noticias de este apartado e intenta hacer un análisis y un resumen para explicársela detalladamente a tus compañeros.

Intenta buscar una respuesta a las preguntas que debe responder toda noticia: ¿Qué? ¿Por qué? ¿Cuándo? ¿Cómo? ¿Dónde? ¿Quién?

Autoevaluación

1. Intenta reflexionar sobre las secciones que has comprendido mejor o peor. Para ello, intenta numerar cada una de ellas según el grado de comprensión obtenido. (Marca de 1 a 5 cada una de las secciones).

España en su economía	
La prensa informa	
Así nos ven, así nos vemos	
Viaje a la economía de América Latina	
Zona Web	

2. Una vez que ya has reflexionado sobre las secciones en general, intenta especificar las dudas que te han surgido en cada una de ellas.

España en su economía	
La prensa informa	
Así nos ven, así nos vemos	
Viaje a la economía de América Latina	
Zona Web	

3. A veces, hay dudas que podemos resolver nosotros mismos mediante instrumentos de consulta. ¿Cuáles crees que te podrían ayudar en esta unidad?

◯ Diccionario   ◯ Internet   ◯ Libros   ◯ Otros recursos

4. ¿Qué área te gustaría estudiar más detenidamente en la siguiente unidad?

◯ Vocabulario   ◯ Cultura corporativa   ◯ Información económica   ◯ Otros recursos

5. Tu trabajo personal en esta unidad ha sido... (marca lo que corresponda)

◯ Bueno   ◯ Malo   ◯ Regular   ◯ Podría mejorar

En caso de marcar la última casilla, piensa de qué manera lo podrías mejorar.

Unidad 2

ESPAÑA: Panorama de la población

AMÉRICA LATINA: Uruguay

Sección	Tema
España en su economía	Sectores de población Sectores laborales
	Perfil de la población española
La prensa informa	Futuro del nuevo empleo Gerontología profesional
Así nos ven, así nos vemos	El liderazgo, el estatus y el estilo de comunicación en España
Viaje a la economía de América Latina	Fundamentos de la economía uruguaya
Zona Web	España: Instituto Nacional de Estadística
	Uruguay: Ministerio de Ganadería, Agricultura y Pesca

2.1.A. Preparación

1. **Sin mirar el diccionario intenta relacionar las palabras de la lista con los tres conceptos de las columnas.**

1. fecundidad	4. mano de obra	7. interior	10. rural
2. natalidad	5. urbana	8. vida laboral	11. desempleo
3. periferia	6. paro	9. inmigración	12. urbe

CONCENTRACIÓN	POBLACIÓN	TRABAJO

2.1.B. Texto

PANORAMA DE LA POBLACIÓN

La población en España supera ya los 46 millones de personas, con una densidad de unos 91 habitantes por kilómetro cuadrado. Sin embargo, esta cifra es notablemente inferior a la de otros países de Europa occidental (Portugal, por ejemplo, posee 108, Francia 103, Alemania 230, Reino Unido 235 y Holanda, 361). La población española es eminentemente urbana, el 78% vive en ciudades, de los cuales el 20% reside en poblaciones de más de 500 000 habitantes. La urbe más poblada es Madrid, con más de 3 millones, seguida de Barcelona, con algo más de un millón y medio, Valencia con 807 000 y Sevilla, 705 000. Otro aspecto relevante es la tendencia de la población española a concentrarse en la periferia y zonas marítimas (islas incluidas), abandonando progresivamente el interior peninsular. Sirva de ejemplo la situación de la España interior: con el 67% de todo el territorio incluye el 37% de la población total, pese a contar con Madrid, capital del estado.

En comparación con otros países de la OCDE, la población española es relativamente joven: el 15% de los españoles son menores de 14 años y el 69% están entre los 15 y los 64 años. La población con más de 65 años se acerca al 17%. Sin embargo, la población española está envejeciendo con bastante rapidez y ya se acerca al crecimiento cero. La tasa de fecundidad en España está entre las más bajas del mundo y no se ha producido un descenso de población en la última década gracias al creciente flujo de inmigrantes y su alta tasa de natalidad.

La población activa española, como consecuencia de la crisis económica, se aproxima a los 17 millones de personas, que representan el 37% de la población total. En ese sentido, esta tasa de población activa es muy inferior a la media de los estados miembros de la Unión Europea, y sigue siendo inferior a la mayoría de estos países (que superan el 55% en algunos casos). La causa de este retraso está en el menor número de mujeres empleadas, 42% aproximadamente. La estructura de la población activa por sectores económicos ha cambiado en los últimos años de manera significativa, destacando el aumento de la población activa en el sector servicios (más del 65%) y el descenso en el número de personas empleadas en la agricultura, acercándose a solo el 4%. El sector industrial, en cambio, no ha sufrido cambios importantes.

El problema crónico de la economía española –y que han reflejado todos los estudios sobre población activa– ha sido la elevada tasa de paro, la mayor de Europa durante demasiado tiempo. En 1985 llegó a superar los tres millones y ha continuado en cifras muy elevadas hasta el comienzo del siglo XXI. La situación mejoró entre 2000 y 2008, para volver de nuevo a empeorar drásticamente y superar el 26% de la población activa. La explicación es compleja, pero se basa en una combinación de factores económicos y sociológicos: modernización y transformación del sector industrial, incorporación masiva de la mujer a la vida laboral y mayores tasas de natalidad que el resto de Europa entre los años 50 y 80. Paradójicamente, a la mejoría temporal del desempleo contribuyó entonces de manera notable la baja natalidad que se inició en los años 80.

La realidad del paro contrasta con otra realidad muy diferente: la mejora de la cualificación del capital humano y laboral español de los últimos años. Así se refuerza la idea de que el factor humano más cualificado y avanzado juega un papel creciente en el proceso de desarrollo y, en el caso español, está avalado por el espectacular aumento de estudiantes universitarios en las últimas décadas. Otro hecho, no menos relevante, ha sido el que España en dos décadas haya pasado de ser un exportador de mano de obra (en Europa) a convertirse en un receptor neto de mano de obra inmigrante. Este fenómeno se ha frenado recientemente, pero cuando el ciclo económico cambie se prevé que en menos de 15 años más del 20% de la población española será de origen extranjero. Estos inmigrantes vendrán del norte y occidente de África y América Latina, principalmente.

2.1.C. ¿Qué sabes tú?

1. Une los conceptos con sus definiciones correspondientes.

| **1.** población activa | **2.** tasa de natalidad | **3.** desempleo | **4.** inmigrantes |

☐ a) Gran desequilibrio entre la demanda y la oferta de trabajo.

☐ b) Personas de distinta nacionalidad que llegan a otro país en busca de trabajo.

☐ c) Índice anual de nacimientos en proporción a la población total de un país.

☐ d) El número de habitantes que se encuentra en situación de acceder al mercado laboral.

2. **Indica si las siguientes afirmaciones son verdaderas o falsas.**

	V	F
1. La población española es eminentemente rural, el 78% vive en el campo y el 22% en la ciudad.	☐	☐
2. La población española tiende a concentrarse en la periferia y zonas marítimas, abandonando progresivamente el interior peninsular.	☐	☐
3. El problema de España es el envejecimiento de la población que está acelerándose y se acerca al crecimiento cero.	☐	☐
4. España tiene suficiente esperanza de renovación generacional y no tiene a largo plazo necesidad de población externa.	☐	☐
5. La tasa de población activa es bastante similar al resto de los Estados miembros de la Unión Europea.	☐	☐

3. **Elige la respuesta adecuada.**

1. El número de habitantes por kilómetro cuadrado de un país se denomina también…

☐ a) tasa de fecundidad
☐ b) tasa de natalidad
☐ c) tasa de población
☐ d) tasa de desempleo

2. Las urbes más pobladas de España son…

☐ a) Málaga, Madrid, Alicante, Valencia
☐ b) Madrid, Bilbao, Valencia, Sevilla
☐ c) Madrid, Barcelona, Granada, Sevilla
☐ d) Madrid, Barcelona, Valencia, Sevilla

3. La causa del retraso en la tasa de población activa española respecto a la Unión Europea se debe…

☐ a) a la baja tasa de natalidad
☐ b) a que la población activa aumentó en el sector servicios
☐ c) al descenso de personas empleadas en la agricultura
☐ d) al menor número de mujeres empleadas (un 40%) respecto a la Unión Europea

4. El problema crónico de la economía española es…

☐ a) la baja competitividad de su mercado frente al mercado exterior
☐ b) que los diferentes sectores económicos no han evolucionado a un mismo ritmo
☐ c) la elevada tasa de paro
☐ d) la modernización y transformación del sector industrial

5. La explicación al problema histórico de la elevada tasa de desempleo podría ser…

☐ a) que los sectores de la sociedad que en décadas anteriores no accedían al mercado laboral ahora lo hacen
☐ b) la estrecha relación de factores económicos y sociológicos que se vienen sucediendo desde los años 50 a la actualidad
☐ c) que la vida laboral actualmente es más larga
☐ d) que la población activa no está suficientemente cualificada para la economía moderna

6. ¿Cómo ha contrarrestado la población activa el problema del desempleo en España?

- ☐ a) Se recicla a otras actividades laborales que ofrecen mayor demanda
- ☐ b) Se traslada a regiones más industrializadas dentro de la Península
- ☐ c) Se adapta a la de épocas de crisis
- ☐ d) Mejora de la cualificación del capital humano y laboral del país en los últimos años

7. El problema de la baja tasa de natalidad en España se ve compensado con...

- ☐ a) que la población española es relativamente joven: el 15% de los españoles son menores de 14 años
- ☐ b) el creciente flujo de inmigrantes y su alta tasa de natalidad
- ☐ c) que el índice de población con más de 65 años es relativamente bajo, el 17%
- ☐ d) que el índice de natalidad ha bajado también en toda la Unión Europea

8. La España interior, con el 67% de todo el territorio nacional, incluye un porcentaje cercano al ...... de la población total.

- ☐ a) 60%
- ☐ b) 40%
- ☐ c) 10%
- ☐ d) 50%

2.2. LA PRENSA INFORMA

2.2.A. Prelectura

1. ¿A qué se refiere el concepto de población activa?

2.2.B. Textos

1. En los extractos de prensa siguientes vamos a comprobar el panorama y las perspectivas de dos problemas muy importantes del tema de esta unidad: la tendencia del empleo y la gestión del creciente envejecimiento de la población española.

UN FUTURO DE "PLENO EMPLEO"

Aun cuando ahora nos parezca increíble, un estudio de Watson Wyatt asegura que en la próxima década la demanda de trabajadores en España superará la oferta

TANTO en el campo como en los andamios españoles es habitual ver ya a muchos trabajadores inmigrantes. La explicación es doble: muchos españoles rehúyen este tipo de trabajo, duro, poco reconocido y a menudo mal pagado. Pero esta situación responde también a la lógica demográfica. Con una de las tasas de natalidad más bajas del mundo, el cambio ya ha llegado a los colegios e institutos, donde cada año estudian 100 000 niños menos que el anterior. Esta situación también afecta a las universidades y supone un impacto importante en el mercado laboral.

Las proyecciones del estudio de la consultora aseguran que el primero en notar la escasez de mano de obra nacional es el campo, donde ya resulta muy difícil encontrar trabajadores, por lo que normalmente se recurre a los de otros países o a *robárselos* a otros sectores. Los siguientes sectores afectados serán la construcción y la industria, seguidas por las empresas de servicios. Antes de la tercera década del siglo XXI se empezará ya con un déficit total de trabajadores de 1,3 millones. Esta situación no se alcanzará al mismo tiempo en todas las comunidades autónomas, ni afectará de la misma forma a los diferentes tramos de edad. La franja de trabajadores entre 25 y 45 años es normalmente la primera en saturarse.

Ese «pleno empleo teórico» plantea retos importantes a las empresas, ya que estas tendrán cada vez más dificultades para contratar trabajadores y para retenerlos, con el peligro de que una situación de este tipo provoque una espiral inflacionista de sueldos «incluso para puestos de trabajo no cualificados». Las fórmulas posibles para incrementar la población activa serían, por ejemplo, abrir las puertas a los inmigrantes (que choca con la política de la Unión Europea), facilitar la incorporación de la mujer, flexibilizar la edad de jubilación, promover políticas de intermediación laboral o nuevas fórmulas de contratación laboral.

Adaptación del artículo de Amaya Iríbar en *El País Negocios*

GERONTOLOGÍA PROFESIONAL

SAR lidera la inversión privada en residencias geriátrico-sanitarias para la tercera edad.

NI *e-business* ni transgénicos. «El reto del futuro es diseñar y desarrollar productos dirigidos a atender las necesidades de nuestra gente mayor.» A Higinio Raventós le cuesta pronunciar la palabra ancianos. De hecho, no forma parte de su vocabulario. Será porque, quizás, le recuerde el tono de «marginalidad y casi beneficencia», dice, con que en este país se ha tratado todo lo relacionado con la llamada tercera edad.

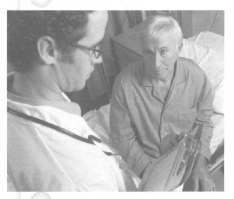

España sufre hoy un déficit importante de plazas residenciales. En el año 2009 había unas 215 000 en funcionamiento que no estaban adaptadas para atender a personas asistidas; en torno al 40% de la red hospitalaria está ocupada por ancianos enfermos crónicos, y en un par de décadas, los mayores de 65 años representarán más del 20% de la sociedad española. Vistas así las cosas, los servicios geriátricos necesitarían, según cálculos del sector, más de 4000 millones de euros (en infraestructuras) solo para paliar las necesidades actuales y la creación anual, hasta 2026, de 2300 camas nuevas. «Con las políticas dominantes de limitación de la deuda pública, es de inocentes esperar que todo este esfuerzo lo asuma el Estado», concluye este empresario barcelonés.

A pesar de que desde mediados de los años ochenta ha sido el capital privado el gran proveedor de plazas residenciales (más del 70% de las camas instaladas), el sector ha tenido graves deficiencias estructurales, un perfil poco profesional y altamente atomizado (las 10-12 primeras empresas no han llegado ni a copar el 7-8% del mercado).

Adaptación del artículo de Montserrat Arbós en *El País Negocios*

1. **Contesta a las siguientes preguntas relacionadas con los artículos.**

a) ¿En qué tipos de sectores laborales es ya infrecuente ver a trabajadores españoles?

b) El descenso de natalidad ha impactado de una manera grave en la economía española. ¿Por qué?

c) ¿Qué significa en el texto el concepto "lógica demográfica"?

d) De las siguientes opciones, ¿cuáles de ellas producirían un incremento en la mano de obra de un país?

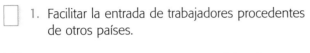

☐ 1. Facilitar la entrada de trabajadores procedentes de otros países.

☐ 2. Crear nuevos tipos de contratos laborales.

☐ 3. Facilitar el despido libre.

☐ 4. Promocionar el empleo en sectores de la población no incorporados al mercado laboral.

☐ 5. Disminuir la vida laboral de la tercera edad.

☐ 6. Favorecer la resolución de conflictos laborales por parte de las instituciones oficiales.

e) ¿Qué consecuencias supone para la tercera edad la limitación de la deuda pública?

f) El reto del futuro es diseñar y desarrollar productos dirigidos a atender las necesidades de nuestra gente mayor, ¿puedes pensar en algunos de estos nuevos productos?

1. **Escribe tu opinión sobre el siguiente tema y reflexiona sobre la realidad social que conlleva y las consecuencias que puede tener la situación a largo plazo.**

Los movimientos migratorios

• Las causas que los provocan.

• Las necesidades sociales que se producen en los países de acogida.

2.3.A. Prelectura

1. Para empezar, ¿sabes cuál es la diferencia entre una comunidad autónoma y una provincia? ¿Sabes cuántas regiones autonómicas hay en España? ¿Qué sabes de la comunidad autónoma donde vives ahora?

2. ¿Está dividido el territorio de tu país de la misma manera que en España? En caso negativo, ¿podrías explicarle a la clase cómo es?

2.3.B. Texto

EN ESPAÑA (1)

ESPAÑA es un país de grandes contrastes regionales y, por lo tanto, aunque existan rasgos comunes en la manera de hacer negocios, esas diferencias regionales no permiten generalizar con éxito.

En principio, cuando se establecen contactos de carácter empresarial o negociador hay que tener en cuenta que España, a diferencia de los demás países hispanohablantes, está plenamente integrada en Europa y, en consecuencia, la influencia del estilo negociador occidental va penetrando cada vez con más fuerza en detrimento del estilo tradicional.

Es importante distinguir la pequeña y la mediana empresa familiar de la empresa multinacional. En el primer caso, los rasgos típicos e históricos de la conducta empresarial española son más evidentes. En el segundo, aunque la nacionalidad siempre influya en la manera de expresarse, se tiende a crear una cultura corporativa transnacional más o menos homogénea en todos los países donde se establece.

El estilo de comunicación

Salvando esas diferencias regionales, a la hora de hacer negocios no se considera apropiado ir al grano (directamente al asunto) inmediatamente. Se debe hablar de temas generales, familiares, etc. en los primeros momentos. También se espera que el interlocutor sepa leer entre líneas e interpretar lo que no se puede decir directamente para no herir la sensibilidad del otro. No se debe olvidar que no se considera oportuno volver a hablar de negocios cuando ya no sea el tema principal de la conversación. Es mejor observar y dejarse llevar.

Los españoles suelen exagerar un poco y relatar las cosas con un aire de dramatismo y apasionamiento, sobre todo en el sur del país. El uso de superlativos es habitual.

Las interrupciones en los turnos de la conversación pueden ser frecuentes. Este hecho, que suele molestar mucho a los europeos del norte, debería interpretarse más como un signo de interés de lo que se está hablando que como una descortesía.

En general, el español tiene mucho amor propio (una forma de orgullo). La crítica no se acepta muy bien, incluso cuando procede de un superior jerárquico. La crítica es mejor hacerla de forma muy sutil.

La intuición y la experiencia son dos virtudes muy apreciadas a la hora de tomar decisiones. El pragmatismo, la lógica y las decisiones que se basan en el análisis de datos exclusivamente no son tan importantes como en otras culturas del norte de Europa.

El liderazgo y el estatus

La empresa familiar mediana y pequeña ha sido la estructura dominante en la economía española durante décadas. En consecuencia, la jerarquía dominante en ese tipo de compañías condiciona mucho la toma de decisiones. Con frecuencia nada se decide hasta que el jefe o los responsables del nivel más alto dan su conformidad. El proceso no suele ser muy rápido. En este contexto más tradicional compartir las decisiones suele interpretarse más como un rasgo de debilidad que como un signo de fortaleza.

La autoridad depende de la calidad de las relaciones personales con los empleados. La confianza es la virtud clave. El liderazgo está unido frecuentemente a una actitud paternalista. La lealtad está más unida a las personas que a la propia empresa.

No es raro que el jefe no informe de sus citas y reuniones al secretario/a. Los ejecutivos pueden cambiar las reuniones, visitas, etc. si lo consideran oportuno y sin dar muchas explicaciones.

2.3.C. Actividades

1. ¿Sabrías identificar en el siguiente diálogo las *características del estilo de comunicación* de un negociador español descritas arriba?

Situación: El Sr. González y el Sr. Martínez se reúnen para negociar productos para un supermercado.

Sr. González: ¡Buenos días, Señor Martínez! ¡Qué frío hace esta mañana!

Sr. Martínez: ¡Buenos días! Pues sí, bastante y el pronóstico del tiempo para mañana no va a ser mejor. Dígame usted, ¿en qué le puedo ayudar?

Sr. González: Bien, soy director de Supermercados Cola-caos y me han comentado que usted vende al por mayor.

Sr. Martínez: Así es.

Sr. González: ¿Qué descuento me haría usted? Me interesaría...

Sr. Martínez: Nosotros ofertamos calidad, no cantidad. Nuestros productos son buenísimos y tenemos tantos clientes que a veces no podemos atenderlos a todos. Aunque, nunca se sabe cómo puede ir esto. El año pasado obtuvimos casi un 95% en ventas y este año será igual. Y en unas encuestas que hemos realizado más del 90 % de nuestros clientes encuentran nuestros servicios excelentes. ¿Qué más se puede pedir? Le estoy prometiendo algo de lo que estoy totalmente seguro.

Sr. González: Ya, pero, a veces las promesas no se cumplen. Mi experiencia...

Sr. Martínez: Pues, nosotros todo lo que prometemos lo cumplimos. Además, nuestra experiencia de 50 años en el sector nos avala. Si encuentra algo mejor que nuestros productos le devolvemos todo el importe. Nuestro lema es: bueno, bonito y barato.

Sr. González: ¿Me podría usted dar un catálogo de sus productos para poder pensar más detenidamente cuáles me interesarían?

Sr. Martínez: Sí, por supuesto. Aquí tiene usted. Espero que le guste.

Sr. González: Eso espero. Bueno, señor Martínez, ha sido un placer haberle conocido.

Sr. Martínez: Igualmente. Espero verle pronto.

2.4. VIAJE A LA ECONOMÍA DE AMERICA LATINA

URUGUAY

Extensión geográfica (km²)	176 215
Población (millones)	3,4
Capital de país	Montevideo (1 348 000 hab.)
Otras ciudades importantes	Salto, Paysandú, Ciudad de la Costa
Densidad demográfica	19 hab./km²
Sistema de gobierno	República parlamentaria
Moneda	Peso uruguayo
PIB (per cápita)	$10 000

2.4.A. Panorama de los sectores económicos

1. Prelectura.

a) Ya conocemos los diferentes tipos de sectores que forman la economía de un país. Vamos a dividir la clase en grupos. Cada uno de ellos deberá mencionar un producto representativo de los diferentes sectores

b) ¿Qué entiendes por *sectores alternativos*?

2. Texto.

URUGUAY es un país que todavía depende mucho de la actividad del sector primario y, fundamentalmente, de su ganadería vacuna y lanar. Las exportaciones relacionadas directa o indirectamente con este sector suponen un 60%, aunque el peso de la agricultura y la ganadería en la economía de este pequeño país no supere el 10% del PIB. El subsector de la lana, por ejemplo, representa el 20% del total de las exportaciones y el 3% del comercio mundial. La ganadería, en general, ocupa el 90% de la superficie cultivable del país. El *stock* de cabezas de bovino está en torno a los 13,5 millones y el de ovino supera los 10,6 millones.

El sector arrocero de Uruguay ha llegado a ocupar el sexto puesto como exportador mundial y se explota con un elevado nivel tecnológico. Los cereales y los cítricos (exportados sobre todo a la Unión Europea) son dos sectores muy desarrollados, si bien los vinos, frutas y miel ocupan también un lugar destacado.

Este país ha luchado duramente contra algunas limitaciones. Se trata de uno de los países con menor superficie forestal de América Latina y durante este último decenio se ha desarrollado una política muy activa de forestación. En los próximos años se espera que la madera se convierta en el cuarto sector exportador del país, tras la carne, el cuero y la lana.

Uruguay es un país sin recursos mineros importantes y sin industria pesada. El mayor centro industrial del país es Montevideo, que concentra en torno al 50% de la producción total. Gran parte del sector secundario depende todavía del procesamiento de la producción ganadera: las industrias cárnicas, lanera y de cuero. Desde los años sesenta hasta ahora se ha intentado reducir la dependencia de las importaciones y se han ido desarrollando sectores alternativos como el procesamiento de productos agrícolas, la industria química, del calzado, la pesca con métodos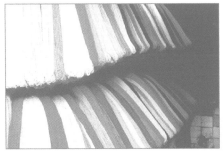

industriales y las manufacturas de cerámicas, plásticos, artículos eléctricos, prendas de vestir, etc. Ahora bien, al carecer de materias primas, el tejido industrial es débil y muy sensible a la competencia. La integración en Mercosur está forzando al país a adaptarse a la dura competencia regional con Brasil y Argentina.

Punta del Este, con sus hoteles, restaurantes y balnearios es un centro vacacional de primer orden para todo el Mercosur y, de hecho, el turismo representa ya una fuente de ingresos muy importante. Montevideo posee también un importante puerto comercial y se está transformando en una plaza financiera muy sólida.

Fuente: ICEX

3. Comprendiendo el texto. Responde a las siguientes preguntas.

a) ¿En qué aspectos es la economía uruguaya débil a la hora de competir con otros países?

b) ¿Cuáles son los puntos fuertes de la economía uruguaya?

c) ¿Qué proyectos alternativos se prevén en Uruguay para reducir la dependencia de sus importaciones?

d) ¿Positivo o negativo? En el texto se habla de sectores y subsectores que tienen un balance positivo o negativo en la economía uruguaya, ¿cómo es el balance de los siguientes sectores en la economía del país?

	+	−		+	−
Arroz			Madera		
Ganadería lanar			Industrias de procesamiento		
Industria pesada			Materias primas		
Minería			Sector industrial		
Ganadería vacuna			Sector turístico		

- La similitud entre el mercado uruguayo y el español es muy grande, debido al origen mayoritariamente europeo de la población, sobre todo en los hábitos sociales, de consumo y en la manera de hacer negocios.

- El país es muy llano, la mayor elevación apenas supera los 500 metros de altitud.

- No existe religión oficial. Aunque el 60% de la población se define como católica, el número de practicantes es bastante reducido.

- El pequeño comercio familiar, más o menos especializado, constituye el eje de la distribución comercial. La penetración de supermercados e hipermercados es importante en Montevideo y alrededores, pero relativamente baja si se compara Uruguay con los países más desarrollados.

- La feria comercial más importante de Uruguay es la «Feria Rural del Prado» de Montevideo. Se celebra a principios de septiembre y ofrece un escaparate excelente para los productos agroindustriales y multisectoriales.

- El secreto bancario y la libertad de entrada y salida de divisas han permitido atraer importantes capitales de los países vecinos, pero la crisis financiera de 2002 ha obligado a reestructurar todo el sector.

- Uruguay aplica dos tipos de IVA modificados recientemente, uno general del 22% y otro reducido del 10% (para alimentos y medicinas). Además, existe el Impuesto Específico Interno (IMES) que grava los alcoholes, el tabaco y los perfumes, entre otros.

Actividades

1. ¿Qué importancia tienen las empresas familiares en Uruguay?

2. ¿Qué características definen al sector bancario uruguayo?

3. Si eres representante de una compañía de electrodomésticos, ¿podrías exponer tus productos para venderlos en la Feria Rural del Prado de Montevideo?

2.4.C. Noticias breves

Freixenet entra en el mercado del vino uruguayo

El grupo español Freixenet ha firmado un acuerdo de asociación con la bodega uruguaya Vinos Finos Juan Carrau. El nuevo *joint-venture* estará liderado por Freixenet, que contará con el 70% de las acciones a la vez que comprará el 15% del capital de su socio uruguayo.

El objetivo que persigue el *joint-venture* es la elaboración de vinos finos y *champagne* que en un 70% y 80% irán destinados para la exportación. Entre los países que importarán productos de la nueva compañía surgida de la fusión se cuentan EE. UU., Japón, Canadá y la parte norte de Europa, explicó el director de Freixenet, Pedro Ferrer, en unas declaraciones recogidas por el diario uruguayo *El Observador*.

El principal beneficio para la uruguaya Vinos Finos Juan Carrau será que dispondrá de la red exportadora de su socio español, mientras que la producción conjunta se iniciará en una primera fase en la bodega de Carrau, que será ampliada con una inversión de tres millones de dólares.

La ONU incluye a Uruguay entre las naciones de alto desarrollo humano

Uruguay es una de las cuatro naciones latinoamericanas que se encuentran entre los "países de alto desarrollo humano", según el informe que publicó el pasado 12 de julio la **Organización de Naciones Unidas** (ONU).

Argentina, Chile y Costa Rica son los otros tres países latinoamericanos que integran la lista de países seleccionados por la ONU, y que está encabezada por Islandia, Noruega y Australia.

La calificación se ha realizado a través del llamado Índice de Desarrollo Humano (IDH), que se basa en tres puntos: la esperanza de vida, la educación y el ingreso real per cápita.

Según el programa de las Naciones Humanas para el Desarrollo, los uruguayos tienen una esperanza de vida del 73,9. El nivel de alfabetización alcanza a un 97,5% de la población y el producto interior bruto per cápita alcanza, según el **Banco Mundial**, los 10 000 dólares.

La ONU sitúa a Uruguay en el cuadragésimo sexto puesto de una lista de 70 países e indica que tan solo el 4% de su población se encuentra por debajo de los niveles internacionales de pobreza.

Noticias de prensa adaptadas y recogidas en la revista electrónica *América Económica*

Actividades

1. Sabes que en cada noticia es muy importante hacerse las preguntas correspondientes, es decir, qué, cuándo, dónde, por qué y quién ¿Puedes responder a estas preguntas en las anteriores noticias?

2. El artículo que has leído se ha vuelto a escribir. Ahora se han introducido sinónimos de algunos términos (que aparecen subrayados) y también diez errores respecto al artículo original. Sin releer el texto original, intenta recordar los términos similares y localiza los errores.

Freixenet entra en el mercado del vino uruguayo

El grupo valenciano Freixenet ha firmado un pacto de colaboración con la bodega uruguaya Vinos Finos Juan Carrau. La nueva empresa en común estará liderada por Juan Carrau, que contará con el 70% de las participaciones a la vez que comprará el 50% del capital de su socio español.

El objetivo que persigue la sociedad de capital de riesgo es la elaboración de jerez y licores que en un 70% y 80% irán destinados para la exportación. Entre los países que comprarán productos de la nueva empresa surgida de la unión empresarial se cuentan EE. UU., China, Canadá y la Europa septentrional, explicó el director de Freixenet, Pedro Ferrer, en unas afirmaciones recogidas por el periódico uruguayo *El Espectador*.

El principal provecho para la uruguaya Vinos Finos Juan Carrau será que dispondrá de la experiencia de su socio español, mientras que la elaboración conjunta se iniciará en una primera fase en la bodega de Carrau, que será ampliada con una inyección de tres millones de pesos.

3. **Busca información extra en Internet y compara el Índice de Desarrollo Humano (IDH) entre Uruguay y Argentina.**

IDH	Argentina	Uruguay
Educación		
Ingreso real per cápita		
Esperanza de vida		

2.5. ZON@ WEB

2.5.A. España

Te sugerimos ir a la siguiente dirección para saber algo sobre el Instituto Nacional de Estadística.

www.ine.es

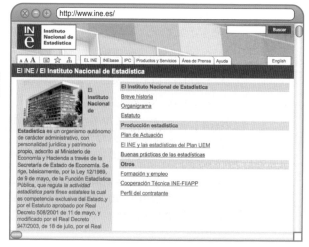

Actividades

1. Una vez que estamos en la página, hacemos clic en la sección *NEbase*. Ahora hacemos clic en *Demografía y Población* y luego en *Cifras de población y censos demográficos*. Después de informarte responde a las siguientes preguntas.

   a) Qué es el padrón municipal?

   b) ¿Quién lo dirige? ¿Quién lo coordina?

   c) ¿Qué cambios ha sufrido en los últimos años?

   a) ¿Para qué sirve hacer un padrón municipal? ¿Qué criterios se utilizan para su selección?

2.5.B. Uruguay

Vamos a visitar la página del Ministerio de Ganadería, Agricultura y Pesca de Uruguay, la dirección es la siguiente:

http://www.mgap.gub.uy/

Actividades

1. Hacemos clic en *fondos de financiamiento*, y seleccionamos uno de los *planes* o programas vigentes en ese momento. Después de informarte contesta a las siguientes preguntas.

   a) ¿Cuáles son las áreas prioritarias a las que va dirigido?

   b) ¿Cuáles son sus objetivos principales y específicos?

   c) ¿Cuál es su área de trabajo?

2. Para terminar, te invitamos a conocer un poco más de cerca este maravilloso país, su cultura y las ofertas turísticas que tiene. Para ello, busca las páginas siguientes para obtener más información.

   http://www.turismo.gub.uy/

   http://www.uruguaytotal.com/index.html

   http://www.uruguay.com/

Autoevaluación

1. Intenta reflexionar sobre las secciones que has comprendido mejor o peor. Para ello, intenta numerar cada una de ellas según el grado de comprensión obtenido. (Marca de 1 a 5 cada una de las secciones).

España en su economía	
La prensa informa	
Así nos ven, así nos vemos	
Viaje a la economía de América Latina	
Zona Web	

2. Una vez que ya has reflexionado sobre las secciones en general, intenta especificar las dudas que te han surgido en cada una de ellas.

España en su economía	
La prensa informa	
Así nos ven, así nos vemos	
Viaje a la economía de América Latina	
Zona Web	

3. A veces, hay dudas que podemos resolver nosotros mismos mediante instrumentos de consulta. ¿Cuáles crees que te podrían ayudar en esta unidad?

◯ Diccionario   ◯ Internet   ◯ Libros   ◯ Otros recursos

¿Qué área te gustaría estudiar más detenidamente en la siguiente unidad?

◯ Vocabulario   ◯ Cultura corporativa   ◯ Información económica   ◯ Otros recursos

Tu trabajo personal en esta unidad ha sido... (marca lo que corresponda)

◯ Bueno   ◯ Malo   ◯ Regular   ◯ Podría mejorar

En caso de marcar la última casilla, piensa de qué manera lo podrías mejorar.

_____

_____

Unidad 3

ESPAÑA: El sector agropecuario

AMÉRICA LATINA: Chile

Sección	Tema
España en su economía	Agricultura y ganadería
La prensa informa	El vino y el aceite
Así nos ven, así nos vemos	Aspectos socioculturales de Chile
Viaje a la economía de América Latina	Fundamentos de la economía chilena
Zona Web	España: Ministerio de Agricultura, Alimentación y Medio Ambiente
	Chile: Ministerio de Economía, Fomento y Turismo

3.1.A. Preparación

1. Hablando en parejas, comentad: ¿en qué creéis que consiste exactamente el sector agropecuario?

2. Amplía tu vocabulario: sin mirar el diccionario intenta explicar las diferencias entre los siguientes pares de palabras.

1. A. Agroindustrial / B. Agroalimentaria

A.

B.

2. A. Productividad / B. Productos

A.

B.

3. A. Regadíos / B. Invernaderos

A.

B.

3.1.B. Texto

EL SECTOR AGROPECUARIO

EL sector agropecuario español se ha ido integrando en la Política Agrícola Comunitaria (PAC) de la Unión Europea desde 1986. Esta integración ha supuesto la mejoría del nivel de las rentas agrarias y las condiciones de vida del agricultor, la introducción de cambios importantes en la orientación productiva y el desarrollo de una serie de subvenciones y mecanismos de regulación en las producciones. En realidad, este sector económico había experimentado ya un proceso profundo de cambios en las últimas décadas, lo que ha significado la transición de un sistema de producción de carácter tradicional a un sistema agroindustrial modernizado e integrado en el mercado.

Sin embargo, pese a su importancia, este sector solo ocupa algo menos del 5% de la población activa y su peso en el PIB nacional no alcanza el 3% del total. Su peso económico reside más bien en el desarrollo de otros componentes, como son las industrias de transformación ligadas a la agricultura, junto a las ramas proveedoras de bienes y servicios para la agricultura y las actividades de distribución agroalimentaria, así que entonces su peso relativo supone casi el 25% del PIB y el 20% del comercio exterior.

Ahora bien, en un marco estrictamente agrario, la productividad del sector resulta aceptable, pese a las características físicas del país, donde gran parte del suelo cultivable, la región de la meseta en el interior, está compuesto por tierras áridas con lluvias irregulares e insuficientes. La modernización de la agricultura española se ha basado en parte en la introducción de maquinaria, en la utilización masiva de abonos y fertilizantes y, sobre todo, en el aumento progresivo de las tierras de regadío, que generan las producciones

ooo⇨

más rentables y competitivas de todo el sector. Estas tierras se encuentran en el valle del Ebro, el litoral mediterráneo y en Andalucía, especialmente en el valle del Guadalquivir.

La composición por tipos de productos de la producción agrícola española revela la especialización del sector, que se orienta claramente hacia los productos típicos de la llamada "agricultura mediterránea": las dos terceras partes corresponden a los productos hortofrutícolas y, en menor medida, al vino y al aceite de oliva. Lo más significativo actualmente es la reducción del peso de productos tradicionales como las leguminosas (garbanzos, lentejas, alubias, etc.) o los cereales (trigo, cebada) y la creciente especialización en las orientaciones productivas que presentan ventajas competitivas respecto a otros países (cultivos de frutas y verduras en invernaderos, bajo plástico, enarenados, etc. en Almería o el cultivo extratemprano de la fresa en Huelva).

Las producciones agrícolas en las que España destaca en el mercado europeo y mundial son, además, un símbolo que identifica a nuestro país. Merecen destacarse unos cuantos. *Los cítricos* (naranjas, mandarinas, limones, etc.) cultivados principalmente en las regiones de Valencia y Murcia. *Los frutos secos*, fundamentalmente almendras y avellanas, y, sobre todo, los dos productos estrella de la agricultura nacional junto a la naranja: el vino y el aceite de oliva. *La vitivinicultura* está extendida por todo el país y tiene un gran peso en las exportaciones (tercer productor europeo, tras Francia e Italia). Los mejores vinos españoles de mesa se producen en La Rioja y la Ribera de Duero, si bien los vinos blancos de Jerez son los más conocidos desde siempre, ya que se exportaban a Inglaterra desde la baja Edad Media. Los vinos espumosos de Cataluña, sin alcanzar la calidad del champán francés, han experimentado un espectacular crecimiento en producción y exportación por su excelente relación calidad-precio. Finalmente, *el aceite de oliva*, donde España es el líder mundial indiscutible con una producción media de 900 000 toneladas y casi el 40% de todo el aceite que se consume en el mundo. Andalucía concentra más del 70% de la producción nacional, sobre todo en la provincia de Jaén. Los aceites de mejor calidad se conocen como oliva virgen extra.

Con respecto a la ganadería, las principales producciones en cuanto a su valor son las de carne de porcino, leche y carne de bovino y las aves. De hecho, las carnes de cerdo y de pollo son las más consumidas en el país. En cuanto a la cría, el ganado vacuno prosigue su desarrollo en las provincias del norte y noroeste del país y el ganado porcino se concentra sobre todo en Extremadura y Andalucía. El ganado ovino o lanar tiende a disminuir, pese a su gran importancia en el pasado, situándose fundamentalmente en la meseta castellana.

3.1.C. ¿Qué sabes tú?

1. Une los conceptos con sus definiciones correspondientes.

1. vitivinicultura **2.** hortofrutícola **3.** agropecuario **4.** agricultura mediterránea

☐ a) La especialización del sector agrícola que se orienta y especializa fundamentalmente en los productos típicos favorecidos por el clima de la zona meridional.

☐ b) El tipo de agricultura que dirige su explotación y producción a la fruta y las verduras.

☐ c) El sector económico que especializa su cuidado y productividad a la labor del campo y a la cría de ganado.

☐ d) La especialización agrícola dirigida al cultivo, cuidado y transformación de la uva en vino.

2. Ordena las palabras de la lista en su categoría correspondiente.

> • garbanzo • uva • trigo • alubia • pimiento • cebada • naranja • lenteja • maíz •
> mandarina • arroz • plátano • tomate • manzana • ciruela • calabacín • pepino
> • melón • lechuga • cebolla •

FRUTA	LEGUMBRES	HORTALIZAS	CEREALES

3. En las siguientes afirmaciones hay varios errores, ¿cuáles son?

La integración del sector agropecuario español en la Unión Europea ha supuesto...

☐ 1. el estancamiento de la situación agraria en las últimas décadas.

☐ 2. la involución del nivel de las rentas agrarias.

☐ 3. el desarrollo de subvenciones y regulaciones en la producción.

☐ 4. el empeoramiento de las condiciones de vida del agricultor.

☐ 5. la introducción de cambios importantes en la orientación productiva.

☐ 6. la transición de un sistema agrario tradicional a otro agroindustrial más moderno.

4. Elige la respuesta adecuada.

1. El sector que se dedica a la agricultura e introduce la modernización a través de la tecnología y la investigación es un sistema...

☐ a) agroalimentario   ☐ b) agropecuario   ☒ c) agroindustrial   ☐ d) agronómico

2. El peso económico del sector agropecuario reside en...

☐ a) el proceso de evolución que ha sufrido en las últimas décadas.

☐ b) procurar trabajo a un elevado porcentaje de población activa.

☒ c) el desarrollo de otros componentes como las industrias de transformación.

☐ d) el creciente aumento de las rentas agrarias.

3. La reciente y creciente especialización en las orientaciones productivas tienen su base en...

☐ a) la explotación de productos que se adaptan al clima español.

☒ b) la pujante mecanización y modernización del sector agrícola español.

☐ c) el aumento de las ventajas competitivas respecto a otros países.

☐ d) la gran rentabilidad que supone cultivar un monoproducto a gran escala.

4. ¿Qué región española concentra el mayor porcentaje de producción de aceituna y aceite?

☐ a) Cataluña ☐ b) Castilla- La Mancha ☑ c) Andalucía ☐ d) Murcia

5. Los aceites de mejor calidad reciben la denominación de…

☐ a) aceite de oliva ☐ c) aceite de orujo

☑ b) aceite de oliva virgen extra ☐ d) aceite de oliva virgen

6. En la producción ganadera española la carne de porcino destaca por su valor. ¿Qué otras industrias de transformación están ligadas a ella?

☐ a) conserveras ☑ b) embutidos ☐ c) lácteas ☐ a) vitivinícolas

7. Relaciona las diferentes crías ganaderas con su correspondiente zona geográfica productora.

a. granjas vacunas

b. granjas avícolas

c. granjas porcinas

d. granjas ovinas

6	1. Cataluña
a	2. Galicia y Asturias
d	3. Castilla-La Mancha
c	4. Andalucía y Extremadura

3.2. LA PRENSA INFORMA ●

3.2.A. Prelectura   *"Con pan y vino se anda el camino"*

1. ¿Puedes explicar en pocas palabras lo que significa el aceite en la cultura y gastronomía españolas?

2. ¿Asocias el vino con la imagen exterior de España?

3.2.B. Textos

Aceite para la exportación

En la primera década del siglo XXI el consumo de aceite de oliva en España ascendió a una cifra récord, superando las 500 000 toneladas. Industriales y productores coinciden en señalar que no se ha llegado al techo en el consumo interior de aceite de oliva. Ahora bien, en años en que la cosecha supera el millón de toneladas, la venta de aceite en el exterior constituye otra salida para evitar **excedentes** en el mercado y la caída de las **cotizaciones**.

○○⇨

Tradicionalmente se ha afirmado que España es el primer país productor de aceite de oliva del mundo, pero que los italianos son quienes se han beneficiado del mismo para dominar su **comercialización**. La afirmación es cierta. Sin embargo, es también un hecho, fundamentalmente desde los últimos años del siglo XX, que la industria española del aceite de oliva ha dado un fuerte impulso a sus operaciones en el exterior abriéndose un hueco en mercados copados hasta entonces por los italianos, como Estados Unidos, pero dominando las ventas en otros mercados nuevos, como Australia o Japón.

«Hemos empezado tarde», señala Juan Vicente Gómez Moya, director de la Asociación Española de Industria y Comercio Exportador del Aceite de Oliva (Asoliva), «pero en la última década se ha hecho un gran esfuerzo, con resultados muy importantes en la venta de aceite envasado en todo el mundo. (...) Es un proceso lento. Seguiremos creciendo, pero nadie puede esperar resultados espectaculares, y sería absurdo pensar que con la venta de aceite envasado se pueden eliminar los excedentes».

Las firmas nacionales han entrado de lleno en las exportaciones, para constituir **redes comerciales**. Una de las más antiguas es la política exterior de Aceites del Sur, con ventas en más de 50 países. La mitad de la **facturación** de este grupo procede de las operaciones en el exterior, donde cuenta con estructura propia en unos casos, y en otros, a través de una red de distribuidores. Para Aceites del Sur, la exportación a muchos países es la mejor fórmula para diversificar riesgos y clientes. Aceites Toledo, primer grupo de capital nacional en el aceite de oliva a comienzos de este nuevo siglo, ha entrado mucho más tarde en el comercio exterior, aunque, sin embargo, con unos resultados espectaculares y una gran presencia en el mercado japonés. Para sus **directivos**, una de las dificultades mayores que se encuentran a la hora de abrir mercados es la falta de imagen del *Made in Spain* cuando el consumidor tiene hecha una idea del aceite de oliva *Made in Italy*.

Adaptación del artículo de Vidal Maté en *El País Negocios*

Vega Sicilia
cruza la ribera del Duero

Vega Sicilia es uno de los buques insignia en el conjunto del sector vitivinícola español por su **cuota de mercado** e imagen en el segmento de alta calidad y precio elevado. Frente a la política de volúmenes, *Vega Sicilia* ha mantenido su principio empresarial de cosechas reducidas en función de la calidad de la materia prima disponible en cada campaña. Esta política se ha seguido en las últimas décadas en la empresa matriz *Vega Sicilia*, continuada en la Ribera del Duero con la nueva Bodega *Alión* y exportada en principio a la bodega húngara *Oremus*, donde ya posee la mayoría del **accionariado**.

Según los planes del responsable de *Vega Sicilia*, Pablo Álvarez, el objetivo de la familia es la construcción de un gran grupo mundial siguiendo el mismo criterio de **bodegas** de tamaño medio en el segmento alto de calidad y precios. Ya se están realizando gestiones para la compra de una bodega en Francia, con viñedos incluidos, en la zona donde se ubican los mejores vinos franceses a unos precios razonables. Pero este grupo quiere también estar presente en algunos de los países más representativos en el sector del vino, tanto con una imagen de calidad como por las posibilidades que ofrezca cada mercado. Los planes de expansión cuentan con comprar bodegas similares a la española en Portugal, Chile, Argentina o Suráfrica.

Los orígenes de *Vega Sicilia* se remontan a 1864. La actual etapa se inició en 1982, cuando la familia Álvarez adquirió la bodega y la finca al empresario venezolano Miguel Neumann. Desde entonces, esta familia ha desarrollado una política que combina la renovación con la calidad. *Vega Sicilia* es, además, uno de los grupos de referencia en la denominación de origen Ribera del Duero y ha basado su imagen en la calidad. Presume de tener más de 3500 clientes y otros 3500 en lista de espera. Cuenta con una superficie de 230 hectáreas de viñedo de las que 120 se utilizarían para *Vega Sicilia* y otras 110 para su otra bodega, *Alion,* también ubicada en la zona. Los responsables del grupo insisten en que no hay primeras y segundas marcas y que en cada bodega se apuesta por la máxima calidad y **añadas** cortas.

Una de las tareas que más cuida el grupo es el trato de los viñedos. El número de vides por hectárea es de unas 2200, no se utiliza el regadío y se lleva un cuidadoso proceso de poda en verde para eliminar racimos con el fin de que cada cepa tenga como máximo una producción inferior a los dos kilos. Por lo general, solo se utiliza la uva propia de calidad y cuando es deficiente, el vino se envía a **destilación** para que no vaya a otra bodega. Cuando falta uva propia, se acude al mercado para elegir la de mejor calidad, que se paga a unos precios superiores a la media del mercado.

Adaptación del artículo de Vidal Maté en *El País Negocios*

1. **Contesta a estas preguntas relacionadas con los artículos precedentes.**

a) ¿Qué salida alternativa tiene el sector aceitunero para evitar excedentes en el mercado y caídas de precios?

b) ¿Qué país se ha beneficiado de la producción oleícola española a través del dominio de la comercialización?

c) ¿Cuál es la mejor fórmula para diversificar riesgos y clientes en el mercado oleícola?

d) ¿Qué política productiva ha llevado a *Vega Sicilia* a la cabeza del sector vitivinícola español?

2. *Vega Sicilia* **cruza la ribera del Duero. Indica si las siguientes afirmaciones son verdaderas o falsas.**

	V	F
1. La bodega *Vega Sicilia* ha mantenido su principio empresarial de cosechas en función de la materia prima adquirida a otras bodegas con excedentes de uva.	☐	☐
2. El objetivo de la familia es mantener un pequeño grupo nacional siguiendo el mismo criterio de calidad y precios.	☐	☐
3. Este grupo quiere estar presente en los países más representativos del sector del vino.	☐	☐
4. La empresa matriz *Vega Sicilia* posee una minoría del accionariado de la bodega Alión.	☐	☐
5. El grupo castellano *Vega Sicilia* está dirigido por Pablo Álvarez.	☐	☐
6. Esta bodega es el principal referente en la denominación de origen de Ribera del Duero.	☐	☐
7. La firma cuenta con una superficie de 230 hectáreas de viñedo de las cuales 120 se utilizarían para Vega Sicilia y 110 para su otra bodega, Alión.	☐	☐
8. La empresa en el cultivo de sus vides utiliza el regadío.	☐	☐
9. Los responsables del grupo reiteran que no hay primeras y segundas marcas.	☐	☐
10. *Vega Sicilia* negocia la adquisición de uva con La Rioja, Penedés y Jerez.	☐	☐

3. **Selecciona la respuesta correcta.**

1. La política desarrollada por la familia propietaria de Vega Sicilia combina la .... con la calidad.

☐ a) revalorización   ☐ b) reestructuración   ☐ c) renovación

2. El proceso de poda en verde persigue…

☐ a) incrementar la producción.

☐ b) mejorar la calidad de la uva.

☐ c) aumentar el consumo.

3. *Vega Sicilia* está realizando gestiones para la compra de una bodega en ...., con viñedos incluidos.

☐ a) Chile ☐ b) Portugal ☐ c) Uruguay ☐ d) Francia

4. *Vega Sicilia* presume de tener más de .... clientes.

☐ a) 2000 ☐ b) 3500 ☐ c) 2500 ☐ d) 4500

5. Cuando la uva de la bodega es deficiente el vino se envía a ....

☐ a) deshidratación ☐ b) desintoxicación ☐ c) destilación ☐ d) desecación

4. **Selecciona los tres criterios más importantes que guían al éxito a Vega Sicilia.**

☐ 1. criterio de macroempresa ☐ 6. criterio de imagen

☐ 2. criterio de calidad ☐ 7. criterio de competitividad

☐ 3. criterio de renovación ☐ 8. criterio de selección

☐ 4. criterio de diversificación ☐ 9. criterio de producción

☐ 5. criterio de expansión ☐ 10. criterio de precios

3.2.D. Libertad de expresión

1. **Escribe una composición donde expreses todas las ideas y conclusiones que has sacado de la lectura de los artículos anteriores. Aquí tienes dos opciones posibles que te pueden orientar en la exposición. Elige una:**

• ¿Por qué la bodega *Vega Sicilia* capitaliza el sector? ¿Qué problemas de mercado padece en concreto el sector vitivinícola?

• Expresa tu opinión sobre el desarrollo económico actual de las bodegas españolas.

3.3. ASÍ NOS VEN, ASÍ NOS VEMOS ....

3.3.A. Prelectura

1. ¿Qué personajes famosos de Chile conoces?

2. ¿Cómo se saluda en tu país? ¿Es diferente el saludo entre hombres y mujeres?

EN CHILE

LA situación geográfica de Chile, que no es lugar de paso sino punto de destino, con el impacto de la cordillera de los Andes, que protege y aísla a la vez, influye mucho en el carácter chileno. Por otra parte, la cultura, sobre todo la literaria, se aprecia mucho en la sociedad chilena; no en vano este país ha sido cuna de dos grandes premios Nobel: Gabriela Mistral en 1945 y Pablo Neruda en 1971.

En Chile el tiempo tiene mucho valor, sobre todo en las empresas medianas y grandes. Se suelen respetar agendas y horarios. La puntualidad se valora. Se debe llegar a la hora acordada, aunque la parte chilena se presente con algún retraso. La excepción está en las invitaciones a un domicilio particular, donde llegar 15 ó 20 minutos después de la hora fijada es costumbre social.

Los empresarios chilenos tienen muy buena imagen, actúan como buenos profesionales, negocian duramente y cumplen sus compromisos. Ahora bien, los lazos familiares son muy importantes, pudiendo influir decisivamente en el ámbito de las relaciones sociales y empresariales. Saber quién es quién y qué vinculaciones tiene con otros grupos empresariales es decisivo para evitar situaciones conflictivas y poder reaccionar positivamente ante proyectos que puedan surgir. Tampoco debe olvidarse que la jerarquía es un elemento crucial, ya que a la hora de negociar los interlocutores tendrían que tener un estatus similar. Curiosamente, aunque las decisiones se tomen al más alto nivel en una empresa, será una actitud inteligente establecer una buena relación con los responsables intermedios, ya que sus opiniones suelen ser tenidas en cuenta en los niveles de decisión.

Las reuniones suelen ser formales, si bien crear un ambiente distendido y cordial es importante. Los chilenos aprecian que el visitante se interese por el estado de la familia y que demuestre conocer la historia y cultura de su país o aludir a su espléndida naturaleza. El patriotismo es un sentimiento muy vivo en todos los niveles sociales. Por el contrario, se deben evitar temas relacionados con la política (gobierno de Allende y dictadura de Pinochet), religión, conflictos con países vecinos o diferencias sociales, étnicas, etc.

Quien tenga que negociar con los chilenos debe ser paciente y tener capacidad de aguante. Los avances serán lentos y parecerán interminables. Es más, aunque parezca que una operación ya se va a cerrar, es muy probable que se vuelva a replantear algún aspecto que aparentemente había sido ya tratado o acordado. Ante esto es fundamental que la parte no chilena muestre tranquilidad. La contrapartida es que el sentido ético en los negocios es muy elevado en Chile y el nivel de burocracia es muy inferior al que se suele encontrar en otros países del área.

Las relaciones empresariales se estrechan con un almuerzo (que es el acto más utilizado). Las cenas no son tan frecuentes, y los desayunos se están generalizando últimamente, aunque se reservan para reuniones menos importantes. Se debe especificar la hora de la cita, ya que en Chile comer se identifica con la cena y almorzar con la comida del mediodía. Las invitaciones a domicilios privados solo ocurren cuando existe una relación estrecha entre las dos partes. Llevar un obsequio al anfitrión es lo usual, pero no se debe llevar vino del país de origen (Chile es un gran productor de vinos de calidad), sino más bien cerámicas u otros productos típicos. El ramo de flores o la caja de bombones son buenos sustitutos. Una llamada o una nota manuscrita agradeciendo las atenciones recibidas reforzará la buena imagen.

Dentro de la sociedad chilena la mujer ha ido alcanzando cotas de responsabilidad cada vez más importantes, si bien su presencia en niveles de alta dirección es aún reducida. Si hay que negociar con ellas, mostrarán tanta o más competencia que los hombres. ¡Ojo! A las señoras solo se les da (en su caso) un solo beso en la mejilla, aunque lo usual es el apretón de manos, al igual que a los hombres.

1. Aquí tienes la opinión de varios empresarios sobre ciertos aspectos relacionados con el mundo empresarial. ¿Cuáles crees tú que tendrían más éxito en Chile? ¿Por qué?

Para mí, ir a negociar a un país no significa conocer su cultura, porque lo que yo pretendo es hacer negocios.

A mí me parece muy poco ético que, cuando casi va a cerrarse el trato, se vuelvan a replantear ciertos aspectos.

En mi empresa intento contratar a la gente de una manera objetiva. Quiero tener a los mejores.

Creo que se debe llegar unos cinco minutos tarde para no demostrar un interés excesivo o ansia de negociar.

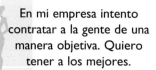

Mi opinión es que negociar es sinónimo de improvisar.

Cuando me reúno para negociar, me gusta entablar relaciones de tú a tú y no llevar corbata.

Cuando voy a negociar con otra empresa me baso en mi intuición y no me interesan sus vínculos.

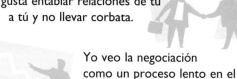

Yo veo la negociación como un proceso lento en el que todo hay que analizarlo detenidamente.

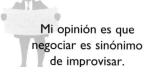

Cuando me preguntan sobre cosas que no están directamente relacionadas con la negociación, me parece un acto de mala educación.

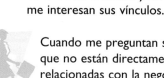

2. **Entre culturas:** *un empresario llega a Chile como director y después de ejercer su cargo durante unos días, decide que sería conveniente celebrar una fiesta en su propio apartamento para poder tener una relación más estrecha con sus empleados. Se siente extraño porque nadie ha rechazado su invitación.*

Responde a las siguientes preguntas relacionadas con el modo de concebir una relación empresarial jerarquizada en tu propio país. Comparte tus respuestas con alguien de la clase que pertenezca a una cultura diferente a la tuya. Finalmente, decidid lo que creéis que respondería una persona de Chile.

	Tú	Tu compañero/a	Alguien de Chile
1. ¿Crees que debe haber un distanciamiento entre jefes y empleados?			
2. ¿Qué rasgos positivos y negativos crees que existen en la jerarquía empresarial?			
3. ¿Crees que un jefe debe contar con la opinión de sus empleados?			
4. Dar siempre la razón al jefe, ¿es síntoma de respeto?			
5. ¿Cómo definirías el prototipo de jefe?			

3.4. VIAJE A LA ECONOMÍA DE AMERICA LATINA

CHILE

Extensión geográfica (km²)	756 950 km²
Población (millones)	16,9
Capital de país	Santiago de Chile (la capital y el área metropolitana concentra a más de 6 millones de habitantes)
Otras ciudades importantes	Concepción, Viña del Mar, Valparaíso
Densidad demográfica	22 hab./km²
Sistema de gobierno	República democrática presidencialista
Moneda	Peso chileno
PIB (per cápita)	$10 150

3.4.A. Panorama de los sectores económicos

1. Prelectura.

a) ¿Cómo crees que afecta la situación geográfica de un país a su economía?

b) ¿Puedes dar algunos ejemplos?

2. Texto.

La República de **Chile** forma una estrecha franja de tierra que discurre entre el Océano Pacífico y la cordillera Andina. Tiene una longitud de norte a sur de 4270 km y una anchura media de 200 km. Si a esto se añade que el 80% del territorio es montañoso, estamos ante un país con una estructura muy peculiar. Este conjunto de factores hace que las diferencias regionales en todos los sentidos sean muy grandes en Chile. Santiago, la capital, concentra el 40% de la población y casi el 50% del PIB. La red de transportes es aún inadecuada, pero se ha ido mejorando rápidamente mediante concesiones al **sector privado**. Las telecomunicaciones, en cambio, presentan un alto nivel de desarrollo, siendo pioneros en la privatización del sector en América Latina. Si bien Chile es un país con gran potencial agrícola y un importante exportador de productos hortofrutícolas a EE. UU. y Europa, al apro-

○○○⇨

vechar la inversión de las estaciones, paradójicamente el sector atraviesa una grave crisis desde finales del siglo pasado debido al incremento de los costes de producción y al establecimiento de restricciones a los productos chilenos en los mercados exteriores. Los productos más importantes de su sector agrario son los hortofrutícolas, el vino y los recursos forestales de todo tipo, cuya explotación se concentra al sur del país. El sector forestal incrementa su importancia con el valor añadido incorporado a las manufacturas de madera destinadas a la exportación. Por otra parte, la pesca es una actividad en fuerte expansión en el norte del país. El 85% de la producción pesquera es absorbida por la industria reductora, fundamentalmente con destino al consumo animal (harinas de pescado y aceites).

Aun cuando sea dependiente del exterior en productos energéticos y bienes de equipo, Chile ha sido siempre conocido como país rico en recursos minerales, sobre todo cobre y nitrato sódico, donde se sitúa como el mayor productor mundial. La única gran empresa pública, Corporación del Cobre (CODELCO) podrá continuar la explotación de la cuarta parte de las reservas mundiales estimadas en mineral de cobre. El país también posee explotaciones de mineral de hierro, molibdeno, manganeso, cinc, plata y oro y dispone de grandes reservas de litio. El pujante sector minero resulta particularmente atractivo para la inversión extranjera, pese a la volatilidad de precios que sufre frecuentemente este tipo de productos.

La industria, en particular la manufacturera, gana peso en la economía, con tasas próximas al 15% del PIB. Los sectores de mayor crecimiento en los últimos años son alimentación y bebidas, muebles, artículos eléctricos y electrónicos y maquinaria no eléctrica. Chile está esforzándose día a día por diversificar su oferta exportadora, todavía dominada por los segmentos y productos tradicionales: harina de pescado, celulosa, cobre y otros productos minerales.

Por lo que se refiere al sector servicios, destaca en primer lugar el gran dinamismo del turismo, que ha seguido desarrollándose pese a las secuelas de la crisis de 2002 en Argentina, principal país de origen de los visitantes. Los servicios financieros, la distribución comercial y la de energía han experimentado un notable crecimiento, expandiéndose por toda la región, y situándose a la cabeza del proceso privatizador latinoamericano de los años 90 y primera década del siglo XXI.

En definitiva, la economía chilena, a diferencia de otras muchas economías americanas, se puede definir como abierta, con normas claras y estables, apoyada en unos recursos naturales diversificados, mano de obra cualificada, empresarios de primer nivel y una administración estatal seria y ágil.

Fuente: ICEX

3. **Comprendiendo el texto. Responde a las siguientes preguntas.**

a) ¿Qué relación existe entre la privatización de la red de transportes y de las telecomunicaciones en Chile?

b) ¿Puedes expresar con tus propias palabras qué significa la expresión "aprovechar la inversión de las estaciones"?

c) Se dice que Chile posee un gran potencial en la agricultura: exporta a EE. UU. y Europa. Sin embargo, este sector sufre una fuerte crisis. ¿No te parece paradójico? Razona tu respuesta.

d) ¿Cómo definirías el concepto de industria reductora? ¿Qué relación crees que existe con el mal de las vacas locas?

e) ¿Por qué la volatilidad de precios no es un factor clave para la inversión extranjera en el sector minero chileno?

f) En el último párrafo se definen las características primordiales de la economía chilena. ¿Podrías volver a definirla con tus propias palabras?

3.4.B. Bloc de notas para el hombre y la mujer de negocios

- El 77% de los chilenos son mestizos y el 20% descendientes de europeos. En cuanto a la religión, el 77% se declara católico y un 13% evangélico.

- Un 18% de la población chilena se ha adentrado en el siglo XXI en el umbral de la pobreza, si bien disminuye cada año gracias al gran crecimiento económico que ha disfrutado el país durante las dos últimas décadas.

- Cada año se celebran en Santiago numerosas ferias de distintos sectores. Cabe destacar la feria multisectorial FISA, que se celebra en la primera quincena de noviembre.

- El tipo impositivo general del Impuesto sobre el Valor Agregado (IVA) es del 19%. En cuanto al Impuesto sobre Sociedades, en Chile se llama Impuesto de Primera Categoría, es del 17%.

- La red viaria consta de unos 85 000 km, de los cuales unos 20 000 están asfaltados. La red ferroviaria es de 3900 km, aunque su situación no es muy buena (déficit, equipos obsoletos, etc.).

Sin embargo, Chile cuenta con un sistema de transporte marítimo bien desarrollado, con más de 60 puertos públicos y privados.

- Chile se consolida en el siglo XXI como modelo de desarrollo económico para América Latina. Este buen resultado económico con altas tasas de crecimiento se ha debido a la acertada y pragmática gestión macroeconómica y al programa de reformas aplicadas en los últimos decenios (liberalización comercial, programa de privatizaciones del sector público y reformas en seguridad social y educación).

- Gracias a las buenas calificaciones que la República de Chile ha venido obteniendo de las agencias internacionales de *rating*, como Standard & Poor s, Moody s y Fitch & Ibca y gracias también a la valoración de otros analistas internacionales, como el informe riesgo-país de *The Economist Intelligence Unit* donde ocupa el primer lugar de Latinoamérica como mercado de interés, la inversión extranjera ha seguido afluyendo a este país.

Actividad

1. **Justifica por qué estos conceptos se relacionan con la economía y sociedad chilenas.**

impuesto de primera categoría
• liberación comercial • 19%
• autopistas • mercado de interés •
transporte marítimo
• gestión macroeconómica •
ferias multisectoriales

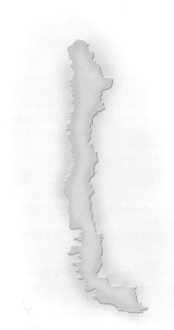

3.4.C. Noticias breves

Valparaíso, puerta del comercio

Valparaíso está situada en la región V, en la costa del Pacífico, a 120 km de Santiago de Chile. Cuenta con un puerto de carga que, junto con el de San Antonio, es el más importante del país como emisor y receptor de mercancías internacionales. Dicho puerto es líder en transferencia de contenedores y carga general de la costa oeste de América del Sur. Es el punto de conexión con todos los países miembros o asociados a MERCOSUR (Argentina, Bolivia, Brasil, Paraguay, Uruguay); es una puerta de entrada y salida para el comercio con la región Asia-Pacífico, y la principal conexión terrestre entre Chile y Argentina a través de un corredor terrestre entre dos océanos que tiene su eje en los puertos de Valparaíso (Pacífico), Buenos Aires, Montevideo y Santos (Atlántico). Las uvas de mesa, kiwis, manzanas rojas, peras, manzanas verdes y carozos son los principales productos de exportación embarcados desde este puerto, que concentra, además, la exportación de la producción de las Regiones V a VII, incluyendo la Región Metropolitana.

Adaptación del artículo de la revista *El Exportador*

EL VINO CHILENO DESCORCHA SU PLAN

Las ventas de vino chileno se consolidan en todo el mundo. Su calidad y su buen precio le hacen muy competitivo. Así, sus exportaciones han venido aumentando en una tasa del 32% anual. Ahora, los industriales tienen un plan más agresivo: vender *la marca país* en los cinco continentes.

Esta historia no es una leyenda. Con más de un centenar de empresas, la industria vitivinícola chilena se ha modernizado y crecido, sus vinos compiten –muchas veces derrotan– a algunos de los más reputados del mundo y representan casi el 5% de las exportaciones mundiales del sector.

El vino chileno ha experimentado durante 25 años un crecimiento espectacular en las mesas de todo el mundo. Sobre la base de un clima y suelo favorable y variado, que permite producir diferentes variedades, con las barreras naturales de la cordillera andina, el desierto y el océano para detener el paso de plagas, con políticas de apertura al exterior, incorporación de tecnologías modernas y mano de obra barata, la industria ha atacado con vigor los mercados.

Adaptación del artículo de Manuel Délano en *El País Negocios*

Actividades

1. ¿Cuáles son los principales factores que han influido para que Chile sea uno de los países más competitivos del mercado vinícola internacional?

2. Señala cuáles son las actividades portuarias que se realizan principalmente en el puerto de Valparaíso.

- [ ] 1. Puerto pesquero.
- [ ] 2. Punto de conexión de MERCOSUR.
- [ ] 3. Transferencia de contenedores.
- [ ] 4. Puerto deportivo.
- [ ] 5. Conexión terrestre.
- [ ] 6. Armadores de buques.
- [ ] 7. Puerto de carga.
- [ ] 8. Puerta de entrada y salida con Asia-Pacífico.

3.5. ZON@ WEB

3.5.A. España

Te sugerimos ir a la siguiente dirección para saber algo sobre el Ministerio de Agricultura, Alimentación y Medio Ambiente.

www.magrama.gob.es/es

Actividades

1. El Ministerio de Medio Ambiente y Medio Rural y Marino en España posee una serie de organizaciones cuyas funciones son muy diversas. ¿Sabes qué significan estas siglas? ¿En qué casos necesitarías estas organizaciones? ¿Qué tipo de ayuda te pueden ofrecer?

ENESA:
CENEAM:
FEGA:
AAO:

2. Ahora hacemos clic en *Alimentación*. ¿Sabes a qué se refiere el término "denominación de origen" y la implicación que puede tener en el mercado para un producto?

3. Ya has podido observar que entre la amplia gama de productos que podemos encontrar con denominación de origen, el aceite de oliva y el vino son de los más importantes. Haz clic en la primera sección *Productos de calidad diferenciada*. Una vez dentro, seleccionamos un producto en la sección *Consulta por tipo de productos* y respondemos a las siguientes preguntas:

a) ¿Cuál es la denominación de origen de este producto?

b) ¿Cuáles son sus características principales?

c) ¿Cómo se obtiene?

d) ¿En qué zona geográfica se produce?

e) ¿Cuál es la historia de este producto?

Vamos a conocer un poco más de cerca la economía de Chile. Para ello, nos iremos a la siguiente página:

www.economia.gob.cl

Actividades

1. **Si ya conoces el organigrama de una empresa (en caso negativo pregunta a tu profesor), ¿podrías hacer una comparación con el organigrama del Ministerio de Economía de Chile y establecer las semejanzas y diferencias que ambos tipos de organigrama presentan? Para recibir ayuda haz clic en** *Acerca del ministerio*, **luego en la sección** *Estructura organizacional* **hacemos clic en** *Organigrama*.

2. **Volvemos a la página inicial, aquí puedes ver algunos de los organismos oficiales más importantes de Chile a pie de página. Rellena a continuación esta tabla dando información sobre las funciones principales de cada uno de ellos.**

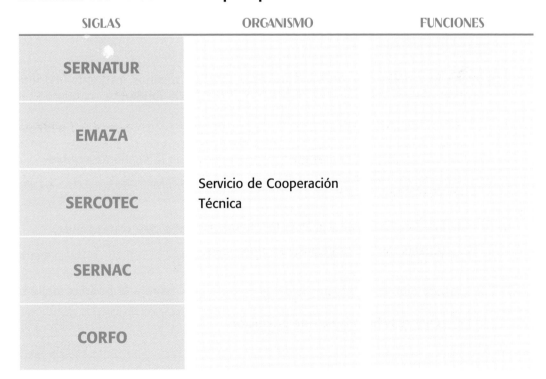

SIGLAS	ORGANISMO	FUNCIONES
SERNATUR		
EMAZA		
SERCOTEC	Servicio de Cooperación Técnica	
SERNAC		
CORFO		

Autoevaluación

1. Intenta reflexionar sobre las secciones que has comprendido mejor o peor. Para ello, intenta numerar cada una de ellas según el grado de comprensión obtenido. (Marca de 1 a 5 cada una de las secciones).

España en su economía	
La prensa informa	
Así nos ven, así nos vemos	
Viaje a la economía de América Latina	
Zona Web	

2. Una vez que ya has reflexionado sobre las secciones en general, intenta especificar las dudas que te han surgido en cada una de ellas.

España en su economía	
La prensa informa	
Así nos ven, así nos vemos	
Viaje a la economía de América Latina	
Zona Web	

3. A veces, hay dudas que podemos resolver nosotros mismos mediante instrumentos de consulta. ¿Cuáles crees que te podrían ayudar en esta unidad?

◯ Diccionario   ◯ Internet   ◯ Libros   ◯ Otros recursos

4. ¿Qué área te gustaría estudiar más detenidamente en la siguiente unidad?

◯ Vocabulario   ◯ Cultura corporativa   ◯ Información económica   ◯ Otros recursos

5. Tu trabajo personal en esta unidad ha sido... (marca lo que corresponda)

◯ Bueno   ◯ Malo   ◯ Regular   ◯ Podría mejorar

En caso de marcar la última casilla, piensa de qué manera lo podrías mejorar.

_____

_____

Unidad 4

ESPAÑA: El sector pesquero

AMÉRICA LATINA: Brasil

Sección	Tema
España en su economía	El sector pesquero
La prensa informa	
Así nos ven, así nos vemos	La organización, la gestión del tiempo y las reuniones en la empresa española
Viaje a la economía de América Latina	Fundamentos de la economía brasileña
Zona Web	España: Ministerio de Agricultura, Alimentación y Medio Ambiente
	Brasil: Gobierno de la República Federal de Brasil

4.1.A. Preparación

1. Con la ayuda de tu profesor, del diccionario o de tu compañero, intenta aprender, diferenciar y colocar el vocabulario citado más abajo en las columnas correspondientes.

ACTIVIDAD PESQUERA	ESPECIES MARINAS

armador • atún • bacalao • barco • caladero • cargamento • captura • conservera • costero • cultivo • marino • cuota • desembarque • dorada • embarcación • flota • lubina • marisco • merluza • nave • pesquería • puerto • rodaballo •

4.1.B. Texto

EL SECTOR PESQUERO

CON una flota de algo más de 10.000 barcos, España llega a la segunda década del siglo XXI como la principal potencia pesquera en la Unión Europea. Con una demanda de más de 40 kilos por persona y año, España es también uno de los principales consumidores del mundo de este tipo de productos, por detrás de Japón, Portugal o Noruega. Sin embargo, el peso de su flota y la pasión por el consumo de pescado no guardan relación con las posibilidades de pesca en aguas propias. El aprovisionamiento del mercado depende fundamentalmente de las capturas de la flota pesquera en caladeros de terceros países, así como de unas importaciones muy elevadas (casi dos tercios del pescado consumido hoy en España). Todo ello ha provocado un fuerte crecimiento de los precios de los productos de la pesca y que los cargamentos de pescado fresco lleguen a diario por vía aérea.

A pesar de que el perímetro costero español tiene una longitud de 4611 km, la meseta submarina adyacente es muy estrecha (sobre todo en la Península) y las condiciones de pesca, por lo tanto, no son muy favorables. La región noroeste, con Vigo como capital pesquera de Europa, posee un litoral recortado y especialmente rico en sus rías bajas. Esta zona es la más importante de España por el volumen y la variedad de la pesca en ella desembarcada (una cuarta parte del total), porque arma más de la mitad de toda la flota española y porque es donde más se ha desarrollado la industria conservera vinculada a la pesca (60% del total de conservas y la mayoría de los salazones). La región suratlántica andaluza (entre Portugal y Gibraltar) es muy importante por la abundancia de atún, sardinas y crustáceos de alto valor. Algeciras, Huelva y Cádiz son sus puertos más importantes. Finalmente, el archipiélago de las Islas Canarias ha jugado un papel muy importante como base pesquera exterior, sobre todo para operaciones en las costas próximas a Mauritania y África Occidental.

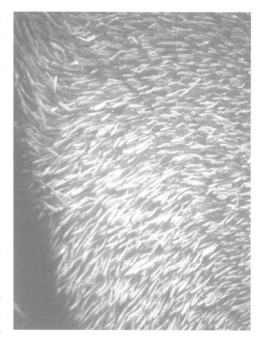

A nivel nacional, el sector pesquero emplea actualmente el 0`5 de la población activa y supone aproximadamente el 0`7 del PIB total. El desarrollo de este sector fue muy rápido hasta la década de los 70, pero desde entonces el sector experimenta un ajuste continuo, tanto en las posibilidades de capturas de pescado como en el estado de la flota y el mantenimiento del empleo. Las razones de esta situación son variadas, pero sobre todo podemos destacar dos: en primer término, el agotamiento, cada vez más acentuado, de los caladeros próximos al litoral español por unas prácticas abusivas de pesca tradicionalmente toleradas; y, en segundo término, porque pescar en aguas de terceros países es cada día más complicado. Cada estado intenta sacar el máximo valor añadido a sus recursos pesqueros. España, por su elevada demanda de pescado, es un objetivo muy importante en la estrategia comercial de los principales países productores del mundo, llegando en algunos casos, bien a comercializar ellos mismos sus pesquerías en este mercado, bien a impedir o controlar el acceso de armadores y pesqueros españoles a la propiedad de barcos o cuotas pesqueras. Este último es el caso de países como Francia o el Reino Unido.

Por orden de importancia, las especies más valoradas en el mercado español son las siguientes: el bacalao, la sardina, el atún y la merluza. Las dificultades para capturar pescado están empujando al sector pesquero al rápido desarrollo de los cultivos marinos (acuicultura). En este dinámico sector, España se ha colocado a la cabeza de Europa y su volumen se aproxima al 20% del total consumido. Aunque la mayor parte de los cultivos se dedican a la obtención del mejillón, el desarrollo de otros mariscos y peces, como la dorada, el rodaballo, la lubina, etc. está aumentando velozmente.

Para concluir, no debe olvidarse que el sector pesquero español está integrado en la PAC de la Unión Europea y que los acuerdos oficiales con terceros países se hacen en el marco de este organismo supranacional. Sin embargo, los armadores españoles, empujados por la necesidad de buscar actividad para sus barcos, han desarrollado acuerdos privados con terceros países. El caso más significativo de esta política ha sido el de la potente multinacional española Pescanova, que se conoce en el sector de la pesca como un Estado dentro del mar y que firmó acuerdos específicos con Chile o Namibia.

1. **Une los conceptos con sus definiciones correspondientes.**

> **1.** capturas   **2.** armador   **3.** flota pesquera   **4.** cultivos marinos

☐ a) Explotación de variadas especies marinas en espacios creados por el hombre con todos los elementos de la ciencia y la biología para obtener el máximo rendimiento y producción.

☐ b) Conjunto de barcos de diferentes compañías o propietarios que dedican su actividad a la pesca.

☐ c) Total de kilogramos de pescado obtenido por los barcos de pesca que almacenan en sus bodegas y descargan en puerto.

☐ d) Persona que, por su cuenta y riesgo, habilita una embarcación propia o alquilada para dedicarla a faenar en el mar.

2. **¿Comprendes el concepto de "paro"? Algunos sinónimos pueden ser pausa, descanso. ¿Comprendes el adjetivo "biológico"? Significa: estudio de la vida y sus procesos tanto de animales como de plantas.**

Ahora decide cuál es la definición correcta de **Paro biológico**:

☐ 1. Pausa de las actividades pesqueras para que las especies se reproduzcan.

☐ 2. Pausa de la pesca en épocas preestablecidas porque las especies se dirigen a otros mares cuando se agota el alimento en la zona.

☐ 3. Paréntesis obligatorio que prohíbe las capturas de las especies marinas en su momento de desarrollo durante una época del año.

☐ 4. Pausa en las faenas pesqueras en determinadas épocas porque la normativa medioambiental obliga a la limpieza del litoral español.

3. **Completa la información del árbol.**

1. El aprovisionamiento del mercado pesquero nacional depende de dos factores que son:

....

....

2. ¿Qué problemas supone para la pesca española el agotamiento de sus caladeros?

....

....

....

3. Elige la respuesta correcta: ¿Qué mercado implica mayoritariamente el sector pesquero español?

   a) El mercado exterior.

   b) El mercado interior.

   c) Ambos mercados.

4. ¿Qué regiones tienen más actividad y explotación pesquera?

....

....

....

5. ¿Qué sectores económicos dependen de la pesca?

....

....

....

6. ¿Qué porcentajes representa el sector pesquero en la economía española?

Laboral: ....

Económico: ....

Causas: ....

LA PESCA

Problemas

....

....

....

....

Soluciones

....

....

....

....

4. **Argumenta, debate y resume:** la clase se dividirá en tres grupos, cada grupo tiene 15 minutos en los que debe preparar sus argumentos o razones de manera breve y clara para conseguir convencer a los dos grupos rivales de que el consumo de su producto es más beneficioso para la salud.

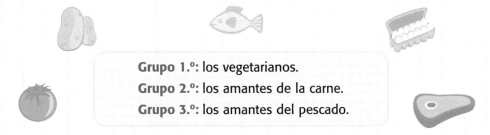

    Grupo 1.º: los vegetarianos.

    Grupo 2.º: los amantes de la carne.

    Grupo 3.º: los amantes del pescado.

a) Cada grupo tiene que exponer oralmente sus conclusiones.

b) Cada grupo redactará un resumen final que refleje las ideas más importantes de unos y otros.

4.2.A. Prelectura

1. Comentad en parejas.

a) ¿Qué características esenciales consideras que debe tener un puerto?

b) ¿Qué beneficios económicos puede aportar un puerto a una ciudad?

4.2.B. Texto

Este artículo nos va a ampliar la información sobre una ciudad no muy conocida cuando se habla de España en el extranjero, pero que, curiosamente, ostenta el récord de capital más importante de Europa desde el punto de vista de la pesca desembarcada en su puerto.

Vigo, capital europea de la pesca

Vigo surgió del mar y la ciudad sabe a mar. El medio millón de personas que viven en la ciudad y su área de influencia dependen de un modo u otro de la **actividad portuaria**. Aunque en la última década se ha registrado un considerable incremento del tráfico de buques mercantes, la pesca continúa marcando la actividad portuaria fundamental. La cooperativa de Armadores de Vigo agrupa a más de dos centenares de empresas, que dan empleo a casi 8000 pescadores.

Mención aparte merece la multinacional Pescanova, con una flota de 120 barcos repartidos por todos los mares del mundo y que da empleo directo a unas 3400 personas, en su mayor parte gallegos. Además, a esta industria pescadora se suma la conservera. En este sector conservero se emplean a más de 2000 trabajadores directos, que generan más de 10 000 puestos indirectos. Los desembarcos en toda Galicia superan las 75 000 toneladas entre congelado y fresco, siendo más de la mitad de **buques de altura** (congeladores).

Las más de 100 000 toneladas de pescado fresco llegan a alcanzar un valor que supera los 300 millones de euros. Los compradores-exportadores de estas mareas las distribuyen por todo el territorio nacional y también por países como Italia, Portugal y Francia. En cuanto al desarrollo de la actividad congeladora, cientos de barcos que faenan en mares de Europa, África y América descargan más de 500 000 toneladas de pesca congelada. En suma, la pesca congelada y fresca definen el puerto de Vigo como la auténtica capital europea de la pesca.

Conectado al puerto, floreció el sector de la **construcción naval**, en grave crisis desde la **reconversión** promovida en los años 80. Esta situación, junto a la crisis de las flotas por la imposición de sucesivas fronteras al mar, son las que están generando interminables tensiones socioeconómicas en la ciudad y en toda la región.

Adaptación del artículo de Vidal Maté en *El País Negocios*

1. **¿A qué problemas se enfrenta el puerto de Vigo? ¿Cuáles son las causas de las tensiones socioeconómicas en Vigo?**

2. **Relaciona ambas columnas.**

1. Los habitantes de Vigo dependen de

2. Cientos de barcos faenan en Europa,

3. La crisis de la flota se debe a

4. La cooperativa de Armadores de Vigo

5. A la industria pesquera de Pescanova se suma

6. Las más de cien mil toneladas de pescado capturado alcanzan un valor de

7. Pescanova

8. El pescado se distribuye por toda España y

☐ a) agrupa a más de doscientas empresas.

☐ b) Portugal, Francia e Italia.

☐ c) más de trescientos millones de euros.

☐ d) la actividad portuaria.

☐ e) África y América.

☐ f) cuenta con una flota de ciento veinte barcos.

☐ g) la industria conservera.

☐ h) la imposición de sucesivas fronteras al mar.

3. **Define y diferencia los conceptos que aparecen a continuación.**

Ejemplo: **A** Puerto pesquero / **B** Puerto deportivo

A: Lugar en la costa defendido de los vientos que puede ser natural o artificial, dispuesto al tráfico y actividad de barcos de captura.

B: Lugar en la costa defendido de los vientos que puede ser natural o artificial, dedicado al atraque de embarcaciones de recreo.

1. **A. Faenar** / **B. Pescar**

A.

B.

2. **A. Congelado** / **B. Fresco**

A.

B.

3. **A. Barco** / **B. Barca**

A.

B.

4. **A. Tráfico marítimo** / **B. Tráfico terrestre**

A.

B.

5. **A. Reconversión naval** / **B. Reconversión industrial**

A.

B.

6. **A. Buque mercante** / **B. Buque factoría**

A.

B.

7. **A. Flota** / **B. Flete**

A.

B.

4.2.D. Libertad de expresión

1. **Escribe un texto (mínimo 100 palabras) con las siguientes instrucciones.**

Reivindicaciones

Eres el representante de los armadores gallegos y deseas ser recibido en el Ministerio de Medio Ambiente y Medio Rural y Marino. Ya que vuestro sector atraviesa una grave crisis y tratas de solucionar el problema, redacta un escrito oficial en el que:

- 1.º Solicites audiencia o entrevista.
- 2.º Expongas en orden de prioridad cuáles son los problemas más graves.
- 3.º Busques soluciones viables a esos problemas.

4.3. ASÍ NOS VEN, ASÍ NOS VEMOS

4.3.A. Prelectura

1. **¿Conoces los departamentos básicos que componen el organigrama de una empresa? Consulta a tu profesor en caso negativo.**

EN ESPAÑA (2)

Estructura organizativa

Los departamentos dentro de la empresa tradicional española suelen funcionar de manera muy autónoma. Las relaciones laborales suelen ser más verticales de lo que los propios españoles piensan. Aunque en menor grado que otros países de habla española, la confianza y la afinidad personal son muy importantes. La familia y los amigos tienen mucha importancia. Sin embargo, los criterios de capacidad y eficacia se valoran cada vez más, sobre todo en las empresas grandes.

Las relaciones empresariales en España no suelen iniciarse a partir de grandes proyectos. Lo habitual es comenzar con una pequeña transacción y, luego, conforme se va ganando confianza, ampliar las operaciones. En España se valoran sobre todo las relaciones comerciales y los compromisos a largo plazo.

La dimensión temporal

Un retraso de unos 15-20 minutos es frecuente en las citas o reuniones. Si el retraso es mucho mayor o si el interlocutor no aparece, puede significar poco interés en el negocio o la propuesta. No son infrecuentes los olvidos de citas o reuniones previstas con mucha antelación. Por otra parte, programas muy apretados y rigurosos no son bien recibidos en España. Los controles o seguimiento de la calidad o la productividad son, asimismo, impopulares, si bien esta actitud está cambiando. Las reuniones nunca duran el tiempo previsto, suelen alargarse más y, por lo tanto, los cambios de agenda y las esperas en las reuniones y citas siguientes son bastante habituales.

La pretensión de resolver muchos problemas a la vez supone que algunos de ellos se aplacen, se retrasen o no se solucionen. Muchos negocios no se resuelven durante la reunión que se ha preparado para ese fin, sino durante un almuerzo o una cena, ya que si bien es cierto que el ritmo de las conversaciones de sobremesa suele ser relajado, las decisiones importantes pueden tomarse súbitamente y en el momento menos esperado.

Las reuniones

España no es un país con tradición de organizar reuniones de carácter muy formal. A menudo, el propósito de muchas reuniones es transmitir instrucciones. Asimismo, los jefes esperan que sus aliados y subordinados no discutan sus propuestas e intervengan solo en defensa de lo que ellos proponen frente a los posibles adversarios.

Las reuniones de carácter informal son frecuentes y los participantes suelen hablar mucho y con frecuencia no se respeta un turno ordenado de intervenciones. Cuando se inicia un negocio, las reuniones suelen ser informales y es mejor dejar al interlocutor que dirija el diálogo hasta el momento en que se pueda tratar el asunto de interés para las dos partes. El resultado de un encuentro no siempre acaba en toma de decisiones. No se deben esperar resultados inmediatos. Tener paciencia es importante y siempre hay indicios sutiles sobre cuál pueda ser la decisión final.

La elocuencia del orador es una cualidad muy valorada y no excesivamente frecuente. La exposición de datos, ideas, etc. con apoyo audiovisual y medios técnicos suele apreciarse mucho.

4.3.C. Actividades

1. **En una empresa española llamada Olé, tenemos dos jefes en el Departamento de ventas, Manuel y Germán. Las relaciones entre ambos no son del todo buenas, ya que no están de acuerdo en algunas cosas. Estas son algunas de las diferencias que existen entre ellos.**

– Manuel cree que la compañía podría obtener más beneficios si se utilizara un criterio diferente al de Germán, un criterio más selectivo y objetivo para la contratación de nuevo personal, ya que hasta ahora el criterio mayoritario ha sido el de admitir a amigos, familiares y conocidos.

– Germán culpa a Manuel de no planificar debidamente los objetivos de la empresa. Cree que este factor es muy importante para que la empresa mejore y hasta ahora muchos fracasos se han debido a la falta de preparación de las reuniones, la mala elocuencia y una excesiva confianza en la intuición.

– Manuel cree que en las reuniones Germán no es lo suficientemente paciente con los negociadores y que por esta causa se han perdido grandes oportunidades para la empresa.

– Germán cree que Manuel nunca presta atención a los subordinados. Cree que las opiniones y sugerencias de estos son muy lúcidas a veces y que se les debería dar mayor importancia y consideración.

2. **Vamos a desarrollar los siguientes puntos teniendo en cuenta la información planteada en el caso que acabamos de presentar.**

1.° Analizad detenidamente la situación en parejas y pensad en posibles soluciones para esta empresa.

2.° Cada pareja comunicará a la clase cuál ha sido la solución que ha considerado más oportuna para esta situación.

3.° Entre toda la clase decidiremos por votación la solución que consideramos más eficaz, original y creativa.

3. **En España las expresiones El tiempo es oro y El tiempo vuela significan que no debemos dejar pasar el tiempo sin sacar el máximo provecho de él porque pasa muy rápido. ¿Cuál es tu opinión sobre estas expresiones? ¿Podrías indicar expresiones de tu propia lengua parecidas a las dos anteriores?**

4. **Lee el texto sobre la puntualidad de la página siguiente y completa el cuadro que está debajo.**

LA PUNTUALIDAD

Un punto a tener en cuenta con respecto a la puntualidad podría ser el carácter formal o informal de la cita. Generalmente, las culturas, en relación al tiempo, pueden ser de dos tipos: *monocrónicas* o *policrónicas*. El primer tipo está relacionado con aquellas culturas en las cuales los horarios son fijos mientras que en el segundo tipo suelen ser más flexibles, además de la costumbre de desarrollar una o más actividades al mismo tiempo. Este factor puede provocar choques culturales a la hora de tener reuniones de negocios. Te vamos a dar varios ejemplos para que nos des tu opinión sobre la hora a la que se debería llegar aproximadamente a estos eventos y, paralelamene, debes pensar en los criterios que has utilizado para llegar a tus propias conclusiones.

Cita	Tiempo de llegada
Una cita con el dentista a las 18:00 horas.	
Una clase que comienza a las 8:00 horas.	
Un almuerzo a las 14:00 horas con tu amigo/a.	
Una entrevista de trabajo a las 10:00 horas.	
Una boda que comienza a las 13:00 horas.	
Una cena íntima con tu pareja a las 22:00 horas.	

5. **Basándote en tu conocimiento de otras culturas, ¿podrías hacer dos listas separando los siguientes países según sean monocrónicos o policrónicos?**

Noruega • Francia • Suecia • Portugal • Italia • Canadá
• Estados Unidos • Japón • Brasil • Chile •

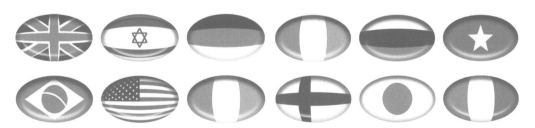

Monocrónicos	Policrónicos

BRASIL

Extensión geográfica (km²)	8 547 403
Población (millones)	191
Capital de país	Brasilia, Distrito Federal (2,4 millones de habitantes)
Otras ciudades importantes	São Paulo (22 millones de habitantes con su área metropolitana (AM)), Río de Janeiro (11,5 millones de habitantes con su AM), Salvador, Belo Horizonte
Densidad demográfica	22 hab./km²
Sistema de gobierno	República federal presidencialista
Moneda	Real
PIB (per cápita)	$10,100

4.4.A. Panorama de los sectores económicos

1. **Prelectura:** ¿crees que la extensión de un país puede repercutir en su riqueza? Razona tu respuesta.

2. **Texto.**

BRASIL es un vasto país (el quinto más grande del mundo) que cuenta con unos 191 millones de habitantes. Es además la mayor potencia económica de América Latina (su contribución al PIB de América del Sur superó el 40% del total). La distribución de la renta es muy desigual y un tercio de su población se encuentra por debajo del umbral de pobreza. Sin embargo, la economía ha ido experimentado una sensible mejoría hasta el inicio del siglo XXI gracias a la aplicación del Plan de Estabilidad, iniciado con el Plan Real en 1994. Las tasas de crecimiento han sido desde ese año muy elevadas, excepto los ejercicios en que el país sufrió los efectos de las crisis económicas que sacudieron el mundo durante la última década.

Durante 30 años, la producción agrícola aumentó de forma continua (2,1% de media anual en 1988-94) y ha logrado cosechas récord desde 2002. Brasil es uno de los primeros productores mundiales de café, caña de azúcar, cacao, maíz, tabaco y algodón, así como de naranjas, concentrado de zumo de naranja y soja.

El sector minero ha sido uno de los más prósperos del país y ha generado una gran entrada de divisas. Se caracteriza por la fuerte presencia y el control de capitales extranjeros. Brasil posee las mayores reservas mundiales y es el primer productor de niobio, y el segundo de hierro, del que es el primer exportador mundial. Es también un país muy importante en la producción y exportación de magnesita, caolín, bauxita, grafito, estaño, níquel, aluminio, cobre, cinc y potasio. No puede olvidarse el papel significativo que juega Brasil en la producción de piedras preciosas y oro.

A partir de la Segunda Guerra Mundial, la industria brasileña ha sido el sector más dinámico de la economía, creciendo a tasas superiores a las del PIB. Las industrias básicas (acero, aluminio, química pesada, cemento, cristal, papel, etc.) están sólidamente establecidas. El sector automovilístico, muy potente, sufrió diversas crisis y espera superar pronto los dos millones de vehículos. Destacan por su dinamismo el sector del cuero, calzado, construcción mecánica, química y electrónica. En cambio, las industrias textil y agroalimentaria, las más antiguas e importantes del país en décadas pasadas, hoy día son poco productivas y están muy dispersas. Ambas necesitan una profunda transformación y un gran impulso.

El Plan Nacional de Desestatalización que se creó en 1991 ha alcanzado casi todos sus objetivos; o sea, la transferencia sistemática de áreas de actividad pública al sector privado. En una primera fase (1991-95) se vendieron las empresas públicas del sector siderúrgico, del sector petroquímico y fertilizantes. Posteriormente, se han ido privatizando los sistemas de telecomunicaciones (Telebras) y compañías de los sectores financiero, eléctrico y saneamientos básicos. La masiva presencia de empresas extranjeras en todos los sectores de la economía a través de estas adquisiciones tiene efectos positivos en la modernización de la estructura productiva y la competitividad del país.

El sector servicios representa en Brasil el 60% de su PIB. Su crecimiento ha sido constante desde los años ochenta. Resulta difícil medir su peso real en la economía por la existencia de un importante sector sumergido. El turismo, pese a su importancia actual, es la gran esperanza del país, ya que se podría desarrollar mucho más. La implantación de una Política Nacional de Turismo ha contribuido a la necesaria reestructuración del sector.

Fuente: ICEX

3. Comprendiendo el texto. Responde a las siguientes preguntas.

a) Teniendo en cuenta el contexto en el que aparecen las siguientes palabras, intenta dar una definición o un sinónimo.

vasto
ejercicios
divisas
reservas
transferencia sistemática
fertilizantes
sector sumergido

b) De las siguientes opciones, elige la que creas más correcta:

1. Gracias al Plan de Estabilidad, Brasil…

☐ a) ha mejorado su economía.

☐ b) se mantiene en la misma situación económica.

☐ c) ha salido de la pobreza.

2. En el sector agrario, la economía brasileña…

☐ a) ha crecido de forma continua.

☐ b) se ha quedado estancada.

☐ c) ha crecido de forma irregular.

3. Con relación al sector minero…

☐ a) Brasil es el primer exportador mundial de níquel, niobio y estaño.

☐ b) este aporta al país beneficios económicos considerables.

☐ c) Brasil no ha prosperado mucho.

4. La industria brasileña…

☐ a) se ha desarrollado a partir de 1839.

☐ b) ha aumentado de una forma paralela al PIB.

☐ c) necesita una mejora en los sectores textil y agroalimentario.

5. El Plan Nacional de Desestatalización…

☐ a) supuso un fracaso.

☐ b) consistió en la privatización de la economía.

☐ c) fue influido negativamente por las empresas extranjeras.

6. El sector turístico…

☐ a) se verá favorecido por la creación de una política nacional.

☐ b) se verá favorecido por el mercado negro.

☐ c) no tiene esperanza de mejorar.

c) ¿Cuáles han sido los principales cambios que ha experimentado el sector industrial brasileño desde los años cuarenta del siglo XX?

d) ¿Cómo ha sido el proceso de aplicación del Plan Nacional de Desestatalización en Brasil? ¿Qué supone la inclusión de la inversión extranjera en este plan?

e) ¿Qué supone el sector minero para la economía brasileña?

f) En Brasil la distribución de la renta es muy desigual y un tercio de su población se encuentra por debajo del umbral de la pobreza. Para poder solucionar el problema de la distribución se ha creado el MST (Movimiento de los Sin Tierra). Busca información en Internet sobre este movimiento y escribe un texto en el que expongas los principales objetivos que se persiguen, su organización, logros, obstáculos que has encontrado y otros aspectos que consideres interesantes.

- Brasil concentra las principales zonas industriales y comerciales en el triángulo que forman São Paulo-Río de Janeiro-Belo Horizonte. Otras zonas de interés económico son las que se sitúan alrededor de las ciudades de Salvador, Curitiba, Florianópolis y Porto Alegre.

- El 50% de la población brasileña es de origen europeo (sobre todo de Portugal, España, Italia y Alemania), el 42% es mestiza, el 7,4% de origen africano y el 0,5% de ascendencia japonesa. Se cree que hay unos 345 000 indígenas pertenecientes a más de 215 grupos tribales.

- Aunque la lengua oficial es el portugués, el español es generalmente bien entendido y se puede utilizar sin problemas en las relaciones comerciales.

- Para hacer negocios en Brasil es muy aconsejable iniciar las operaciones a través de un agente o distribuidor. Ahora bien, la inmensidad del territorio brasileño y su orientación regional aconsejan la contratación de varios agentes, al menos uno en cada uno de los dos centros de actividad (São Paulo y Rio de Janeiro) con capacidad para contratar representantes locales.

- Las grandes superficies (hipermercados) cubren ya más del 80% de las ventas de bienes de primera necesidad. Hoy en día están presentes en Brasil todos los grandes grupos internacionales de distribución.

- Las ferias en Brasil tienen hoy día una gran importancia para los exportadores, porque hasta 1990 prácticamente no tenían carácter internacional o no estaban abiertas a expositores extranjeros.

- Actualmente el sistema financiero brasileño es uno de los más activos y eficaces del mundo, con una elevada rentabilidad. Los bancos brasileños se pueden agrupar en tres grandes categorías: la banca pública (federal y estatal), la banca privada brasileña y la banca de capital extranjero.

- La red viaria sigue siendo en Brasil el medio de comunicación básico en el transporte de pasajeros (95%) y de mercancías (60% del total). El deterioro de la red federal de carreteras obliga al gobierno a optar por el sistema de concesiones al sector privado para impulsar la construcción de carreteras de peaje. El ferrocarril ha sido privatizado, pero continúa siendo un medio de transporte obsoleto e ineficiente. El transporte aéreo, aunque aumenta gradualmente, sigue teniendo precios inalcanzables para la gran mayoría.

- El Arancel Exterior Común de Mercosur (AEC) empezó a aplicarse en su totalidad en Brasil en 2001, tras superar el periodo transitorio. Los tipos oscilan entre el 0% y el 22,5%. Por otra parte, el tipo medio del impuesto sobre sociedades es del 30% y, en lo que se refiere al consumo, no existe IVA, pero se aplican en su lugar dos impuestos: el federal y el estatal.

Actividades

1. Has pensado montar un negocio en Brasil, para ello es aconsejable iniciar las operaciones a través de un agente. ¿Qué tipo de dudas te puede resolver un agente? ¿Cuántos contratarías y en qué zonas lo harías? Razona tu respuesta.

2. ¿Qué productos de tu país podrías encontrar en los hipermercados brasileños?

3. Desde 1990 las ferias brasileñas están más abiertas a la exposición de productos extranjeros. ¿Crees que abrirse a la exposición de productos extranjeros en una feria es positivo para la economía de un país o, por el contrario, influye negativamente?

4. La banca pública brasileña se divide en federal y estatal, ¿qué diferencia existe entre ellas?

5. Las concesiones hechas al sector privado para impulsar los medios de transporte, ¿han influido de la misma manera en todos los medios?

Liberalización, integración regional y lucha contra la pobreza

La sociedad brasileña, en su proceso de construcción de una economía industrial moderna, ha creado las bases de generación de un PIB suficientemente elevado para garantizar las condiciones de renta mínimas necesarias para que gran parte de su población pueda vivir por encima de los niveles de pobreza; entendiendo por pobreza las rentas familiares comprendidas entre un cuarto y dos salarios mínimos. Sin embargo, el país registra una gran pobreza que es consecuencia directa de la mala **distribución de la renta**.

Con los últimos datos disponibles, el 1% de la población concentra el 14% de la renta del país. Ese porcentaje es ligeramente superior a la renta que percibe el 50% de la población de menores **ingresos** (pobres) que apenas llegan al 13%. En los tramos restantes, el 10% de la población tiene una participación cercana al 50% de la renta. Es conocido que la reducción de la pobreza (absoluta) depende tanto del crecimiento económico como de la mejora de la distribución de la renta, pero esta última es esencial en el caso de Brasil como en el de muchos otros países de la región.

Extracto del informe de Alfredo Arahuetes en el volumen del ICEX: *Claves de la economía mundial*

Usos y costumbres

La paciencia y la indolencia son imprescindibles para viajar por Brasil. Servicios lentos, formalismo, empleados que no escapan de la rutina... Sin embargo, la tranquilidad y la indiscutible amabilidad de sus interlocutores compensarán la evidente ineficacia.

Sonría y será bien acogido. El apretón de manos se considera formal. A los brasileños les gusta el *abraço* y el beso, pues lo consideran más íntimo. No se extrañe: a los brasileños les gusta el contacto físico. Le hablarán poniendo la mano sobre su hombro o brazo. Afectuosos, naturalmente curiosos, los brasileños adoran comunicarse, entablar amistad. Les gusta hablar de sexo, de política y de fútbol especialmente. Se expresan con elocuencia y se exaltan con facilidad.

Adaptación de la sección de usos y costumbres de la guía de viaje: *Brasil*, de la colección *Gran turismo* de Salvat Editores, S.A.

Actividades

1. Vamos a dividir la clase en grupos para analizar la situación que nos muestra el primer artículo de una manera más concreta. Cada grupo hará una lista de los rasgos que más les llamen la atención y después, una lluvia de ideas para poder solucionar los posibles problemas que encuentren. Al final, las expondrán en clase explicando el proceso que han seguido y las conclusiones finales a las que han llegado.

Por ejemplo, *renta mínima, mala distribución de la renta*, etc.

2. Según lo que has leído en el segundo artículo, imagínate que llegas a Brasil y te encuentras con las siguientes situaciones de ficción. Piensa en las distintas reacciones que tendrías. Luego, intercambia las respuestas con tu compañero/a.

SITUACIÓN	TÚ	TU COMPAÑERO
Un tren que sale a las 18:00 no ha salido aún a las 19:00 y no han comunicado nada.		
Estás en la ventanilla de información y el empleado te trata con indiferencia y sin mirarte.		
Te acaban de presentar a un/a chico/a brasileño/a y no para de tocarte.		
Alguien de Brasil que apenas conoces te pregunta sobre tu salario.		
Has estado en una fiesta y al día siguiente te sugieren si te acostaste con alguien.		
Un brasileño te habla dando voces cuando emites tu opinión sobre una jugada de un partido de fútbol.		

4.5. ZON@ WEB

4.5.A. España

Os sugerimos ir a la siguiente dirección para saber algo más sobre el Ministerio de Agricultura, Alimentación y Medio Ambiente.

www.magrama.gob.es/es

Hacemos clic en el enlace *Pesca* y luego en *Control e inspección pesquera*.

Actividades

1. Haz clic en la sección *Tallas mínimas*. **Por Real Decreto 560/1995 de 7 de abril, se establecen las tallas mínimas de captura y consumo de las diferentes especies pesqueras, lo cual significa que está prohibido pescar especies que no tengan una cierta medida o talla. Estos pescados son comúnmente conocidos como inmaduros: infórmate sobre las tallas mínimas de pesca de las siguientes especies.**

- anguila
- bacaladilla
- langosta
- cigala
- dorada
- jurel
- lenguado
- lubina
- merluza
- pargo
- rape
- sardinas

2. Ahora vamos a *Acuicultura* y luego a *Junta Nacional Asesora* y hacemos clic. ¿Qué es *Jacumar*, cuál es su misión y qué lo constituye?

4.5.B. Brasil

Vamos a conocer algunos aspectos de la economía y los negocios de Brasil. Nos vamos a la página de la República Federal de Brasil en el siguiente enlace:

http://www.brasil.gov.br/

Actividades

1. **Hacemos clic en el enlace** *Invierta*. **Luego observamos la información disponible y contestamos a las siguientes preguntas:**

   a) ¿Cuáles son los aspectos más importantes en relación a las inversiones en Brasil?

   b) ¿Qué sabes de sus infraestructuras y sociedades?

   c) ¿Cuáles son los impuestos en Brasil?

2. **Ahora hacemos clic en el enlace llamado** *Capital extranjero* **y contestamos a esta pregunta:**

   a) ¿Cuáles son los rasgos más relevantes de esta área para la economía brasileña?

3. **Por último hacemos clic en el enlace** *Medio Ambiente*. **Selecciona uno de los programas para actuar en diferentes sectores y haz un resumen de las características más destacadas de dicho programa.**

Autoevaluación

1. Intenta reflexionar sobre las secciones que has comprendido mejor o peor. Para ello, intenta numerar cada una de ellas según el grado de comprensión obtenido. (Marca de 1 a 5 cada una de las secciones).

España en su economía	
La prensa informa	
Así nos ven, así nos vemos	
Viaje a la economía de América Latina	
Zona Web	

2. Una vez que ya has reflexionado sobre las secciones en general, intenta especificar las dudas que te han surgido en cada una de ellas.

España en su economía	
La prensa informa	
Así nos ven, así nos vemos	
Viaje a la economía de América Latina	
Zona Web	

3. A veces, hay dudas que podemos resolver nosotros mismos mediante instrumentos de consulta. ¿Cuáles crees que te podrían ayudar en esta unidad?

◯ Diccionario   ◯ Internet   ◯ Libros   ◯ Otros recursos

4. ¿Qué área te gustaría estudiar más detenidamente en la siguiente unidad?

◯ Vocabulario   ◯ Cultura corporativa   ◯ Información económica   ◯ Otros recursos

5. Tu trabajo personal en esta unidad ha sido... (marca lo que corresponda)

◯ Bueno   ◯ Malo   ◯ Regular   ◯ Podría mejorar

En caso de marcar la última casilla, piensa de qué manera lo podrías mejorar.

_____

_____

_____

Unidad 5

ESPAÑA: El sector industrial y la construcción

AMÉRICA LATINA: Perú

Sección	Tema
España en su economía	El sector industrial y la construcción
La prensa informa	
Así nos ven, así nos vemos	Rasgos culturales del negociador peruano
Viaje a la economía de América Latina	Fundamentos de la economía peruana
Zona Web	España: Instituto para la Diversificación y Ahorro de la Energía
	Perú: Ministerio de Economía y Finanzas

5.1.A. Preparación

1. La vida es una cadena y la producción también. El hombre toma elementos de la naturaleza y los transforma. A partir de los recursos naturales que ofrece la naturaleza indica en qué se pueden transformar estos elementos hasta llegar a ser un producto comercial.

ELEMENTO	PRODUCTO
algodón	
viento	
petróleo	
mineral metálico	
roca	
madera	
caña	
sol	

5.1.B. Texto

EL SECTOR INDUSTRIAL

La industria española representa algo menos del 30% del PIB (incluyendo la construcción) y proporciona empleo a un tanto por ciento similar de la población activa. Uno de los rasgos más peculiares de este sector es que su tejido empresarial presenta una acusada atomización. El peso relativo de las pequeñas y medianas empresas (PYME) en todos los sub-sectores (excepto el energético) es muy importante. Estas PYME son las que más han contribuido al sostenimiento y la creación del empleo industrial en los últimos años. Sin embargo, la excesiva estandarización de los productos que se fabrican, el contar con pocas marcas de prestigio internacional, la falta de innovación, de patentes y de diseños han sido, entre otros, factores que han impedido que la imagen de España como potencia industrial haya destacado a nivel mundial, pese a ser también verdad que se hacen muy bien muchas cosas.

Desde una perspectiva histórica, después de la guerra civil española el régimen del general Franco creó el INI (Instituto Nacional de Industria) en 1941 con el objetivo de suplir la iniciativa privada (casi inexistente después de la guerra) y potenciar la industrialización de España. Tras convertirse en un depósito de empresas deficitarias e ineficaces, con costes enormes para las finanzas del estado durante décadas, el INI desapareció finalmente en 1995. Fue sustituido por la fundación SEPI (Sociedad Estatal de Participaciones Industriales) con el propósito de privatizar sistemáticamente la gran mayoría de las empresas públicas (deficitarias o rentables). Desde 1996 se han ido privatizando las mayores empresas públicas españolas para convertirse después en multinacionales de gran tamaño. Este es el caso de Repsol, Telefónica, Endesa, Gas Natural, Iberia, etc.

Desde una perspectiva geográfica, las comunidades autónomas que concentran las dos terceras partes de las industrias fabriles son cinco (por orden de importancia): Cataluña, Madrid, Valencia, País Vasco y Asturias. Solo Cataluña posee una cuarta parte de la industria nacional. En cuanto a las características del sector, el 70% de la producción corresponde a las industrias fabriles, seguidas de la construcción (20%), la producción de energía (7%) y, en último lugar, la minería y el refino de petróleo (4%). Ahora bien, en el terreno de las manufacturas, la estrella es la automoción, concentrándose en las provincias de Barcelona, Valencia, Madrid, Valladolid-Palencia, Zaragoza y en las ciudades de Vigo y Pamplona. Las ventas de vehículos fabricados por las distintas multinacionales generan un volumen superior, incluso, al que representa el sector turístico. Si a ello sumamos la producción de la industria de equipos y componentes para la automoción (neumáticos y caucho, motores y sus piezas, equipos eléctricos, carrocerías y chasis, etc.), el total supera el 8% del PIB. La industria auxiliar del automóvil exporta más de la mitad de lo que produce.

Una actividad en la que España se está convirtiendo en una pequeña potencia es en máquinas-herramienta, es decir, máquinas que son utilizadas para construir otras máquinas. El País Vasco destaca de manera especial. Existen, además, otras industrias como la electrónica, la farmacia o la química, participadas mayoritariamente por capital extranjero, pero en las que se han logrado excelentes cuotas de productividad. En electrónica España es líder mundial en la producción de material ferroviario, tecnologías de energías renovables, telefonía rural y en sistemas de control aéreo.

Otras actividades de gran tradición en este país que han sabido tener su hueco en los mercados interior y exterior son la siderurgia del País Vasco (el acero inoxidable es especialmente apreciado), el calzado en Alicante y Baleares (pese a la amenaza de la competencia de los países asiáticos), los muebles (a pesar de la atomización del sector) y la cerámica, los azulejos y pavimentos (que supone el 12% de la producción mundial y está concentrado, como el mueble, en la zona de Levante).

Antes de concluir, no puede olvidarse el sector de la construcción, cuyos resultados lo han convertido históricamente en uno de los motores de la economía española, incluso si su modelo de desarrollo ha entrado en crisis tras el colapso económico mundial de 2008. Este sector ha llegado a ocupar casi al 10% de la población activa y llega a representar el 10% del PIB. Abarca desde la materialización de proyectos hidráulicos hasta la edificación de viviendas. Las grandes constructoras españolas, como Fomento de Construcciones y Contratas, Acciona, ACS, Sacyr-Vallehermoso o Ferrovial han realizado un gran esfuerzo por diversificarse e internacionalizarse.

5.1.C. ¿Qué sabes tú?

1. A partir de este mapa de España:

a) Sitúa en él las autonomías donde se concentran las industrias fabriles.

b) Señala el tipo de producción y el sector al que corresponde.

c) Indica los porcentajes de su producción.

2. El tejido empresarial español presenta una acusada atomización: ¿por qué?

3. Escribe un texto en el que expliques con tus propias palabras la evolución del sector industrial español desde una perspectiva histórica.

4. ¿Qué áreas de la industria española se han desarrollado gracias a la inversión extranjera?

5. ¿En qué productos del sector industrial es España líder mundial?

6. ¿Qué productos se fabrican en España tradicionalmente en el sector industrial?

7. ¿Qué factores han motivado que la industria española no haya destacado a nivel mundial?

5.2. LA PRENSA INFORMA

5.2.A. Prelectura

1. ¿Qué es un macroproyecto?

2. ¿Crees que una PYME dedicada al sector de la construcción podría enfrentarse a la realización de un macroproyecto?

5.2.B. Textos

Los artículos que hemos seleccionado nos van a ilustrar sobre dos aspectos de sumo interés. El primero nos relata cómo las constructoras españolas se están transformando en corporaciones multinacionales a gran velocidad, y el segundo nos relata cómo una empresa de origen español, a base de ingenio e iniciativa, se ha convertido en líder en la industria alimentaria de su especialidad.

La construcción
se amolda a los macroproyectos

Las grandes empresas españolas ganan tamaño para acceder con garantías a la realización de grandes obras

El sector español de la construcción culminó hace algunos años un importante proceso de concentración que ha servido para constituir grupos que distan mucho de la tradicional empresa dedicada en exclusiva al ladrillo y al cemento. Hoy, hablar de Fomento de

Construcciones y Contratas (FCC), ACS, Ferrovial, Sacyr Vallehermoso, OHL y Acciona es hablar de grupos cuya facturación supera con creces los 3000 millones de euros o queda al borde de esa mágica cifra, inimaginable hace una decena de años.

¿Cuál es la razón de esa apuesta casi desaforada por el tamaño? Un buen número de expertos señalan que el *boom* de **concentraciones** tiene su origen en que «la necesidad de realizar infraestructuras grandes y complejas, puesta de manifiesto no solo en España, sino en todo el mundo, conlleva la creación de grandes proyectos que, a su vez,

exigen grandes empresas, capaces de gestionarlos con éxito». Y ofrecen varios argumentos para sustentar esta tesis. En primer lugar, la envergadura económica. «Los grandes proyectos exigen una determinada capacidad financiera y recursos e instrumentos de gestión adecuados».

Un segundo razonamiento consiste en los problemas técnicos que plantea la puesta en marcha de un **macroproyecto**. «Únicamente las empresas que posean medios humanos y materiales suficientes pueden asegurar la correcta realización de este tipo de obras», y recuerdan el caso de la gran tuneladora utilizada para la cons-

trucción de los nuevos trazados de la red del Metro de Madrid. Téngase en cuenta que estas medidas pueden tener una notable repercusión social, dado que en ocasiones se han tenido que formar auténticos pueblos para dar cobijo a las personas que están trabajando en un gran proyecto que se está desarrollando en un lugar aislado.

Por último, los expertos consultados destacan que es cada vez más frecuente que los clientes, ya sean públicos o privados, cada vez pongan más exigencias en el proceso de **precalificación** de las empresas que optan al macroproyecto.

Adaptación del artículo de Jorge Rivera en *El País Negocios*

llega a todo el mundo

La empresa que inventó el caramelo con palo lidera el consumo de la golosina en el mundo al alcanzar las 17 000 toneladas de producción anual.

El confitero catalán Enric Bernat inventó en 1957 el primer caramelo con palo de la historia. Así nació el chupa chups, una golosina líder consumida por cuatro generaciones de españoles y muchos extranjeros y que cuenta entre sus adictos a personajes tan famosos como Tom Cruise, Leonardo Di Caprio, Madonna, Harrison Ford, Mariah Carey, Giorgio Armani, Spice Girls o Johan Cruyff. Gracias a los chupa chups, el famoso detective televisivo Kojak, por ejemplo, dejó de fumar.

Con la vista puesta en los mercados exteriores, el producto necesitaba de un nuevo logotipo, del que, por una tarifa millonaria, se encargó de realizar el pintor surrealista Salvador Dalí, y que daría la vuelta al mundo. La primera publicidad fue el

logo con el eslogan *És rodó i dura molt, Chupa Chup*, que se traduce del catalán como «Es redondo y dura mucho, Chupa Chups».

Actualmente, la familia Bernat ya no está al frente de un grupo que lleva el nombre del popular caramelo, que está presente en 164 países. En el 2006 la empresa italo-holandesa Perfetti Van Melle llegaba a un acuerdo con los herederos de Enric Bernat (fallecido en diciembre de 2003) para adquirir la mayoría de capital de la empresa Chupa Chups. Hoy en día, la producción anual es de unas 17 000 toneladas y la producción diaria de unos 12 millones de unidades. De los cerca de 500 millones de euros que factura esta compañía, el 95% se hacen en los mercados internacionales.

Adaptación del artículo de Laura Durango en *El País Negocios* y de la entrada *Chupa Chups* en *Wikipedia*, la enciclopedia libre de Internet.

5.2.C. Actividades

1. **La tendencia a la concentración de las empresas constructoras se debe a varios factores. De las siguientes afirmaciones solo cuatro son verdaderas, indica cuáles son:**

		V	F
1.	Las pequeñas y medianas empresas constructoras se asocian para competir con las grandes compañías.	☐	☐
2.	Las pequeñas empresas de construcción se agrupan y trabajan juntas para compartir costes.	☐	☐
3.	Las pequeñas empresas de construcción no pueden abordar las grandes obras de infraestructura que necesita el país.	☐	☐
4.	Las pequeñas empresas se asocian para satisfacer todas y cada una de las expectativas de sus clientes.	☐	☐
5.	La creación de grandes proyectos conlleva la necesidad de grandes empresas que hagan viable su gestión.	☐	☐
6.	Las medianas empresas de construcción se agrupan para conseguir el máximo porcentaje del mercado de la vivienda.	☐	☐
7.	Únicamente las grandes empresas constructoras cuentan con suficientes medios materiales y recursos humanos para la construcción de gran envergadura y magnitud.	☐	☐
8.	Las pequeñas y medianas empresas pueden fácilmente afrontar el compromiso de construir infraestructuras de gran escala.	☐	☐
9.	Las pequeñas y medianas empresas tienen suficiente capacidad y recursos para la realización de cualquier tipo de construcción.	☐	☐
10.	Recientemente, los clientes de las empresas constructoras que optan por un macroproyecto son más exigentes en el proceso de selección y precalificación.	☐	☐

2. **Dentro del sector de la construcción ya hemos visto que existen pequeñas y grandes empresas. Además de su tamaño puedes indicar qué otras características las diferencian.**

Pequeñas constructoras	Grandes constructoras
–Reformas domésticas.	–Alto volumen de facturación.

3. **En parejas tratad de indicar cuáles son algunas de las repercusiones sociales y ecológicas que los proyectos de las grandes infraestructuras conllevan:**

Por ejemplo: *gran demanda de mano de obra.*

4. España es cuna de grandes inventos y algunos de ellos, como el chupa-chups, han alcanzado merecida fama internacional. Relaciona los inventos con la información ofrecida.

1. La grapadora   2. El submarino   3. El cigarrillo   4. El mus
5. El futbolín   6. La navaja   7. La fregona

a) Muchos turistas y visitantes se sorprenden al venir a España y ver este elemental instrumento de limpieza. Consiste en un palo con un penacho de tiras de algodón al final del mismo que se escurre en un cubo.

b) Es el más popular entre los juegos de cartas que se juegan en España. Su origen es vasco y se juega en dos parejas. El origen de su nombre hace referencia a la boca, pues la importancia de los gestos es capital en él.

c) Este simpático juego tiene origen gallego. Lo inventó Alejandro Campos, llamado Finisterre, con el objeto de dar ilusión a los niños mutilados durante la Guerra Civil. Como estos niños no podían jugar al deporte nacional, Campos construyó para ellos un juego de tablero con varillas metálicas y figuras de madera pintadas, en el que se simula un partido de fútbol con un balón también de madera.

d) Fue una empresa fabricante de armas la que nos dio este invento tan poco marcial. En 1920 se fundó en Éibar (Guipúzcoa) una sociedad denominada El Casco, cuya inicial actividad se centró en la producción de revólveres. A partir de 1929, la crisis económica mundial obligó a El Casco a reconvertirse, lo que hizo que, a mediados de los años treinta, sus socios fundadores lanzaran al mercado este invento que lanza grapas, fue diseñada por ellos mismos.

e) Tal y como la conocemos hoy, tuvo su nacimiento a finales del siglo XVI: con hoja afilada únicamente en uno de los lados, acabada en punta y normalmente algo curva, pero sobre todo con un mecanismo que permite girar a la hoja para quedar oculta en el interior del mango. Sus orígenes están diluidos en la leyenda. Se dice que apareció a causa de unas leyes emitidas por el emperador Carlos V, que impedían en España llevar espada a quienes no pertenecieran a la nobleza.

f) Aunque la primera nave data de finales del siglo XVIII, el problema más importante, cuya solución dio origen al auténtico, tal y como lo entendemos en la actualidad, era el de propulsarlo de un modo eficiente. En 1859, el catalán Narciso Monturiol diseñó y construyó un buque sumergible impulsado manualmente.

Más importancia tiene la innovación de Isaac Peral, nacido en Cartagena en 1851, introdujo una invención que revolucionaría el mundo de la navegación.

g) Aunque el tabaco es una planta americana, y también lo es el modo básico de liar sus hojas, es un invento genuinamente español. Se debe a los mendigos de la ciudad de Sevilla, que en el siglo XVI empezaron a aprovechar los desperdicios del tabaco y a liarlos en finas hojas de papel de arroz.

5.3.A. Prelectura

1. Formad grupos y pensad en los aspectos más destacados que conocéis de Perú.

2. Cada grupo debe exponer sus ideas anteriores para hacer una puesta en común.

5.3.B. Texto

EN PERÚ

PERÚ hoy es un país en plena transformación con grandes posibilidades de futuro, a pesar de sus problemas actuales, sobre todo de pobreza, u otros ya pasados, de terrorismo y narcotráfico. Es también un país de contrastes. Las distintas capas sociales están muy acentuadas. Los peruanos asignan las letras A, B, C, para referirse a la más elevada, media y baja. Ahora bien, eso no quita que el peruano sea una persona cordial, con buenas formas, con una manera de hablar que se puede calificar de señorial y en la que no hay cabida para expresiones malsonantes o de sonrisa fácil.

El tuteo no se utiliza hasta que no se alcanza un buen nivel de confianza. Son gente con iniciativa y están acostumbrados a los retos, pues les ha tocado vivir en un entorno natural y geográfico muy difícil. Antes de ir de viaje, todo debe planificarse con cuidado y por escrito. Hay que dejar margen de tiempo en la agenda, porque las demoras son previsibles (como suele ser el caso de muchos países de esta zona del mundo). Las presentaciones suelen ser muy formales, con intercambio de tarjetas y siempre con la invitación a tomar café, que debe aceptarse. El saludo acostumbrado entre las mujeres es besarse una sola vez en la mejilla.

Los planteamientos de negocios (comerciales o de inversión) hay que procurar hacerlos con el rigor necesario y aportando toda la documentación. Cuando se efectúe una exposición, hay que tener en cuenta que el peruano tiene un punto de orgullo. Se debe negociar con tacto y sin herir susceptibilidades, valorando en todo momento la capacidad profesional del socio potencial. Tampoco hay que olvidar que en este país se valora la calidad y la proyección de futuro, por lo tanto deben destacarse los aspectos tecnológicos y de gestión del producto que se oferte.

El negociador peruano rechaza pronunciarse directamente sobre los asuntos que se discuten. Procurará dejar ver su criterio sutilmente. Desde luego, las obligaciones contractuales deben quedar bien redactadas. Enfrentarse con trámites judiciales en Perú no es deseable, ya que el sistema todavía necesita mejoras sustanciales.

En línea con otros países de Hispanoamérica, el papel de la mujer en la empresa es todavía bastante limitado, aunque se van observando progresos. La sociedad peruana, por otra parte, es bastante abierta. Se pueden abordar todos los temas de conversación, pero es recomendable extremar la prudencia en cuanto se hable de la política social y la historia del descubrimiento.

Adaptación del artículo de F. J. Safont publicado en El Exportador

5.3.C. Actividades

1. El test de la adaptación: ¿crees que tendrías éxito como hombre o mujer de negocios en Perú? Si lo quieres saber, realiza el siguiente test.

1. Cuando te relacionas con gente que no conoces mucho...

- ☐ a) Le tuteas desde el principio.
- ☐ b) Le hablas siempre de usted.
- ☐ c) Le hablas de usted hasta que te pide tutearle.

2. Cuando estás en una conversación...

☐ a) Expresas directamente tu opinión.

☐ b) Nunca das tu opinión.

☐ c) Expones tu opinión de una manera discreta.

3. Cuando invitas a alguien a tu casa para cenar...

☐ a) No necesitas tener mucha confianza.

☐ b) Nunca invitas a nadie a tu casa.

☐ c) Debes tener bastante confianza.

4. Cuando te invitan a comer y no tienes confianza...

☐ a) Nunca llevas obsequios.

☐ b) Llevas el postre.

☐ c) Llevas flores o una buena botella de vino.

5. Durante las comidas en otros países...

☐ a) Te gusta hablar de política.

☐ b) Te gusta hablar de la historia del país para demostrar interés.

☐ c) Eliges temas relajantes.

RESULTADOS: Si has contestado A, suma 1 punto. Si has elegido B, suma 2 puntos y si has optado por C, suma 3 puntos. Suma el total de puntos y verás los resultados. Entre 12 y 15: eres perfecto para entablar relaciones en Perú, muestras un carácter abierto y respetuoso con aquellos aspectos más destacados de las relaciones sociales en este país. **Entre 9 y 11**: aunque te muestras muy flexible en ciertas facetas, debes pensar en mejorar tu actitud con respecto a ciertos temas relacionados con la socialización. Con un poco de ánimo y esfuerzo te auguramos un futuro muy prometedor en este país. **8 puntos o menos**: debes hacer un gran esfuerzo en relación a tu personal manera de entender las relaciones sociales. Recapacita y podrás tener éxito en este campo.

2. **Una empresaria extranjera llega a Perú y se encuentra con las siguientes situaciones, intenta pensar en las distintas reacciones que tendrías. Luego, intercambia finalmente las respuestas con tu compañero/a. Finalmente, decidid cómo creéis que reaccionaría alguien de Perú.**

Situación	Tú	Tu compañero/a	Un/a peruano/a
1. Llega a la estación de autobuses y decide tomar un refresco. Para mostrarse abierta, se dirige al camarero rudamente y cuenta un chiste.			
2. El proyecto empresarial que llevan a cabo parece ser más complejo de lo que había previsto.			
3. No ha tenido en cuenta la flexibilidad horaria y los transportes funcionan con más lentitud de la esperada.			
4. Le presentan a otra empresaria peruana y tras besarle en la mejilla y ofrecerle su tarjeta de visita le propone tomar un café.			
5. Al realizar la exposición de su proyecto le piden documentación que considera innecesaria.			
6. Percibe cierta desconfianza al exponer sus ideas y al tratar de sugerir mejoras en las ideas de los demás.			

PERÚ

Extensión geográfica (km²)	1 285 261
Población (millones)	28,9
Capital de país	Lima (7,5 millones de habitantes)
Otras ciudades importantes	Arequipa (948 000 hab.), Trujillo (910 000 hab.), Chiclayo, Iquitos, Piura
Densidad demográfica	22,5 hab./km²
Sistema de gobierno	República constitucional.
Moneda	Nuevo sol
PIB (per cápita)	$ 4 400

5.4.A. Panorama de los sectores económicos

1. Prelectura: si un país posee una gran superficie de selva, ¿crees que esto repercute positiva o negativamente en su economía? Razona la respuesta.

2. Texto.

La República de Perú

La República del Perú es un extenso país que se asienta en la costa oeste del continente sudamericano, frente al Océano Pacífico y entre la línea del Ecuador y la del Trópico de Capricornio. Los 1 285 261 km² de superficie comprenden un 11% de llanura costera, 31% de sierra y 58% de selva amazónica. Orográficamente, la Cordillera de los Andes configura el relieve y el clima del país en las tres áreas geográficas antes mencionadas.

Su historia económica más reciente está marcada por las drásticas medidas de estabilización económica adoptadas a partir de 1990 y que tenían como objetivo acabar con la hiperinflación de años anteriores y recuperar el crecimiento de la producción nacional desde tasas negativas. Junto a la liberalización del mercado monetario y otros (el de bienes, el de trabajo y el de comercio exterior) se inició un programa de privatizaciones abierto a la inversión extranjera -amparada por una legislación favorable–, que ha servido para suplir la carencia de ahorro interno. De las 200 empresas incluidas en el programa (de los sectores de telecomunicaciones, agua, energía, minería, transporte aéreo, banca, turismo, industria ligera, etc.), la mayoría había pasado a manos privadas al iniciarse el milenio.

En general, todos los sectores productivos se encuentran tecnológicamente atrasados, con escasa capitalización y deficiente organización. La agricultura sufre, además, el problema de la titularidad de la tierra. También hay que resaltar la dependencia económica de los productos primarios, que sufren los vaivenes de los precios internacionales.

La superficie agrícola de Perú es de 1,3 millones de hectáreas aproximadamente. Apenas se han introducido modernas técnicas de regadío y la mayor parte de las tierras siguen laborándose con métodos tradicionales y de baja productividad. Los principales cultivos destinados a la exportación son: algodón, café, azúcar y espárragos (primer productor mundial). Otras producciones importantes son: maíz, arroz, patata y plátano, aunque las dos primeras han de completarse con importaciones para satisfacer la demanda. Esto se debe a que Perú es deficitario en alimentos, por lo que tiene que recurrir a la importación. La hoja de coca sigue siendo un cultivo altamente rentable al que no se encuentra alternativa en otros productos (té, café o cacao) debido a sus bajos precios y las dificultades de transporte. Ciertas mejoras conseguidas en infraestructuras de transporte, financiación a través de las Cajas Rurales, introducción de cultivos no tradicionales (frutas y verduras) y pacificación en las zonas campesinas afectadas por la guerrilla han propiciado un crecimiento de la producción y la exportación.

Perú es la segunda potencia pesquera del mundo, solo por detrás de China, gracias a sus ricos bancos de la costa del Pacífico. La pesca alimenta una importante industria de conservas y ocupa el primer puesto mundial en el procesado para uso industrial (harinas de pescado), además de ser el segundo capítulo exportador del país, aunque tan solo represente el 1,3% de la producción interna bruta. Las principales capturas son de anchoas y sardinas. A partir de 1999 se ha reforzado el control de la actividad pesquera para mantener los recursos y evitar su sobreexplotación.

La actividad extractiva es una de las principales ramas de la economía y la más importante fuente de ingresos del país (10 % del PIB y 55% de las ventas al exterior en los últimos años). El oro es el líder de la exportación, al que siguen el cobre, zinc, plomo, estaño y hierro. Perú es una gran potencia minera que cuenta con enormes reservas de materias primas, incluyendo petróleo y gas, apenas explotadas.

La industria peruana, con una fuerte participación estatal, ha estado muy protegida de la competencia exterior mediante intervenciones arancelarias, fiscales y de otra índole. Desde que en 1992 se inició el programa de liberalización y privatización de la economía, los sectores industriales se han visto obligados a adaptarse a las condiciones de competencia internacional, por lo que muchas empresas han cerrado, otras se han reconvertido, fusionado o han acudido a la ayuda de la inversión extranjera. La industria basa gran parte de su actividad en la transformación de los recursos primarios, destacando los sectores alimentarios y de bebidas, procesadores de productos marinos, textil, metalúrgico, petrolero, etc.

A pesar de los atractivos turísticos del Perú, el sector no se desarrolló bien durante las décadas pasadas debido a problemas inflacionarios, sanitarios, de terrorismo y a la inadecuada infraestructura hotelera y de comunicaciones. Una vez que se están superando los principales conflictos, los turistas están volviendo al país con fuerza. Se ha privatizado la principal cadena hotelera y se conceden incentivos fiscales a las agencias para compensar los vaivenes del cambio de moneda en sus ofertas al extranjero.

Fuente: ICEX

3. **Comprendiendo el texto. Responde a las siguientes preguntas.**

a) Une estos conceptos con su definición.

1. estabilización   **2.** inflación   **3.** liberalización   **4.** privatización

1) La supresión de restricciones, prohibiciones o impuestos a la exportación a fin de aumentar la flexibilidad de las operaciones comerciales para favorecer la expansión de los intercambios.

2) La detención del alza de los precios y la mejora de las demás variables económicas, tras un periodo de fuertes tensiones inflacionistas y otros graves desequilibrios.

3) Transferencia de activos o de servicios públicos desde el control de los poderes del Estado al sector privado.

4) Elevación del nivel general de precios que se mide con el índice de precios al consumo.

b) ¿Qué factores influyen negativamente en el sector agrícola?

c) Perú es un país deficitario en alimentos de primera necesidad. Indica algunos de los que se ve obligado a importar.

d) ¿Qué medidas sociales y económicas debe acometer el país para propiciar el crecimiento de la producción y exportación?

e) La actividad extractiva supone el 10% del PIB. ¿Qué recursos naturales extrae?

f) ¿Qué consecuencias ha tenido la liberalización y privatización de la economía en los sectores industriales?

g) ¿Cuál es la base de la industria peruana?

h) ¿Qué problemas han incidido en el sector turístico? ¿Qué medios se están empleando para solventarlos?

5.4.B. Bloc de notas para el hombre y la mujer de negocios

- Perú inició el primer decenio del siglo XXI con niveles de renta de la población que superan escasamente los alcanzados en la década de los sesenta. Además, el 40% de sus habitantes vive en condiciones de pobreza (un 20% en extrema pobreza).

- La mayoría de la población es resultado del mestizaje entre poblaciones blancas, amerindias, negras y orientales. Además del español, el quechua es idioma oficial y también se habla el aymara. Otro aspecto destacable es que el 89% de la población es de confesión católica.

- De los 79 000 km de carreteras existentes, solo un 15% están asfaltados. Las principales vías son la Carretera Panamericana, que recorre 2800 km a lo largo de la costa y la Carretera Central que une Lima con el interior del país. Por otra parte, aunque el estado del ferrocarril sea bastante deficiente, se trata de uno de los principales medios de transporte de minerales y ofrece un servicio básico de transporte de viajeros en las zonas campesinas. Debido a las irregularidades orográficas de Perú, el transporte aéreo es el único medio a ciertas zonas de la selva inaccesibles por carretera.

- El comercio exterior está completamente liberalizado, aunque cualquier importación por valor superior a los 5000 dólares requiere una inspección previa en origen realizada por una de las agencias verificadoras autorizadas.

- Las principales figuras fiscales son el Impuesto General a las Ventas (IGV), cuyo tipo es del 19% y es un impuesto indirecto que grava el valor añadido, y el impuesto a los ingresos que grava en un 30% las rentas de las sociedades. Existen además un impuesto especial (Impuesto Selectivo al Consumo) que grava el consumo de determinados productos (tabaco, bebidas, combustibles) y un impuesto sobre el patrimonio.

- En Perú rige el principio de libertad de mercado (libre importación y venta libre), aunque para ciertos productos existan posiciones de dominio. Los canales de comercialización se encuentran en una fase incipiente de organización. La distribución minorista está copada por el sector llamado «informal». Se calcula que el 55% de las ventas puede realizarse a través de vendedores callejeros, puestos de venta ambulante, etc.

- Los centros de distribución organizados (tiendas, supermercados, grandes almacenes, galerías comerciales, etc.) se hallan principalmente en barrios acomodados de Lima (Miraflores, San Isidro, Monterrico) o en los de las ciudades más importantes del país.

Actividades

1. Perú ofrece grandes contrastes geográficos y humanos. ¿Podrías indicar algunos de ellos?

2. Menciona las principales figuras fiscales del país y lo que gravan exactamente.

3. ¿Qué impuestos de tu país coinciden con los de Perú? Cita tres.

4. ¿Cómo repercute la distribución minorista en la economía peruana?

5. ¿Qué facilita o dificulta la práctica de la distribución en cualquier país?

5.4.C. Noticias breves

Las españolas y Fujimori

LAS empresas españolas resultaron muy beneficiadas en el cuestionado proceso de privatizaciones del ex presidente Fujimori en los años 90. La inversión más importante fue la de Telefónica, que desembolsó 1800 millones de euros desde que compró las estatales Entel y CPT en 1994. Endesa adquirió ese mismo año la mayoría del capital de la distribuidora Edelnor. Después han ido desembarcando BBVA, Banco Santander, Repsol, REE y Gas Natural.

Las inversiones españolas en Perú ascienden desde la década de los noventa a 20 000 millones de dólares. Esta cifra incluye no solo una apuesta por las telecomunicaciones, la banca y la energía, sino también por el turismo (Sol Meliá), la construcción (FCC, Abengoa), la madera, la pesca (Pescanova), el mundo editorial (Santillana), los seguros (Mapfre) y los alimentos (Campofrío).

Adaptación del artículo de Alejandro Rebossio en *El País Negocios*

Importante proyecto turístico en el litoral norte de Perú

Las autoridades peruanas esperan captar inversiones por 180 millones de dólares para el desarrollo del proyecto turístico Playa Hermosa, en el litoral norte del país. Directivos del sector destacaron que hasta el momento se han presentado 17 empresas consultoras, interesadas en diseñar la estrategia para la ejecución del programa.

El futuro complejo turístico de Playa Hermosa, una zona ubicada en el departamento de Tumbes, a 1250 kilómetros al norte de Lima, se constituye como la gran oportunidad del país andino para posicionarse como primer destino turístico de sol y playa de Sudamérica.

El proyecto contará en una primera etapa de ocho a diez instalaciones hoteleras, localizadas en una franja de entre seis y diez kilómetros de costa. Entre las entidades que han ofrecido financiación para el proyecto están el Banco Interamericano de Desarrollo (BID), la Corporación Andina de Fomento (CAF) y el Banco de Colombia.

Adaptación de la noticia publicada en el semanario electrónico *América Económica*

Actividades

1. **¿Sabes lo que significan las siglas que aparecen en el texto?**

CPT	
BBVA	
REE	
FCC	

2. **Clasifica dentro de estas tres categorías las empresas mencionadas en el texto.**

BANCOS	EMPRESA ENERGÉTICAS	TELECOMUNICACIONES

3. **El proyecto turístico de Playa Hermosa, ¿lo consideras beneficioso para el país? Razona tu respuesta.**

5.5. **ZON@ WEB**

5.5.A. España

Vamos a visitar el Instituto para la Diversificación y Ahorro de la Energía.

www.idae.es

Actividades

1. Cuáles son los principales objetivos de este Instituto?

2. Haz clic en el enlace *Información al ciudadano* que está en el margen izquierdo de la página. Después hacemos clic en el enlace *Guía de consumo: consejos*. Nos vamos a la sección *Guía práctica de la energía: Consumo eficiente y responsable* y hacemos clic en *Información detallada de la Guía*. Dividimos la clase en grupos y cada uno de ellos tendrá que obtener información sobre uno de los siguientes apartados y hacer una exposición sobre los modos de ahorrar energía en ese campo.

- **ENERGÍA.** Consumo y abastecimiento energético.
- Las **INSTALACIONES** de calefacción y agua caliente.
- **ELECTRODOMÉSTICOS.**
- La **VIVIENDA** nueva.
- El **COCHE**.
- La **BASURA** y el aprovechamiento energético.
- **CONSECUENCIAS** del consumo de energía.

5.5.B. Perú

Vamos a visitar la página del Ministerio de Economía y Finanzas de Perú cuya dirección es:

www.mef.gob.pe

Hacemos clic en *Estadísticas* (en el margen izquierdo). En esta sección encontrarás información sobre diferentes aspectos de la economía peruana.

Cada uno de esos puntos te conduce a subtemas relacionados con el tema general. Por ejemplo: *Producción > Producto interno*, etc.

Actividad

1. Elige uno de los subtemas relacionado con cada uno de los puntos anteriores y realiza un informe en el cual especifiques, de una manera resumida, los datos y aspectos que definen cada uno de los temas tratados; así podrás tener una visión general de la economía peruana. Una vez recopilada toda la información, puedes intercambiarla con otros estudiantes de la clase.

Autoevaluación

1. Intenta reflexionar sobre las secciones que has comprendido mejor o peor. Para ello, intenta numerar cada una de ellas según el grado de comprensión obtenido. (Marca de 1 a 5 cada una de las secciones).

España en su economía	
La prensa informa	
Así nos ven, así nos vemos	
Viaje a la economía de América Latina	
Zona Web	

2. Una vez que ya has reflexionado sobre las secciones en general, intenta especificar las dudas que te han surgido en cada una de ellas.

España en su economía	
La prensa informa	
Así nos ven, así nos vemos	
Viaje a la economía de América Latina	
Zona Web	

3. A veces, hay dudas que podemos resolver nosotros mismos mediante instrumentos de consulta. ¿Cuáles crees que te podrían ayudar en esta unidad?

○ Diccionario   ○ Internet   ○ Libros   ○ Otros recursos

4. ¿Qué área te gustaría estudiar más detenidamente en la siguiente unidad?

○ Vocabulario   ○ Cultura corporativa   ○ Información económica   ○ Otros recursos

5. Tu trabajo personal en esta unidad ha sido... (marca lo que corresponda)

○ Bueno   ○ Malo   ○ Regular   ○ Podría mejorar

En caso de marcar la última casilla, piensa de qué manera lo podrías mejorar.

_____

_____

_____

Unidad 6

ESPAÑA: Tipos de sociedades

AMÉRICA LATINA: Colombia

Sección	Tema
España en su economía	Tipos de sociedades
La prensa informa	Paralelos y contrastes societarios entre Argentina y España
Así nos ven, así nos vemos	Rasgos culturales del negociador colombiano
Viaje a la economía de América Latina	Fundamentos de la economía colombiana
Zona Web	España: Secretaría General de Industria y la Dirección General de Política de la Pequeña y Mediana Empresa
	Colombia: Ministerio de Comercio, Industria y Turismo

6.1.A. Preparación

1. Como primera impresión, si escuchas la palabra sociedad, ¿qué entiendes?

2. ¿Qué significa la palabra sociedad en el contexto económico?

6.1.B. Texto

LOS TIPOS DE SOCIEDADES MERCANTILES

La legislación española prevé diversas formas de sociedades mercantiles. De estas, las más importantes (de mayor a menor frecuencia) son la Sociedad Anónima (S.A., en forma abreviada), la Sociedad de Responsabilidad Limitada (S.L. o S.R.L.), la Sociedad Regular Colectiva (S.R.C. o S.C.) y la Sociedad en Comandita (S. en Com. o S. Com. Tradicionalmente, la Sociedad Anónima (S.A.) ha sido, con diferencia, la forma más utilizada, mientras que la sociedad en comandita apenas se usa.

Tanto la S.A. como la S.L. son sociedades de capital en las que la responsabilidad de los accionistas y socios está generalmente limitada a la cantidad aportada por cada uno de ellos. Técnicamente, el capital de una S.A. está dividido en acciones, mientras que el capital de una S.L. se divide en participaciones. En una Sociedad Regular Colectiva (S.R.C.), la responsabilidad no es limitada. Los socios colectivos responden solidariamente, con la totalidad de su patrimonio, de las deudas de la sociedad. En cambio, en una Sociedad en Comandita (S. Com.) hay al menos un socio colectivo y uno o más socios comanditarios. Los socios colectivos tienen responsabilidad ilimitada y los socios comanditarios solo arriesgan el capital aportado.

En las líneas siguientes nos vamos a referir exclusivamente a las características principales de la Sociedad Anónima, ya que su utilización en España es muy mayoritaria.

El capital social mínimo que la Ley de Sociedades exige para una S.A. es de 60 101,21 euros. El capital debe estar suscrito en su totalidad, y al menos el 25% del valor nominal de las acciones hay que desembolsarlo al constituirse la sociedad. No se exige un número mínimo de accionistas para constituir este tipo de sociedad, si bien los accionistas pueden ser personas físicas, jurídicas y de cualquier nacionalidad o residencia. En la constitución de la sociedad anónima deben comparecer ante notario los accionistas o sus representantes con el fin de otorgar la escritura pública, que integra los estatutos. Posteriormente, la escritura pública de constitución ha de inscribirse en el Registro Mercantil, y, a partir de ese momento, la compañía adquiere personalidad jurídica.

Una S.A. está básicamente regulada por la Ley de Sociedades Anónimas. Por consiguiente, sus estatutos deben respetar dicha ley e incluir aspectos esenciales como los que se citan a continuación: nombre de la compañía, objeto social de actuación, duración (normalmente se indica que tiene carácter indefinido), fecha de comienzo de las operaciones, ubicación del domicilio social (que deberá encontrarse en España), el capital social y las acciones en que este se divide, el órgano de administración (si se crea un Consejo de Administración, o bien se confía esa responsabilidad a otro órgano o persona), las restricciones, en su caso, a la libre transmisibilidad de las acciones y los derechos especiales reservados a los fundadores o promotores.

Los derechos básicos de los accionistas son los siguientes: participar en las ganancias sociales de la compañía en la proporción correspondiente, optar a la suscripción preferente de nuevas acciones o de obligaciones convertibles, asistir y votar en las juntas de accionistas y, finalmente, recibir información sobre los asuntos de la sociedad.

En cuanto a los órganos de dirección y administración de una sociedad anónima, pueden destacarse la Junta de Accionistas y los administradores (constituidos o no en Consejo de Administración).

La Junta de Accionistas es, en cualquier caso, el máximo órgano de dirección y administración de una S.A. La ley distingue dos tipos de junta: la ordinaria y la extraordinaria. Las juntas ordinarias se celebran normalmente dentro de los seis primeros meses del ejercicio. Su finalidad es controlar la gestión social, aprobar o no las cuentas anuales del ejercicio y decidir el reparto de beneficios (si los hubiese). En cuanto a las juntas extraordinarias, estas se pueden convocar cuando sus administradores lo consideren de interés para la sociedad y también a petición de un mínimo del 5% del capital social.

El órgano ejecutivo de dirección y administración está constituido por su administrador o administradores, siempre nombrados (o destituidos, en su caso) por la Junta de Accionistas. Si esa Junta estipulase crear un Consejo de Administración, este se compondrá por un mínimo de tres miembros, y sin que exista límite en cuanto a su número máximo. Generalmente, no se exige que el administrador sea, además, accionista de la empresa.

6.1.C. ¿Qué sabes tú?

1. **¿Qué distingue, a grandes rasgos, una Sociedad Anónima de una Sociedad de Responsabilidad Limitada?**

2. **Señala si las características indicadas a continuación pertenecen a la Sociedad Anónima o a la Sociedad de Responsabilidad Limitada. Ten en cuenta que algunas de estas características pueden ser comunes a varios tipos de sociedades.**

	S.A.	S.L.
1. El capital está dividido en partes iguales.		
2. La responsabilidad está limitada a la aportación de cada socio.		
3. El capital está dividido en acciones.		
4. El capital debe ser suscrito en su totalidad.		
5. La responsabilidad es limitada.		
6. No cotiza en Bolsa.		
7. Las participaciones no pueden negociarse libremente.		
8. Debe inscribirse en el Registro Mercantil.		
9. Las acciones pueden tramitarse sin ningún tipo de restricciones.		
10. Los accionistas pueden ser personas físicas o jurídicas.		
11. No se exige un número mínimo de socios.		
12. La participación en las ganancias sociales son proporcionales a la suscripción de acciones.		

3. Completa los espacios de las frases siguientes con las palabras que aparecen en el recuadro. Hay vocablos que se repiten dos veces.

> Bolsa • iguales (2) • acciones (2) • aportación (2) • aprobación • socio • restricción • capital (2) • negociarse • responsabilidad • participaciones (2)

Sociedad Anónima: el **(1)** .... está dividido en **(2)** .... que representan partes **(3)** .... del mismo. Normalmente, estas **(4)** .... pueden transmitirse sin ningún tipo de **(5)** .... y pueden cotizarse en la **(6)** .... de valores. La responsabilidad está limitada a la **(7)** .... de cada socio.

Sociedad de Responsabilidad Limitada: el **(1)** .... está dividido en partes **(2)** ...., que se denominan **(3)** .... Las **(4)** .... no pueden **(5)** .... libremente, ya que cada **(6)** .... tiene que contar con la **(7)** .... de los demás. La **(8)** .... está limitada a la **(9)** .... de cada socio.

4. Para constituir una Sociedad Anónima hay que dar una serie de pasos. Indica el orden lógico de su constitución.

☐ a) La compañía adquiere personalidad jurídica.

☐ b) La escritura pública ha de inscribirse en el Registro Mercantil.

☐ c) El notario otorga la escritura pública.

☐ d) Los accionistas tienen que comparecer ante notario.

5. Si no los recuerdas todos, busca en el texto los requisitos que deben contemplar los estatutos de una S.A. y que se regulan por la Ley de Sociedades Anónimas.

Por ejemplo: *Nombre de la compañía.*

6. Determina si las afirmaciones siguientes corresponden o no a los derechos fundamentales de los accionistas.

	Sí	No
1. Aprobar el reparto de beneficios.		
2. Asistir y votar en las juntas de accionistas.		
3. Tomar decisiones en el Consejo de Administración.		
4. Recibir información de los asuntos de la Sociedad.		
5. Controlar la gestión social.		
6. Aprobar las cuentas anuales del ejercicio.		
7. Participar en las ganancias.		
8. Optar o suscribir con preferencia nuevas acciones.		

6.2.A. Prelectura ▶ *"La unión hace la fuerza"*

1. **¿Sabes qué es un convenio? Indica algún convenio que tu país haya firmado con otro o más países. ¿En qué materias?**

2. **Sigue el ejemplo que te damos para completar las siguientes familias de palabras que derivan de las que vienen dadas.**

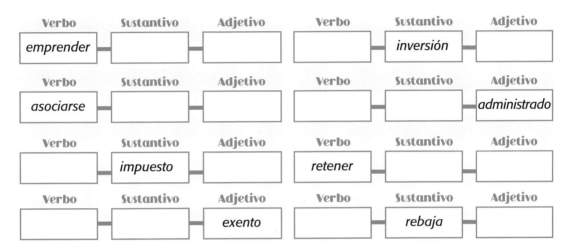

Verbo	Sustantivo	Adjetivo
emprender		

Verbo	Sustantivo	Adjetivo
	inversión	

Verbo	Sustantivo	Adjetivo
asociarse		

Verbo	Sustantivo	Adjetivo
		administrado

Verbo	Sustantivo	Adjetivo
	impuesto	

Verbo	Sustantivo	Adjetivo
retener		

Verbo	Sustantivo	Adjetivo
		exento

Verbo	Sustantivo	Adjetivo
	rebaja	

6.2.B. Textos

Las empresas y los inversores españoles que invierten tradicionalmente en América Latina han tenido que estudiar con el máximo detalle las **formas societarias** *de sus países. En este artículo se analiza la similitud entre los tipos de sociedades mercantiles en Argentina y España, así como las perspectivas de invertir a través de estas figuras jurídicas y los impuestos que les afectan.*

Repatriación de dividendos sin retención

España y Argentina tienen firmado un convenio para evitar la doble imposición

El abanico de formas societarias argentino es similar al español: sociedades anónimas, limitadas, en comandita simple y en comandita por acciones. Las más utilizadas son las anónimas y las limitadas. Para constituir las primeras se exige un capital determinado con un desembolso inicial del 25%. En cambio, a las sociedades limitadas no se les exige un mínimo, aunque sí se busca una coherencia entre la cifra de capital y la actividad que se va a desarrollar. A la hora de decidir con qué estructura societaria se desembarca en el país hay que tener en cuenta que existe una restricción en cuanto a los grupos empresariales: una sociedad anónima residente no puede participar del capital de una limitada.

Aunque existe cierta flexibilidad, las sociedades que desembarcan en Argentina deben cumplir un requisito adicional: que al menos la mayoría absoluta de los miembros del órgano de administración tenga su domicilio efectivo en el país.

La repatriación desde territorio argentino de dividendos, ganancias por la venta de acciones, bonos negociables o bonos del estado está exenta de retención. No ocurre lo mismo con los intereses y los *royalties*, que sí están sometidos a retenciones variables. España tiene firmado un convenio para evitar la doble imposición con

Argentina desde julio de 1992. Según este pacto, los intereses no sufren rebaja alguna en la retención, puesto que el convenio estipula un máximo del 12,5% y, por lo tanto, el 12% del régimen general entra dentro de ese margen.

Los beneficios de las empresas que operan en territorio argentino, tanto las residentes como las filiales y sucursales de compañías extranjeras, están gravados por el llamado Impuesto a las Ganancias. El tipo medio es del 35%. Por otra parte, el equivalente al Impuesto sobre Actividades Económicas español (el IAE) es el Impuesto de los Ingresos Brutos, al que están sometidos todo tipo de explotaciones económicas, aunque los tipos sean bastante reducidos. El Impuesto sobre los Bienes Personales corresponde al español sobre el Patrimonio. El tipo impositivo va del 0,5 al 1,25% con un mínimo exento.

Adaptación del artículo con la información elaborada por Manuel Pavón & Asociados y publicado en la revista *El Exportador*

6.2.C. Actividades

1. **Las frases siguientes se refieren a facilidades o a requisitos para constituir sociedades o invertir en Argentina. Pon una X en la casilla correspondiente.**

	Facilidades	Requisitos
1. Las sociedades limitadas no exigen un capital mínimo para su constitución.		
2. Los intereses y los *royalties* de la sociedad sí están sometidos a retención.		
3. Una sociedad anónima extranjera no puede participar del capital de una sociedad limitada.		
4. La repatriación de ganancias está exenta de retención.		
5. La mayoría absoluta dc los miembros del órgano de Administración debe tener domicilio efectivo en el país.		
6. Los beneficios de las sociedades que operan en Argentina están gravados por el Impuesto a las Ganancias que es del 35%.		
7. Toda explotación económica está sometida al Impuesto de los Ingresos Brutos.		

2. Con la ayuda de tu profesor o del diccionario describe y diferencia las siguientes palabras.

Patrimonio / Bienes

Dividendo / Ganancia

Filial / Sucursal

Bonos del estado / Acciones

Imposición / Retención

6.2.D. Libertad de expresión

1. Un amigo que tiene unos ahorros te pide consejo para invertirlos. Redacta un escrito en el que le expliques de manera clara y completa, la forma, el momento apropiado, las ventajas o desventajas de invertir su capital en la compra de acciones en la Bolsa, o bien no hacerlo, por ejemplo, en la compra de bienes inmuebles u otros bienes.

6.3.A. Prelectura

1. Vamos a lanzar una lluvia de ideas sobre Colombia. Para ello, cada uno de vosotros deberéis dar una serie de palabras que representen vuestro imaginario personal sobre este país. El profesor irá poniendo en la pizarra todas estas ideas y finalmente cada uno pronunciará una frase sobre Colombia con la intención de crear un texto oral de este país lo que nos dará una visión general del mismo.

6.3.B. Texto

EN COLOMBIA

Aunque Colombia haya adquirido una cierta imagen negativa por los tristemente célebres cárteles de la droga que operan dentro de sus fronteras, también es verdad que los aspectos más positivos de este país seducen enormemente a sus visitantes. La bondad, el calor y la hospitalidad de sus gentes, las excelencias de su naturaleza y la riqueza de su cultura: artesanía, música y literatura. No puede olvidarse que su hijo más célebre es el mundialmente conocido Gabriel García Márquez.

Familiarizarse con la historia y la cultura de Colombia antes de viajar a este país es algo muy importante, ya que los colombianos lo aprecian mucho en el visitante y se sienten especialmente orgullosos de sus logros. Sin embargo, deben evitarse temas que susciten ideas negativas o controvertidas: política, religión, terrorismo, drogas y críticas a las corridas de toros.

En este país se debe mirar a la gente a los ojos cuando se conversa. No hacerlo generaría desconfianza. Los saludos son especialmente importantes. De hecho, el saludo colombiano es probablemente el más largo y protocolario de toda América Latina. En todos los casos, y cuando se aborda un grupo también, se saluda a cada uno individualmente con un apretón de manos e intercambiando varias preguntas de carácter general que faciliten el conocimiento mutuo y demuestren el interés por la persona. El reconocimiento del estatus es también algo obligado. A las personas de alto nivel o con nivel universitario se les nombra precedidas de «Doctor».

Si es una mujer, entonces se dirá «Doctora». Cuando la relación empresarial se torna en amistad, los hombres se saludan con un abrazo o palmadas en la espalda. Las mujeres se cogen firmemente del antebrazo.

La jerarquía juega un papel esencial en la estructura empresarial. Aunque la última decisión siempre la tomará el responsable de más nivel, suele ser frecuente que se valoren las opiniones de todo el grupo (pese a su menor rango). Por lo tanto, los colombianos valoran las decisiones que toman en consideración el consenso del grupo y esto suele implicar lentitud en las negociaciones, además de exigir bastante paciencia de la otra parte. Esa paciencia hay que tenerla también con la frecuente ausencia de puntualidad. Las esperas de 15-30 minutos son muy usuales e incluso el aplazamiento al día siguiente o las cancelaciones de reuniones ya previstas. Por otra parte, y como en casi cualquier país, en Colombia es importante aportar datos objetivos y atractivos sobre la excelencia de lo que se ofrece, pero eso no significará un paso decisivo en el éxito de la empresa. Será necesario, además, que exista buena comunicación y sintonía con el socio colombiano. La intuición, el componente afectivo y el «caer bien» son más importantes que la fuerza de los hechos o los beneficios.

Los contactos son algo esencial para hacer negocios en Colombia. Debido al peso de las rela-

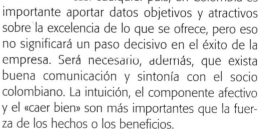

ciones personales resulta muy necesario contar primero con un agente bien conectado en todas las esferas del país. Los cambios de agente o interlocutores pueden tener consecuencias desastrosas antes de concluir una operación, pues puede interpretarse como un insulto. No hay que olvidar nunca que los colombianos negocian con personas antes que con empresas. En este país no se puede hacer negocios por teléfono, fax o correo electrónico. Los encuentros personales son imprescindibles. En cuanto a las reuniones, nunca se puede ir directo al asunto. Hay que hablar de temas generales o personales antes de ir al meollo de la negociación. Abandonar la reunión antes de tiempo es un grave insulto y tampoco es bueno marcharse tras hablar únicamente de negocios. Se debe dejar algún tiempo para bromear y relajarse antes de concluir definitivamente. Es más, normalmente se continúan o trasladan las negociaciones a la mesa durante el almuerzo o la cena y así, de paso, se conoce mejor al otro.

Aportar obsequios al reunirse con colombianos es algo frecuente. Bolígrafos de calidad u otros objetos de oficina, artesanía del país de origen y botellas de vino o licores son buenos regalos. Si le invitan a uno a una casa, entonces los regalos más apropiados son vino, flores o bombones.

6.3.C. Actividades

1. Vamos a decidir.

Somos miembros de una empresa colombiana y debemos reunirnos para tomar decisiones sobre algunos asuntos de carácter general. No debemos olvidar que en Colombia la jerarquía juega un papel esencial en la estructura empresarial.

Vamos a dividir la clase en grupos. Cada grupo pertenece a departamentos distintos de la misma empresa y considera que ciertos materiales y proyectos resultan muy necesarios para el buen funcionamiento de su área. El problema radica en que no hay presupuesto suficiente para comprar todos los materiales necesarios y consecuentemente debemos decidir cuáles son los más importantes.

El primer paso que debemos dar es pensar en grupo cuál es el organigrama que queremos tener en esta empresa. Una vez que lo hemos hecho, asignaremos a cada uno una función y un departamento. El siguiente paso es reunirse con todos aquellos miembros que pertenezcan al mismo departamento y entre todos decidir qué materiales necesitamos comprar, los proyectos que consideramos beneficiosos para la formación del personal laboral y las razones que daremos para convencer al resto de los compañeros de la necesidad de comprarlos y/o de las aportaciones que ofrecerá a la empresa.

No debemos olvidar las características principales que definen las tomas de decisiones en Colombia, por lo tanto deberíamos intentar hacerlo tal y como creemos que se hacen allí. Os damos una lista de posibles materiales y proyectos que podrían resultar necesarios y una hoja de trabajo para la toma de decisiones.

1. **Departamento:** ....

2. **Director de departamento:** ....

3. **Lista de temas:**

- fotocopiadora
- mobiliario de oficina
- máquina de café
- plantas
- teléfonos móviles
- curso de idiomas

- vacaciones
- sillas
- pantallas de plasma
- ordenadores portátiles
- curso de contabilidad
- curso de formación

- curso de *marketing*
- cadena musical
- ....
- ....
- ....
- ....

2. **Este es un fragmento de un diálogo entre colombianos. Léelo y ordénalo adecuadamente.**

1. No te preocupes, a mí también me pasa. ¿Cómo sigues?

2. Debes cuidarte más, que los años pasan y no nos damos cuenta.

3. Pues ya ves, sigo con los mismos síntomas.

4. ¿Qué te pareció el partido de ayer?

5. ¡Vaya! Pues entonces podemos ir a tomar algo al bar de Lucas.

6. No estuvo mal pero los jugadores no estuvieron a la altura.

7. ¡Hola! ¡Buenos días! Perdona por la tardanza, pero el tráfico hoy está imposible.

8. Sí, es verdad, los futbolistas no estaban concentrados.

9. Oye, ¿qué tal va tu mujer con sus mareos?

10. Muy bien. El pequeño quiere hacerse un *piercing* y estoy intentando convencerle de que no se lo haga pero me va a resultar difícil. ¡Menudas modas!

11. Y que lo digas. Parece que fue ayer cuando terminé los estudios y ya hace veinte años.

12. Mi hija pequeña también quiere ponerse a la moda y se ha hecho un tatuaje. Yo prefiero no pensarlo.

13. Está un poco mejor pero todavía tiene algunos. Gracias. ¿Y tu familia qué tal?

14. Por cierto, se me olvidaba decirte que la reunión de hoy se ha cancelado para mañana.

15. ¡Ah! Pues no es mala idea. Venga, vamos.

3. **Formad grupos y señalad qué características del protocolo comercial colombiano se pueden observar en el diálogo anterior.**

6.4. VIAJE A LA ECONOMÍA DE AMERICA LATINA

COLOMBIA

Extensión geográfica (km²)	1 141 178
Población (millones)	45,5 (3 millones residen en el exterior)
Capital de país	Bogotá (7,7 millones de habitantes)
Otras ciudades importantes	Medellín (3 millones de hab.), Cali (2,6 millones de hab.), Barranquilla, Cartagena
Densidad demográfica	38 hab./km²
Sistema de gobierno	República presidencialista
Moneda	Peso Colombiano
PIB (per cápita)	$ 5500

6.4.A. Panorama de los sectores económicos

1. **Prelectura: sitúa en este mapa las ciudades colombianas de Medellín, Bogotá, Cali y Barranquilla.**

2. Texto.

La República de
Colombia

La República de Colombia (1 141 748 km², de los que algo menos del 45% son superficie agraria, dedicada en una quinta parte al cultivo del café) está situada en el extremo noroeste de América del Sur. Es el cuarto país en extensión del continente y el único cuyas costas (2900 km) están bañadas a la vez por el Mar Caribe, al norte, y el Océano Pacífico, al oeste. Colombia tiene una extensa red hidrográfica, en su mayor parte navegable. El río Magdalena constituye la principal vía de tráfico fluvial, comunicando el centro del país con los puertos del Caribe.

Aunque Colombia dispone de abundantes recursos naturales, durante mucho tiempo su economía dependió casi exclusivamente del cultivo y exportación del café. Sin embargo, desde inicios de los 90 el petróleo es la primera partida exportadora del país y el carbón supera también al café como rubro exportador.

A pesar de las malas infraestructuras que impiden comercializar óptimamente los productos y la situación de violencia en el medio rural, el sector agrario es todavía muy importante en el país. Representa casi una quinta parte del PIB. En los últimos años las exportaciones de productos agropecuarios, principalmente café, flores y plátanos, superaron el 20% de las exportaciones totales. El sector ganadero, dirigido sobre todo al consumo nacional, también tiene gran importancia. Los efectivos de bovino alcanzan los 24 millones de cabezas y también se producen cerca de medio millón de toneladas de pollo al año.

El sector minero ha sido el que en los últimos años ha mostrado mayor dinamismo. En este siglo XXI Colombia produce más de 500 000 barriles/día de petróleo y más de 900 millones de pies cúbicos de gas, sin olvidar los más de 40 millones de toneladas de carbón que se exportan. La capacidad instalada de energía eléctrica es de unos 13 500 megawatios, de los cuales el 66% es hidráulica y el resto térmica (carbón, gasóleo y, sobre todo, gas).

El sector industrial supera el 30% del PIB. Las principales industrias son la alimentaria y las bebidas (contribuye al 26% del valor de la producción del sector industrial), la química (12%), la textil y de la confección (9%) y la manufactura de plástico (5%). La industria colombiana afronta desde mediados de los 90 una crisis causada por el aumento de la competencia exterior derivada del proceso de apertura y por los elevados tipos de interés fijados por el Banco Central. La actividad industrial se concentra básicamente en Bogotá, Medellín, Cali y Barranquilla.

El sector servicios es el que ha recibido más inversión extranjera, sobre todo en los subsectores financiero (bancos, compañías de seguros, fondos de pensiones), electricidad (generación y distribución), gas, agua y telefonía. Existen varios proyectos de privatización en el sector eléctrico y varios en concesión para la gestión de la distribución del agua en varias ciudades. También están teniendo un gran impacto las licencias de telefonía móvil del tipo PCS.

3. Comprendiendo el texto. Responde a las siguientes preguntas.

a) Completa las siguientes oraciones:

1. Desde los inicios de la década de los 90, el café como rubro exportador ha sido superado por .... y ....

2. Durante mucho tiempo la economía colombiana ha dependido del .... y la .... del café.

3. El sector agrario en Colombia representa casi una .... del PIB.

b) Colombia tiene una extensa red hidrográfica. ¿Qué puede suponer este factor para su economía?

c) ¿Qué caracteriza al sector agrario colombiano?

d) ¿Cuál es la situación del sector de la exportación en los diferentes sectores de la economía colombiana?

e) La crisis de la industria colombiana de mediados de los 90 estuvo causada por:

- ☐ 1. La falta de materia prima y recursos naturales.
- ☐ 2. El aumento de la competitividad con otros países y los tipos de interés.
- ☐ 3. Inversiones extranjeras e infraestructura.
- ☐ 4. Problemas de transporte y aranceles.

f) En el sector servicios los dos grandes puntos a tener en cuenta son:

- ☐ 1. La inversión extranjera y la privatización.
- ☐ 2. La competitividad y las PYMES.
- ☐ 3. Las tasas y los aranceles.
- ☐ 4. La creación de empresas y la inversión extranjera.

6.4.B. Bloc de notas para el hombre y la mujer de negocios

- Aunque la lengua oficial sea el español, el inglés es de uso frecuente en las relaciones comerciales. Hay, además, 68 lenguas indígenas.

- La población es muy diversa étnicamente. Se reparte entre indígenas 2%, negros 6%, blancos 18%, mestizos 50% y mulatos 24%. Sin embargo, es mucho más homogénea desde el punto de vista religioso, ya que el 95% se confiesa católica.

- La red viaria colombiana es una de las menos desarrolladas del continente, pero peor aún es la situación de la red ferroviaria, donde solo unos 1658 km se encuentran en servicio y está prácticamente abandonada desde la década de los 70. Por otra parte, en amplias zonas de las regiones del Pacífico, la Amazonía y la Orinoquía, el transporte fluvial es el principal (en algunos casos el único) medio de transporte de carga y pasajeros. En términos generales se estima que el modo fluvial transporta el 6% de la carga movilizada del país.

- Colombia cuenta con cuatro grandes puertos marítimos con infraestructuras adecuadas: Buenaventura en la costa del Pacífico, que es el de mayor tráfico del país, Barranquilla, Cartagena y Santa Marta en el Caribe.

- Los almacenes urbanos de tamaño mediano, junto con los hipermercados dominan la distribución en Colombia, aunque la importancia de la tienda de barrio o de los mercados de abastos es todavía importante, sobre todo, para las clases económicamente menos favorecidas.

- El Banco de la República (1923) es el banco central del país. Las principales entidades financieras son Bancolombia, BBVA Banco Ganadero (participado por el Banco Bilbao Vizcaya Argentaria), Davivienda, Banco Santander Colombia, Bancafé y Banco de Bogotá, entre otros.

- En la actualidad, el 98% del universo arancelario colombiano está sujeto al régimen de libre importación y el resto al régimen de licencia previa o prohibido. Con repecto al IVA, la tarifa más frecuente es del 16%. Existen también tarifas diferenciales para artículos de lujo del 35% y del 20%. El tipo general del Impuesto de Sociedades (denominado Impuesto de Renta en Colombia) es del 35%.

- El horario habitual de los comercios es de lunes a viernes de 09:00 a 19:00 horas. Algunos centros comerciales cierran a las 21:00 horas y bastantes, abren sábados y domingos.

Actividades

1. **¿Puedes definir los siguientes conceptos?**

mestizo:

mulato:

indígena:

2. **Localiza en el mapa de la sección anterior los cuatro puertos marítimos más importantes del país.**

3. **¿Puedes definir lo que es un mercado de abastos y explicar de qué manera puede ser más útil para las clases menos favorecidas?**

4. **Teniendo en cuenta el horario habitual de los comercios en Colombia, ¿puedes hacer un contraste con el de tu país? ¿Conoces algún país en el que el horario sea diferente? En caso afirmativo, ¿qué ventajas y desventajas pueden tener ambos horarios?**

6.4.C. Noticias breves

EL CAFÉ ORGÁNICO DE COLOMBIA

En unos cuantos años, Colombia podría generar exportaciones de productos relacionados con la ecología y el medio ambiente por cerca de 4000 millones de dólares. Un año duró la negociación con los sabios de la comunidad arhuaca para la producción de café orgánico de exportación y otro año la adaptación de la infraestructura para obtener una certificación. Luego, asesorados por la Federación de Cafeteros, los arhuacas se convirtieron en exportadores de café ecológico, a pesar de que ni siquiera la palabra exportación existe en su lenguaje. Hoy lo venden a Japón.

Hoy, el 67% de los consumidores europeos y el 87% de los norteamericanos demandan productos ecológicos, pero la oferta actual no es suficiente para abastecer los mercados, luego «este es el momento para beneficiarse de los productos orgánicos por su valor añadido», según el Ministerio de Agricultura.

Si Colombia mantiene el ritmo de crecimiento actual, puede alcanzar el 30% de las ventas globales de café orgánico en los próximos años.

Adaptación del artículo aparecido con el mismo nombre en *Dinero*

Colombia: ¿última oportunidad?

Colombia, con 45 millones de habitantes, 30 años de conflicto armado, una población empobrecida y un grave problema de corrupción en sus instituciones, ha buscado en el **ALCA (Asociación de Libre Comercio de las Américas)**, que negocian 34 países de todo el continente americano, una salida a su dramática situación.

El Ministerio de Economía ha visto en la entrada en ALCA un instru-mento para obtener en Colombia estabilidad jurídica, facilidades de acceso a los grandes mercados y posibilidades de mayor competiti-vidad. También se ha percibido como la gran oportunidad del país para salir adelante.

Un alto representante del **Banco Interamericano de Desarrollo (BID)**, Eduardo Lora, ha recordado que Colombia tiene tres proble-mas fundamentales (al margen, claro está, de la violencia): las difi-cultades para crear empresas, la falta de **crédito** que se deriva de «la falta de respeto a los derechos de los **acreedores**» y el mal fun-cionamiento de los sistemas de educación, que solo garantizan a los colombianos siete años de edu-cación. Lo que no estaba previsto es que la constitución definitiva del ALCA se estancase desde 2005 y que para muchos se trate ya de un proyecto muerto.

Adaptación del artículo de S. Carcar en el diario *El País*

Actividades

1. **El té y el café son productos que marcan ciertos hábitos en diferentes culturas. Piensa en un país o conjunto de países en los que el café sea un componente cultural importante y explica en una breve redacción cómo esta bebida estimulante afecta al *modus vivendi* de la gente. Por ejemplo:**

- modos de socialización
- posibles efectos estimulantes
- expresiones lingüísticas para invitar a alguien

2. **Colombia cuenta con una serie de problemas tales como las dificultades para crear empresas, la escasez de crédito por falta de respeto a los acreedores y la educación. La clase se divide en tres grupos, cada uno se dedicará a uno de los problemas citados anteriormente y preparará una lluvia de ideas para resolverlo. Finalmente, cada grupo expondrá ante la clase las diferentes soluciones encontradas.**

6.5. ZON@ WEB

6.5.A. España

Vamos a conocer la Secretaría General de Industria y la Dirección General de Política de la Pequeña y Mediana Empresa. La dirección es la siguiente:

www.ipyme.org

Ahora nos vamos a la sección *Entidades adscritas* y entramos en el apartado *Decisión de crear una empresa*.

Actividades

1. **Dividid la clase en grupos para formar una empresa. Los grupos deberán decidir sobre la idea inicial teniendo en cuenta los siguientes puntos.**

1. Idea inicial. Todo proyecto de empresa se desarrolla en torno a una idea, que surge como consecuencia de la detección de una oportunidad de negocio. La concepción de la idea para crear una empresa varía en función de las circunstancias de cada persona/personas. Son muchos los factores que pueden llevar a una persona a inclinarse por un negocio concreto. Los factores son:

- Repetición de experiencias ajenas: es el efecto reflejo de los negocios nuevos, que se produce frecuentemente en las épocas de expansión de la economía.

- Nuevas oportunidades de negocio en mercados poco abastecidos, de nueva creación o con un alto porcentaje de crecimiento.

- Conocimientos técnicos sobre mercados, sectores o negocios concretos.

- La experiencia del futuro empresario, que ha sido trabajador o directivo de otro negocio y que pretende independizarse.

- Cuando se posee un producto innovador que se estima que puede generar mercado.

- Cuando se trata de negocios o actividades de escasa complejidad que permiten a cualquier persona establecerse por cuenta propia en tal actividad.

2. Plan de Empresa. Es un documento de trabajo en el que se desarrolla la idea de negocio que se pretende poner en marcha. Este documento es abierto y dinámico, se actualiza a medida que avanza la idea, es sintético y claro, debe atraer constantemente al lector y al ser tan variable no se ajusta a ningún modelo estándar, sin embargo, a nivel general, engloba los siguientes aspectos:

Descripción de la empresa, negocio o iniciativa empresarial

- Referencia de la experiencia y objetivo de los promotores.
- Descripción técnica.
- Localización geográfica.
- Estructura económico-financiera.
- Organigrama de los recursos humanos.
- Estructura legal.

Definición del producto o servicio a suministrar

- Descripción.
- Necesidades que cubre.
- Diferencias con productos de la competencia.
- Existencia de algún derecho sobre el producto o servicio a comercializar.

Planificación de los aspectos comerciales

- Análisis de mercado. Estudio de mercado.
- Plan de *marketing*.
- Establecimiento de las redes de distribución.
- Plan de compras.

3. **Elección de la forma jurídica.** En esta etapa debemos hacer clic en *Formas jurídicas de empresas*. Ahí tenemos que ver las características de cada una de ellas y decidir cuál es la que mejor se adapta a nuestros proyectos. Para ello, debemos tener en cuenta estos factores:

- Número de socios.
- Cuantía del capital social.
- Requisitos de constitución.
- Obligaciones fiscales.
- Régimen de Seguridad Social.
- Contratación laboral.
- Responsabilidad frente a terceros.

6.5.B. Colombia

Vamos a conocer diferentes aspectos relacionados con la economía y las finanzas de Colombia. Para ello, nos iremos a la siguiente página:

www.mincomercio.gov.co

Actividades

1. **Como podéis ver, en la sección *Entidades adscritas*, hay varias entidades relacionadas con este Ministerio. Elegid por grupos una de ellas, haced un resumen de los aspectos que mejor las definan y finalmente intercambiad la información obtenida.**

ENTIDAD	FUNCIONES Y CARACTERÍSTICAS
PROEXPORT COLOMBIA	
FNG Fondo Nacional de Garantías S.A.	
Industria y Comercio SUPERINTENDENCIA	
BANCOLDEX	
FIDUCOLDEX	
ARTESANÍAS DE COLOMBIA	

Autoevaluación

1. Intenta reflexionar sobre las secciones que has comprendido mejor o peor. Para ello, intenta numerar cada una de ellas según el grado de comprensión obtenido. (Marca de 1 a 5 cada una de las secciones).

España en su economía	
La prensa informa	
Así nos ven, así nos vemos	
Viaje a la economía de América Latina	
Zona Web	

2. Una vez que ya has reflexionado sobre las secciones en general, intenta especificar las dudas que te han surgido en cada una de ellas.

España en su economía	
La prensa informa	
Así nos ven, así nos vemos	
Viaje a la economía de América Latina	
Zona Web	

3. A veces, hay dudas que podemos resolver nosotros mismos mediante instrumentos de consulta. ¿Cuáles crees que te podrían ayudar en esta unidad?

◯ Diccionario   ◯ Internet   ◯ Libros   ◯ Otros recursos

4. ¿Qué área te gustaría estudiar más detenidamente en la siguiente unidad?

◯ Vocabulario   ◯ Cultura corporativa   ◯ Información económica   ◯ Otros recursos

5. Tu trabajo personal en esta unidad ha sido... (marca lo que corresponda)

◯ Bueno   ◯ Malo   ◯ Regular   ◯ Podría mejorar

En caso de marcar la última casilla, piensa de qué manera lo podrías mejorar.

_____

_____

_____

Unidad 7

ESPAÑA: El sistema financiero

AMÉRICA LATINA: Venezuela

Sección	Tema
España en su economía	El sistema financiero
La prensa informa	Las instituciones crediticias españolas
Así nos ven, así nos vemos	Rasgos culturales del negociador venezolano
Viaje a la economía de América Latina	Panorama de los sectores económicos venezolanos
Zona Web	España: El Banco de España
	Venezuela: Ministerio del Poder Popular para la Agricultura y Tierras

7.1.A. Preparación

1. ¿Conoces el cuento de *La Cigarra y la Hormiga*? Si es así, indícale al resto de la clase lo siguiente:

– ¿Qué cualidades o defectos tenía cada animal?

– ¿Cuál es la moraleja de la historia?

2. La palabra "ahorro" se puede referir a diferentes ámbitos. ¿Podrías establecer una conexión entre el medio ambiente y el ahorro?

7.1.B. Texto

EL SISTEMA FINANCIERO

EL sistema financiero está formado por las instituciones que gestionan y canalizan las disponibilidades de fondos en todo el país hacia el crédito y la inversión distinta de la autofinanciación. Esos organismos son el Banco de España o banco emisor del estado; la banca pública, prácticamente privatizada en la actualidad y donde solo sobrevive el ICO (Instituto de Crédito Oficial) como agencia financiera del Gobierno y banco de desarrollo. La banca privada y, en menor medida, las cajas de ahorro son hoy los auténticos motores del sistema financiero nacional. Aun cuando sea verdad que las dos últimas absorben la mayor parte de los fondos disponibles en España, no es menos cierto que una parte significativa de ese capital se dirige también hacia la bolsa de valores, bien directamente, bien a través de las propias instituciones de crédito (bancos y cajas). Existen otros operadores vinculados al sistema financiero, pero su papel es más limitado. Merecen destacarse, por ejemplo, las instituciones de inversión (mobiliaria e inmobiliaria, planes y fondos de pensiones) y las compañías de seguros, reaseguros y corredores de seguros.

El Banco de España, como cualquier banco central de un país soberano, ha tenido históricamente atribuciones muy importantes: brazo ejecutor de la política monetaria del Gobierno y de la Administración Pública (hasta 1994); instrumentación de las políticas de tipo de cambio; emisión y puesta en circulación (o retirada) de billetes o moneda metálica; definición y ejecución de la política monetaria del país. Sin embargo, la plena integración española en el proyecto de la moneda única en la Unión Europea ha supuesto que las tareas antes descritas dependan hoy día de la toma de decisiones del Banco Central Europeo, con sede en Fráncfort. En ese sentido, el nuevo papel del Banco de España ahora consistirá en velar por la correcta aplicación de esas medidas en su territorio. Pese a todo, aún le quedan algunas competencias más o menos exclusivas: el servicio de tesorería y agente financiero de la deuda pública, la supervisión y control de las entidades financieras que operan en España o la administración de las reservas internacionales de divisas.

En los últimos 25 años la banca privada española ha experimentado una serie de transformaciones espectaculares: la más importante ha sido el proceso de concentración, que ha culminado con la creación de dos grandes grupos de dimensión mundial, Santander y BBVA (Banco Bilbao Vizcaya Argentaria). Estos dos gigantes financieros se han convertido en dos grupos líderes en el sector bancario de América Latina y Europa, además de transformarse en los artífices de la internacionalización de la banca española en su conjunto. Los

demás bancos están a una gran distancia en tamaño con respecto a estos dos, pero llama la atención el caso del Banco Popular, pues a pesar de ser una entidad mediana, lideró durante varios años el *ranking* de la banca más rentable del mundo. En cuanto a la banca extranjera, opera en España desde 1978 (y sin restricciones desde 1992), pero la fortaleza, capacidad de adaptación y competitividad de la banca española han hecho que el conjunto de este sector haya obtenido unos resultados muy limitados y, en algunos casos, haya tomado la decisión de abandonar el país.

Una mención muy especial se merecen las Cajas de Ahorro, toda una institución en España con profundas raíces sociales y emotivas. Nacieron a finales del siglo XIX y principios del XX, promovidas por personalidades o instituciones locales para luchar contra la usura que sufrían los más pobres y los pequeños agricultores en años de malas cosechas. Poco a poco estas instituciones de crédito crecieron en número y se extendieron por todo el territorio nacional. De ese modo se ganaron la confianza de esas clases humildes que se transformaron después en la potente clase media de hoy día, pero manteniendo su fidelidad a esas entidades que les ayudaron, por ejemplo, a obtener créditos hipotecarios en condiciones ventajosas. En el momento actual estas entidades se hallan en una crisis muy profunda como consecuencia del colapso financiero que se inició en 2008. La gran mayoría se ha fusionado en grupos mayores o se han transformado en bancos comerciales. Históricamente, estas entidades tenían que preservar una inversión media del 25% de sus beneficios en obras sociales y hasta 2010 compitieron con gran éxito frente a la banca privada, llegando a captar más de la mitad de los recursos ajenos del sistema bancario (excepto los fondos de inversión). En décadas anteriores el Estado les permitió primero operar más allá de sus límites provinciales e, incluso, regionales, y después tuvieron que adentrarse (al igual que el resto del sector bancario) en un profundo proceso de transformación para aumentar su competitividad. De hecho, hubo dos "Supercajas", Cajamadrid y La Caixa, que estaban entre las cinco entidades financieras más potentes del país. Actualmente sólo queda La Caixa entre las grandes, puesto que la caja madrileña tras convertirse en el grupo Bankia ha estado al borde de la quiebra y tuvo que ser rescatada por el Estado para salvar el sector financiero español en su conjunto.

Finalmente, la Bolsa es el centro del mercado de valores donde se negocian las acciones y obligaciones de las sociedades admitidas a cotización (principalmente empresas y bancos españoles, aunque también cotizan algunas compañías extranjeras). La regulación del mercado se basa en el modelo anglosajón, centrado en la protección de los pequeños inversores y del mercado mismo. Existe un único mercado de valores, informatizado y centralizado, *mercado continuo*, en el que se penaliza el uso de información privilegiada. El organismo que supervisa el buen funcionamiento del sistema y tiene que hacer cumplir la ley es la Comisión Nacional del Mercado de Valores. La Bolsa española incluye asimismo mercados regulados de opciones y futuros y un mercado secundario de negociación de activos de renta fija. Actualmente, nuestra Bolsa ocupa el décimo lugar del mundo por volumen de contratación.

7.1.C. ¿Qué sabes tú?

1. Ordena estas ideas para definir el sistema financiero.

☐ a) captando recursos de los ahorradores

☐ b) actúan como intermediarios,

☐ c) Conjunto de instituciones que

☐ d) y encauzándolos hacia la financiación.

Definición:

El sistema financiero: ....

....

....

2. Completa las oraciones con el término correcto de los tres que se ofrecen.

1. El sistema financiero está formado por .... que gestionan y canalizan los fondos.

   ☐ a) empresas   ☐ b) instituciones   ☐ c) bancos

2. La banca privada y las cajas de ahorros absorben la mayor parte de los .... disponibles en España.

   ☐ a) bancos   ☐ b) inversores   ☐ c) fondos

3. Una parte significativa del .... se dirige también hacia la Bolsa de Valores.

   ☐ a) capital   ☐ b) presupuesto   ☐ c) desarrollo

4. Las instituciones de inversión y las compañías de seguros son otros .... vinculados al sistema financiero.

   ☐ a) negocios   ☐ b) operadores   ☐ c) socios

5. Los bancos y las .... son otras instituciones de crédito dentro del sistema financiero.

   ☐ a) fábricas   ☐ b) deudas públicas   ☐ c) cajas

6. El Instituto de Crédito Oficial actúa como .... financiera del gobierno y banco de desarrollo.

   ☐ a) agencia   ☐ b) asesora   ☐ c) cliente

7. Las instituciones que .... el ahorro son entidades financieras.

   ☐ a) crean y transforman   ☐ b) definen y gestionan   ☐ c) gestionan y canalizan

8. El Banco de España .... la política monetaria.

   ☐ a) ejecuta   ☐ b) mantiene   ☐ c) asesora

3. Indica cuáles de las atribuciones indicadas a continuación corresponden al Banco de España, al Banco Central Europeo o a ambos.

	Banco de España	Banco Central Europeo	Ambos
1. Emitir y poner en circulación los billetes o las monedas.			
2. Definir y ejecutar la política monetaria del gobierno.			
3. Supervisar y controlar las entidades financieras que operan en España.			
4. Instrumentar las políticas de tipo de cambio.			
5. Ser agente financiero de la deuda pública.			
6. Administrar las reservas internacionales de divisas.			

4. Señala qué afirmaciones son verdaderas o falsas.

		V	F
1.	El Banco Bilbao Vizcaya Argentaria y el Banco Santander son dos grandes grupos de la banca privada española.	☐	☐
2.	La banca extranjera en España ha obtenido unos resultados ilimitados debido a la competencia.	☐	☐
3.	El Banco Popular, pese a ser una entidad mediana, fue en el pasado y durante unos años uno de los bancos más eficientes del mundo.	☐	☐
4.	Las cajas de ahorros fueron promovidas hacia finales del siglo XX por la clase alta y pudiente.	☐	☐
5.	El 25% de los beneficios de las Cajas de Ahorros está dedicados a obras sociales.	☐	☐
6.	Los créditos hipotecarios concedidos a los pequeños agricultores fueron el inicio de las cajas de ahorros.	☐	☐
7.	La Caixa es una "Supercaja" que está entre las cinco entidades financieras más potentes del país.	☐	☐
8.	La Bolsa de Valores es la institución económica en la que se negocian acciones, obligaciones, fondos sociales, etc.	☐	☐
9.	La regulación del mercado bursátil está basada en el modelo anglofrancés, centrado en la protección de los pequeños inversores y del mercado mismo.	☐	☐
10.	La Comisión Nacional del Mercado de Valores supervisa el buen funcionamiento del sistema y hace cumplir la ley.	☐	☐
11.	El uso de información privilegiada es una de las normas legales para negociar en bolsa.	☐	☐

7.2. LA PRENSA INFORMA

7.2.A. Prelectura   *"Poderoso caballero es Don Dinero"*

1. **Como habéis podido observar, esta sección está encabezada por un refrán típico español. Indica al resto de la clase qué trata de sugerirnos. ¿Puedes pensar en un refrán de tu país que indique la misma idea?**

7.2.B. Textos

En el artículo y en la breve reseña que se incluyen en esta sección vamos a aproximarnos a la reciente evolución de las instituciones crediticias más importantes del país. Por una parte, la adaptación de la banca privada española al reto del mercado único europeo ha superado todas las expectativas posibles y, por otra, la incertidumbre de las cajas de ahorros ante su papel definitivo en el panorama financiero.

Posiblemente la mejor banca del mundo

Hasta hace pocos años era frecuente especular sobre cuántas entidades financieras españolas serían capaces de sobrevivir al proceso de reducción de márgenes, de liberalización del mercado y de convergencia europea al que inexorablemente tuvieron que enfrentarse. Al iniciarse el siglo XXI, las entidades financieras españolas han sido consideradas por sus competidores de todo el mundo como un modelo de gestión, y varias han sido clasificadas recientemente por la revista especializada *The Banker* como ejemplos mundiales de solvencia y eficacia.

Lo más significativo es que, a pesar de la gran competitividad, las entidades financieras españolas consiguieron muy positivos ratios de rentabilidad, gracias fundamentalmente a un conjunto de distintos factores, entre los que nos gustaría destacar los dos siguientes:

• *Una acertada diversificación del negocio bancario.* Nuestros bancos y cajas de ahorros lideraron el proceso de desintermediación financiera en el mercado español (han mantenido, por ejemplo, muy altas cuotas de mercado en la distribución de fondos de inversiones y de pensiones y de otros productos de seguros y en el mercado de valores) y expandieron su negocio, tanto sectorial como territorialmente.

• *Su elevada eficiencia operativa.* Aun cuando España es un país muy bancarizado (lo que se refleja en el elevado peso de los activos bancarios sobre el PIB nacional y en la amplia red de oficinas), su sistema financiero ha sido capaz de mantener ratios de eficiencia comparables a los de entidades radicadas en países dotados de una legislación laboral más flexible que la nuestra. Esta alta eficiencia operativa, a diferencia de otros países, se ha debido a la creación de uno de los sistemas de medios de pago más eficaces (el Sistema Nacional de Compensación Electrónica), ya que gestiona el 99% de las operaciones intrabancarias. Además, las entidades de crédito españolas se han puesto a la vanguardia del desarrollo tecnológico, dotándose de sistemas transaccionales que permiten la interconexión *on line* de las oficinas con los servicios centrales o la actualización inmediata de las bases de datos de clientes.

Adaptación del artículo de Fernando Ruiz y Héctor Flórez publicado en *El País Negocios*

Obra social frente a privatización

Las cajas elevan la OBS (Obra benéfico-social) un 12,5%, ante las voces a favor de que sean sociedades anónimas

Cuando son cada vez más las voces que se alzan pidiendo un cambio jurídico para las cajas de ahorros que les lleven, en la práctica, a funcionar como sociedades anónimas, bien sea bajo la fórmula de fundaciones u otras similares, las cajas han mandado un mensaje nítido al mercado para despejar cualquier tentación privatizadora: cada vez revertimos más dinero a la sociedad. ¿Cómo? A través de la obra benéfico-social (OBS). "Esta es una de las pocas opciones que actualmente existen para que muchos proyectos educativos, sanitarios, culturales y deportivos vean la luz", comenta un experto. La ley obliga a las cajas de ahorros a destinar a obra social los beneficios que resten una vez pagado el impuesto de sociedades y efectuadas las correspondientes dotaciones a reservas (aproximadamente el 75% del beneficio). Ese porcentaje garantiza la solvencia de la entidad, ya que no les está permitido ampliar capital, pero tampoco tiene accionistas ante los que haya que rendir cuentas.

Adaptación del artículo de Miguel Ángel García Vega publicado en *El País Negocios*

1. Después de haber leído el texto "Posiblemente la mejor banca del mundo", completa los huecos del siguiente esquema.

Evolución de la banca española

1. Superación de la { liberalización del mercado competencia extranjera

....

....

2. ....

    a. diversificación { desintermediación { ....

.... { territorial

....

b. .... { creación de sistemas de medios de pago

....

2. A continuación te damos una serie de pasos para poder abrir una cuenta bancaria en España. Las diferentes fases están desorganizadas. Por lo tanto, tendrás que utilizar la conversación entre el banquero y el cliente para organizarlas debidamente.

☐ 1. Pides una cuenta para pagar con cheques.

☐ 2. Le dices que quieres una cuenta estándar.

☐ 3. Llevas la identificación personal.

☐ 4. El ayudante te pregunta qué tipo de cuenta quieres.

☐ 5. Vas a cualquier banco y hablas con un ayudante.

☐ 6. Tienes que rellenar un formulario.

Banquero: ¡Buenos días! ¿En qué le puedo servir?

Cliente: Quisiera abrir una cuenta corriente. ¿Me podría informar de los tipos que hay?

Banquero: Muy bien. Le podemos ofrecer dos tipos. Primero tenemos el estándar: puede emitir cheques sin límites y no se exige balance mínimo por un costo de mantenimiento de 50 euros al mes. El segundo es el Platino: también como el otro, sin límites de emisión de cheques aunque se debe mantener un balance mínimo de 5000 euros, pero este tipo no tiene ningún costo de mantenimiento.

Cliente: Creo que el que más me interesa es el estándar, por favor.

Banquero: ¡Cómo no! Rellene este formulario, por favor.

Cliente: ¡Oh! ¿Cuánto es la tasa de interés para las cuentas de ahorros en este banco?

Banquero: La tasa anual es del 4,5%. ¿Le interesaría abrir una cuenta?

Cliente: ¿Ofrecen cuentas en euros solamente?

Banquero: Sí, por supuesto. Sería bastante conveniente tener una en caso de pagar por cheque.

Cliente: Lo voy a pensar. Aquí tiene el formulario.

Banquero: ¿Me permite su DNI? Necesito hacerle una fotocopia.

Cliente: Solamente tengo el pasaporte. ¿No es suficiente?

Banquero: Sí, no hay problema.

Cliente: ¿Usted cree que necesitaré algo más?

Banquero: Por lo pronto, no. En caso afirmativo ya le llamaremos.

Cliente: Si es posible, no quisiera tener que volver. Me he tomado la tarde para esto.

Banquero: Déjeme preguntarle al gerente. Espere un momento, por favor.

Texto adaptado de la página web: http://www.businessspanish.com

3. **¿Podrías explicar por qué las cajas de ahorros destinan sus beneficios a obras sociales?**

4. **¿Conoces alguna organización sin ánimo de lucro en tu país? ¿Podrías explicar al resto de la clase qué objetivos cumple?**

7.2.D Libertad de expresión

1. **Tú eres miembro de una organización social que ayuda a los jóvenes en zonas socialmente deprimidas. Tu organización realiza actividades lúdico-deportivas para estos jóvenes; por ejemplo, organiza competiciones de fútbol, baloncesto, etc., así como exposiciones de pintura, cerámica, etc., que han sido creadas por ellos. Escribe una carta solicitando el patrocinio de una caja rural para poder subvencionar los costes de estas actividades.**

Indica en la carta:

- Información sobre tu organización.

- A qué tipo de gente ayudáis.

- Los fines de la organización.

- La importancia de vuestros proyectos, etc.

1. A la hora de hacer negocios en tu país: ¿de qué temas es mejor que no opine un negociador extranjero?

2. ¿Cuál es la posición de la mujer en puestos elevados en tu país? ¿Qué trato suele recibir por parte de un colega masculino?

EN VENEZUELA

La dependencia excesiva del petróleo, las extremas diferencias socioeconómicas y una historia plagada de dictadores y políticos corruptos explican que un país inmensamente rico en recursos ofrezca unos pobres resultados en cuanto a un desarrollo económico equilibrado. Esto hace que los venezolanos vean con pesimismo el futuro y se muestren extremadamente críticos con su clase dirigente. Sin embargo, a la hora de hacer negocios en este país, el visitante debe abstenerse de opinar sobre la política, la vida privada, la religión o las diferencias sociales. Respecto a este último aspecto, es frecuente constatar cómo las clases acomodadas en Venezuela creen tener perfecto derecho a disfrutar de los privilegios que acompañan a su posición. Los temas ideales de conversación se refieren a una visión positiva de la historia y las artes, las excelencias culinarias y naturales del país, sin olvidar los deportes (el béisbol y el fútbol).

Al igual que en otros países de la zona, es muy importante dedicar tiempo y conversación a conocerse mutuamente antes de tratar directamente los negocios. Intercambiar las tarjetas de presentación es muy importante al inicio de las relaciones profesio-

nales y también indicar en ellas muy claramente el rango y la posición que se ocupa en la empresa, ya que los empresarios venezolanos suelen valorar mucho el nivel de su interlocutor. Para aquellos que proceden de países donde no se habla español resulta muy práctico el imprimir las tarjetas en español por una de las caras. Suele dar buenos resultados. Tampoco deben iniciarse los contactos empresariales de manera independiente. Servirse de intermediarios venezolanos para que le introduzcan a uno en los círculos de interés es mucho más eficaz.

Los negocios deben plantearse más a largo plazo y menos pensando en obtener resultados inmediatos. La jerarquía es muy importante, sobre todo cuando la mayoría de las empresas son de carácter familiar y los miembros más veteranos de la misma son los que toman decisiones. Sin

embargo, en las empresas de otro tipo suele haber estilos bastante diferentes, sobre todo cuando sus dirigentes son más jóvenes y han estudiado fuera del país. En uno y otro caso debe tenerse en cuenta que al venezolano le gusta «dirigir» o llevar el peso de la reunión y, aunque sean receptivos a nuevas ideas o propuestas, no suelen cambiar de opinión fácilmente.

Las reuniones deben confirmarse con varios días de antelación (por fax o *e-mail*). La puntualidad es más importante de lo que se pueda pensar en un contexto latinoamericano. Tanto en las reuniones de trabajo como en las de carácter social llegar a tiempo, incluso un poco antes de la hora, será un gesto que no pasará desapercibido. Las cenas de trabajo son frecuentes y obligadas, pero, ¡ojo! no sería conveniente hablar de negocios hasta que el anfitrión venezolano lo sugiera. Los almuerzos de trabajo tienen un carácter más profesional y suelen realizarse entre las 12:00 y las 14:00 horas. Ofrecer un regalo en una cena o almuerzo es conveniente (accesorios de oficina con el nombre de la empresa, bombones o licores). En caso de llevar flores, la orquídea es ideal, pues es la flor nacional. ○○⇨

Un rasgo en el que Venezuela se diferencia de otros países del entorno es que se pueden encontrar muchas mujeres en puestos elevados, tanto en el sector público como en el privado. Por lo tanto, el venezolano está bastante acostumbrado a hacer negocios con mujeres. A pesar de lo afirmado, el machismo también es frecuente y no son de extrañar los gestos muy galantes o paternales cuando se negocia con una mujer. Tampoco debemos olvidar que los venezolanos también suelen mirar directamente a los ojos, aproximarse mucho a su interlocutor y, al igual que los argentinos o los mejicanos, son también muy sensibles a la moda de estilo europeo y a la distinción en el vestir, pero siempre dentro de un cierto clasicismo.

7.3.C. Actividades

1. **Lo protocolario de las reuniones en Venezuela. De los siguientes rasgos protocolarios: ¿cuáles corresponden a un negociador venezolano y cuáles no?**

	Sí	No
1. El tema de la negociación se aborda rápida y directamente.	☐	☐
2. Los negocios se plantean a corto plazo pensando en obtener resultados inmediatos.	☐	☐
3. La jerarquía es muy importante y son los miembros más veteranos quienes suelen tomar las decisiones.	☐	☐
4. El venezolano prefiere dirigir el peso de la reunión y no suele cambiar de opinión.	☐	☐
5. Es muy importante dedicar tiempo y conversación a conocerse antes de abordar directamente los negocios.	☐	☐
6. Los contactos se emprenden de manera independiente, sin que intervengan intermediarios que le introduzcan en los círculos de influencia.	☐	☐
7. Las tarjetas de presentación tienen relativa importancia al inicio de las relaciones profesionales.	☐	☐
8. A diferencia de otros países no es necesario dejar claro el rango y la posición del negociador extranjero.	☐	☐

2. Lo social de las reuniones en Venezuela. Aunque no haya que exagerar en la exactitud de cada respuesta, de las diferentes opciones que se te ofrecen elige la más correcta para completar las frases.

1. Las reuniones deben confirmarse con (a) .... (b) ....

    a) ☐ 1. una semana   b) ☐ 1. de anterioridad
        ☐ 2. varios días   ☐ 2. de antelación
        ☐ 3. unos meses   ☐ 3. antes

2. La puntualidad es (c) .... de lo que se pueda pensar en un contexto latinoamericano.

    c) ☐ 1. tan importante   ☐ 3. más importante
        ☐ 2. menos importante   ☐ 4. mucho más importante

3. Los (d) .... de trabajo tienen un carácter más (e) ....

    d) ☐ 1. desayunos   e) ☐ 1. personal
        ☐ 2. almuerzos   ☐ 2. privado
        ☐ 3. cenas   ☐ 3. profesional

4. Ofrecer un regalo en una cena o almuerzo es (f) ....

    f) ☐ 1. inusual   ☐ 3. conveniente
        ☐ 2. inevitable   ☐ 4. imprescindible

5. Tampoco debemos olvidar que los venezolanos suelen mirar directamente a los ojos y (g) .... mucho a su interlocutor.

    g) ☐ 1. hablar   ☐ 3. rodear
        ☐ 2. alejarse   ☐ 4. aproximarse

3. Aquí tienes el organigrama en la jerarquía de una empresa. Termina de completar los cargos que te ofrecemos según el orden de importancia.

- Jefe de ventas
- Director de personal
- Director de producción
- Director financiero
- Director de *marketing*
- Jefe de personal
- Jefe de producción
- Director general de división
- Jefe de explotación
- Adjunto al director general
- Jefe de sección
- Subdirector

Consejo de Administración

Presidente

Director general

7.4. VIAJE A LA ECONOMÍA DE AMERICA LATINA

VENEZUELA

Extensión geográfica (km²)	916 442 km²
Población (millones)	28,2
Capital de país	Caracas (5 millones de habitantes)
Otras ciudades importantes	Maracaibo (2,8 millones), Valencia (1,8 millones de hab.), Maracay, Barquisimento
Densidad demográfica	30 hab./km²
Sistema de gobierno	República presidencialista
Moneda	Bolívar
PIB (per cápita)	$11 300

7.4.A. Panorama de los sectores económicos

1. Prelectura: ¿sabrías decir, a priori, en qué recursos crees que Venezuela es rica?

2. Texto.

La República de Venezuela posee un extenso territorio, donde una quinta parte es superficie agraria y el 52% bosques. Por la proximidad del país al Ecuador, puede decirse que no hay más que dos estaciones, una seca y otra lluviosa. En el plano de la economía, esta nación ocupa el quinto lugar de América Latina por su tamaño e importancia, además de ser el segundo mayor productor de petróleo del continente (tras México) y uno de los mayores del mundo de gas natural. Durante décadas, ha sido uno de los países de mayor desarrollo de la zona, atrayendo un gran flujo de inmigración. Desde finales de los años veinte, el petróleo ha constituido la base de la economía venezolana y su desarrollo se ha visto muy condicionado por los movimientos en el mercado internacional del crudo. El Estado desempeña un papel muy relevante en la economía por su control de la renta petrolera y por las numerosas empresas públicas en todos los sectores de actividad. El proceso privatizador en el marco del plan de ajuste económico "Agenda Venezuela" fue auspiciado por el FMI (Fondo Monetario Internacional), pero su realización se detuvo entrado ya el siglo XXI por la evolución política en el país.

En los últimos tiempos el sector agrario aportó un 5% del PIB y empleó al 10% de la población activa. La agricultura se desarrolla únicamente en un 20% de la superficie del país y contribuye en torno al 40% de los ingresos del sector. La contribución de la ganadería a dichos ingresos se aproxima al 50% y la de la pesca y la actividad forestal se acerca en conjunto al 10%. El sector sufre desde siempre por una mala gestión y una comercialización inadecuada, además de verse lastrado por los bajos precios, la falta de capital y el empleo de técnicas obsoletas. Desde abril de 1996, en que entraron en vigor las medidas de la Agenda Venezuela, se han ido liberalizando todos los controles de precios (harina de maíz, leche en polvo, huevos, pan, pollo, café, etc.). Los principales cultivos son la caña de azúcar, el arroz, el maíz y el sorgo. El café y —en menor grado— el cacao son las principales cosechas de exportación.

Los recursos minerales del país son muy considerables aunque, a excepción del petróleo y la bauxita, apenas están explotados. La actuación sobre las importantes reservas de mineral de hierro, carbón y oro se ha desarrollado considerablemente a lo largo de la última década. Otras valiosas reservas de uranio, níquel, fosfato, cobre, cinc, plomo y plata empezarán a explotarse en este nuevo siglo. Venezuela aporta en torno al 4 % de la producción mundial de petróleo (10% en 1967) y dispone del 7,3% de las reservas conocidas. La industria petrolera es la principal industria de la economía venezolana, representa el 25% de PIB, el 80% de sus exportaciones (porcentaje que varía mucho en función de la cotización internacional del crudo) y cerca del 60% de los ingresos públicos. Nacionalizada en 1976, está en manos de la gran empresa multinacional Petróleos de Venezuela (PDVSA), y tiene una capacidad de producción y/o refino de 2,4 millones de barriles diarios. A partir de 1995 se inició un tímido proceso de apertura petrolera que implicó que se cedieran los derechos operativos de diversos campos petroleros a compañías privadas (entre ellas la española Repsol).

Los réditos del petróleo permitieron a Venezuela desarrollar su industria relativamente pronto. La inversión pública se concentró durante los años sesenta en la creación de una industria de bienes de consumo y manufacturas metálicas, orientándose en los setenta hacia la industria pesada basada en el acero y aluminio, a la que se añadió la petroquímica en los ochenta. La privatización de las industrias básicas del acero y aluminio, cuyo proceso privatizador fue iniciado con anterioridad, es uno de los retos más importantes del país. Los sectores industriales más prometedores en la actualidad son el del automóvil y, sobre todo, el petroquímico, en plena expansión gracias a la inversión privada.

El sector servicios aporta casi el 30% del PIB. Los servicios públicos se muestran muy dependientes de la evolución de la renta petrolera que percibe el Estado. El sector turístico, prácticamente sin explotar, presenta gran futuro. Respecto a la distribución de bienes de consumo, se están extendiendo con rapidez las grandes superficies con su implantación en ciudades pequeñas (no solo en el área metropolitana de Caracas o en Maracaibo). En cuanto a otros tipos de distribución, los canales son muy imperfectos (con las fábricas alejadas de los mercados interiores) y eso favorece la proliferación de intermediarios que obtienen elevados márgenes de beneficio, más aún si se trata de bienes de importación.

Fuente: ICEX

3. Comprendiendo el texto. Responde a las siguientes preguntas.

a) ¿Cuál es la principal industria de la economía venezolana? ¿Es pública o privada?

b) Aunque la industria petrolera venezolana está en manos del Estado, se observan tímidos intentos de privatización. ¿Por qué crees que se inicia ese proceso y quién auspicia dicha privatización?

c) ¿Qué consecuencias crees que podría tener para la economía venezolana una gran bajada de los réditos del crudo?

d) El sector agropecuario y forestal solo ha aportado en los últimos tiempos un 5% del PIB; el texto indica cinco causas de ello, ¿puedes recordar al menos tres?

e) ¿Qué sectores industriales son los más prometedores en la actualidad?

f) ¿Qué supone para la economía venezolana el sector servicios?

g) El texto alude a todos los sectores de la economía puntera de Venezuela y a sus respectivas cantidades en porcentajes. Relaciona la actividad económica de la columna de la izquierda con el porcentaje que representa en la columna de la derecha.

Sectores productivos	Porcentajes de producción
Agricultura	25%
Pesca y sector forestal	7,3%
Industria petrolera	40%
Ganadería	10%
Reservas de petróleo	50%

h) ¿Cómo se ha producido el proceso de privatización en la economía venezolana y qué consecuencias puede tener su ralentización?

7.4.B. Bloc de notas para el hombre y la mujer de negocios

• La población venezolana está integrada por un 69% de mestizos, 20% de blancos, 9% de negros y 2% de amerindios. La minoría blanca ha sido la que ha acumulado desde siempre el poder político y económico. En cuanto a la inclinación religiosa, la mayoría de la población (96%) se define como cristiana, sobre todo católica.

• La red viaria venezolana, muy deteriorada, tiene unos 95 800 km de carreteras, de los que el 60% está pavimentado. El transporte interior de mercancías se realiza fundamentalmente por carretera y en condiciones de relativa inseguridad, dado que la red ferroviaria del país es mínima.

• El área metropolitana de Caracas constituye el principal foco de actividad económica y comercial del país, y concentra a una quinta parte de la población. También es importante Maracaibo, la segunda ciudad del país, y principal centro de la industria petrolera.

• El proceso de integración regional desarrollado por Venezuela en los últimos años está provocando una reestructuración de sus alianzas regionales y flujos comerciales. Así, en el año 2006 anunció su salida de la Comunidad Andina de Naciones (Pacto Andino) y la unión aduanera que esta suponía. Ese mismo año entró como miembro de pleno derecho en MERCOSUR.

• El Banco Central de Venezuela (1939) es el banco central del país. Su autonomía del poder ejecutivo es limitada. El sector bancario venezolano funcionó como oligopolio cerrado a la competencia exterior hasta la entrada en vigor, en enero de 1994, de la nueva Ley de Bancos. Como resultado del proceso de reestructuración y privatización del sector, aproximadamente el 40% del sistema financiero venezolano llegó a estar gestionado por entidades españolas. No obstante, los procesos de nacionalización del sistema financiero iniciados por el régimen político actual han cambiado radicalmente este panorama.

• Desde los años 90 está en curso un programa de liberalización de las importaciones, con un desarme arancelario progresivo. Se han eliminado los derechos específicos en función de peso o volumen. Prácticamente no hay ya restricciones cuantitativas. La importación de alimentos, bebidas, medicinas y cosméticos requiere, para su posterior comercialización, la inscripción de los distintos productos en el Registro Sanitario del Ministerio del Poder Popular para la Salud.

• El Impuesto al valor agregado tiene un tipo básico del 12%, que sufre recargos adicionales en el caso de los productos no esenciales.

• El periodo anual de vacaciones retribuidas es de quince días, y se incrementa a razón de un día más por año trabajado en la empresa hasta un máximo de treinta días. El periodo vacacional más usual va del 15 de diciembre al 15 de enero.

Actividades

1. La economía se divide en tres grandes sectores, según el tipo de elementos que la componen. Clasifica los que aparecen en la siguiente lista dentro de su correspondiente sector.

	Sector primario	Sector secundario	Sector terciario
1. crudo	☐	☐	☐
2. gas natural	☐	☐	☐
3. turismo	☐	☐	☐
4. tecnología	☐	☐	☐
5. minerales	☐	☐	☐
6. madera	☐	☐	☐
7. metal	☐	☐	☐
8. industria	☐	☐	☐
9. agricultura	☐	☐	☐
10. petróleo	☐	☐	☐
11. bienes de consumo	☐	☐	☐
12. comercio	☐	☐	☐

2. Vamos a retomar esta sección (Bloc de notas) de las unidades 3 (Chile) y 6 (Colombia). Revisa las cifras indicadas y compara los datos entre estos tres países. Finalmente explica –a tu juicio– las razones de las diferencias que puedan existir.

	COLOMBIA	VENEZUELA	CHILE
red viaria			
impuestos			
población			
la Banca			

3. ¿Cuáles son los principales socios comerciales de Venezuela? ¿Qué tipo de productos tiene que importar?

4. Lo que en España conocemos como IVA, ¿qué nombre recibe en Venezuela? ¿Cuál es su tipo básico?

"LOS VENEZOLANOS NO TOCAN LAS CACEROLAS"

[Extracto de una entrevista hecha al antiguo presidente de Venezuela, Hugo Chávez, que a partir de 1998 impuso un régimen presidencialista que le facilitó ganar todas las elecciones desde esa fecha hasta su fallecimiento en 2013]

Venezuela tiene todas las condiciones para ser uno de los grandes países de América, un país que debería tener una democracia sólida, una gran clase media. Sin embargo, es un país partido en pedazos. Mire los cerros de Caracas, llenos de ranchitos (chabolas). Esa gente está excluida. Es producto de una división causada por un sector minoritario enriquecido que creyó que iba a vivir bien a expensas de la miseria de los demás. (...) Con una pobreza del 80% y un desempleo de casi el 20%, con millón y medio de déficit de vivienda, millones de niños desnutridos y sin escuela, salarios deprimidos, una deuda social acumulada, deudas laborales de 25 años... Eso no tiene solución a corto plazo.

Adaptación de la entrevista al presidente Hugo Chávez realizada por Carlos Salas en la revista *Capital*

Los pasos de Venezuela hacia la crisis

[Crónica de algunas de las causas que condujeron al intento de golpe de estado en Venezuela en marzo de 2002]

EL cielo amenazaba tormenta desde hacía meses, pero fue en la primera quincena de diciembre cuando la crisis política estalló en Venezuela alrededor del presidente Hugo Chávez. El elemento desencadenante fue la aprobación del paquete de 49 leyes económicas que el Gobierno estableció bajo la protección de la Ley Habilitante, que le autorizaba a deliberar sobre cuestiones que habitualmente son competencia exclusiva del Congreso. Las leyes, unidas por una visión política muy orientada al Estado, y el traspaso al sector público de algunas competencias que antes pertenecían al sector privado, molestaron tanto el sector empresarial del país como a los trabajadores **sindicalizados**.

Entre ellas, la medida que suscitó más polémicas fue sin duda la Ley de Tierra, con la que el Gobierno se autorizaba a imponer a los propietarios de tierra el tipo y la cantidad mínima de cultivos que tenían que plantar en sus propiedades y a **expropiar** los **latifundios** sin cultivar para darlos a los campesinos pobres. Es probable que el rechazo del mundo empresarial hacia esta norma no dependiera solo de las consecuencias prácticas en la distribución de los terrenos cultivables del país. De hecho, como preveían algunos expertos, tres meses después de la entrada en vigor de la Ley de Tierra, las expropiaciones de latifundios sin cultivar han sido relativamente pocas. Pero los **terratenientes** y empresarios vieron en esta ley un ataque contra la propiedad privada, lo que les llevó a tomar aún más las distancia de la Administración de Chávez.

Adaptación del artículo de Michela Romani en el diario electrónico *América Económica*

Actividades

1. ¿Qué problemas sociales sufre Venezuela?

2. Las zonas marginales de una gran urbe están constituidas por miles de habitáculos sin condiciones mínimas de habitabilidad. De la siguiente lista de tipos de vivienda señala cuáles son las más pobres.

a) ☐ chabola   c) ☐ chalét   e) ☐ cabaña   g) ☐ hacienda   i) ☐ cortijo

b) ☐ choza   d) ☐ fabela   f) ☐ caseta   h) ☐ apartamento   j) ☐ ranchito

3. ¿Cuál fue el elemento desencadenante de la crisis política de Hugo Chávez descrita en el segundo artículo?

4. ¿De qué organismo intentó Chávez apropiarse las atribuciones?

5. Explica cómo es en tu país la división de la tierra en el sector agrícola. ¿Existe la figura del terrateniente? En el caso de Venezuela, ¿qué soluciones se podrían aplicar? ¿Quién debería llevar a cabo esas soluciones?

6. ¿Cómo se suele llamar la estructura de la propiedad de un terrateniente?

a) ☐ chabola   b) ☐ terreno   c) ☐ latifundio   d) ☐ minifundio

7. ¿Qué amenaza implícita vieron los empresarios y terratenientes en la Ley de Tierra del presidente Chavez? Señala la respuesta correcta.

a) ☐ Pérdida de privilegios sociales.

b) ☐ Detrimento en el control del comercio.

c) ☐ Ataque contra sus beneficios agrarios.

d) ☐ Ataque contra la propiedad privada.

e) ☐ Disolución de los antiguos principios feudales.

7.5. ZON@ WEB

7.5.A. España

En esta ocasión vamos a intentar conocer más profundamente una de las entidades bancarias más importante del país, el Banco de España. Nos vamos a la siguiente dirección:

www.bde.es

Actividades

1. Ahora hacemos clic en *Sobre el banco* (situada en el tope de la columna de la izquierda). Primero haremos clic en *Historia* e intentaremos hacer un resumen en el que especifiquemos los datos que consideremos de mayor relevancia.

2. A continuación, haremos clic en *Funciones* y conoceremos cuáles son los aspectos en los que esta entidad realiza sus tareas. Formaremos parejas y cada miembro se encargará de investigar en qué consiste cada una de estas funciones. Una vez que creáis que lo habéis comprendido todo, informaréis a vuestros compañeros del objetivo que se persigue por medio de cada función.

3. Ahora nos vamos a la página de inicio y hacemos clic en *Servicios*. Cuando estemos dentro, hacemos clic en *Servicio de Reclamaciones*. Aquí podrás encontrar toda la información necesaria para realizar una reclamación, motivos, trámites, etc. En clase y con la ayuda del profesor analizaremos detenidamente todas las fases que hay que realizar, así como el vocabulario que no comprendemos. Cuando todo se haya entendido, deberemos hacer grupos de tres en los que haya dos funcionarios del Banco de España y un/a cliente. Vamos a preparar un diálogo que luego vamos a representar en clase, en el cual tendremos que dejar claras todas las fases a seguir en una reclamación.

7.5.B. Venezuela

Vamos a conocer en esta ocasión el Ministerio del Poder Popular para la Agricultura y Tierras. La dirección Web de este organismo es la siguiente:

www.mat.gob.ve

Actividades

1. Para empezar hacemos clic en el enlace *Quiénes somos* que está situado en margen izquierdo de la página. En este enlace encontrarás información general de este organismo en cuestiones relacionadas con su misión y su visión. ¿Nos puedes indicar en qué consisten estos apartados?

2. Ahora vamos a ver qué información nos ofrece el enlace *Objetivos*. ¿Cuáles son los objetivos que persigue este organismo público venezolano?

Autoevaluación

1. Intenta reflexionar sobre las secciones que has comprendido mejor o peor. Para ello, intenta numerar cada una de ellas según el grado de comprensión obtenido. (Marca de 1 a 5 cada una de las secciones).

España en su economía	
La prensa informa	
Así nos ven, así nos vemos	
Viaje a la economía de América Latina	
Zona Web	

2. Una vez que ya has reflexionado sobre las secciones en general, intenta especificar las dudas que te han surgido en cada una de ellas.

España en su economía	
La prensa informa	
Así nos ven, así nos vemos	
Viaje a la economía de América Latina	
Zona Web	

3. A veces, hay dudas que podemos resolver nosotros mismos mediante instrumentos de consulta. ¿Cuáles crees que te podrían ayudar en esta unidad?

◯ Diccionario   ◯ Internet   ◯ Libros   ◯ Otros recursos

4. ¿Qué área te gustaría estudiar más detenidamente en la siguiente unidad?

◯ Vocabulario   ◯ Cultura corporativa   ◯ Información económica   ◯ Otros recursos

5. Tu trabajo personal en esta unidad ha sido... (marca lo que corresponda)

◯ Bueno   ◯ Malo   ◯ Regular   ◯ Podría mejorar

En caso de marcar la última casilla, piensa de qué manera lo podrías mejorar.

_____

_____

_____

Unidad 8

ESPAÑA: El sector turístico

AMÉRICA LATINA: América Central. Panamá

Sección	Tema
España en su economía	Turismo nacional y paradores
La prensa informa	Las instituciones crediticias españolas
Así nos ven, así nos vemos	Cualidades, valores y estilo de negociación de los directivos españoles
Viaje a la economía de América Latina	Panorama de los sectores económicos panameños
Zona Web	España: Ministerio de Industria, Energía y Turismo
	Guatemala: Ministerio de Economía

8.1.A. Preparación

1. **¿Qué opinas sobre esta afirmación?**

"El turismo es un sector vital para la economía de un país"

2. **¿Qué tipo de turismo se fomenta en tu país y cuál es el país de origen de los turistas?**

3. **¿Podrías pensar en organizaciones, empresas y profesiones relacionadas con el sector turístico?**

8.1.B. Texto

EL SECTOR TURÍSTICO

España cuenta con atractivos importantes para el turista extranjero. Los más destacados son el clima soleado del litoral mediterráneo, los tesoros artísticos y monumentales, la fiesta de los toros y un nivel de vida ligeramente inferior al de los países europeos más desarrollados. Por todo ello, no es de extrañar que desde los años 50 exista una corriente turística de enorme importancia hacia el país. Sin embargo, hay que señalar que, en proporción a la época, el turismo hacia España ya era bastante considerable antes de 1936. La Guerra Civil, la Segunda Guerra Mundial y las circunstancias políticas y económicas provocadas por estos conflictos hicieron que se abriera un largo paréntesis en el desarrollo turístico. El *boom* turístico de los años 50 y 60 fue uno de los pilares de la modernización española.

Las principales características del turismo extranjero en España son las siguientes: la estacionalidad, ya que la máxima afluencia de turistas se produce en los meses estivales de junio a septiembre. En cuanto al origen, de Francia, Reino Unido y Alemania proceden más del 60% de los turistas, lo que configura a nuestro país como de turismo netamente europeo (90% del total). Además, este sector tiene unas dimensiones económicas espectaculares. Su contribución al PIB superó por primera vez el 10% en 1996 y alcanza el 11% en la actualidad. También da trabajo al 10% de la población activa española (más de 1 700 000 empleos directos e indirectos) y su aportación a la balanza de pagos es fundamental para que esta alcance su equilibrio (habida cuenta de nuestro crónico déficit comercial).

Otros aspectos destacables de España en este sector es que se ha convertido en uno de los tres destinos turísticos más visitados del mundo, junto a Estados Unidos y Francia, dado que se superaron los 58 millones de turistas hacia finales de la primera década del siglo y ello supone casi un 7% del turismo mundial.

La vía usual de entrada es el avión, con tres cuartas partes de los registros, y continúa siendo el sol y la playa la razón fundamental de venir a España para un porcentaje elevado de turistas. Sin embargo, se está observando en los últimos tiempos cierta diversificación y desconcentración geográfica hacia comunidades autónomas tradicionalmente menos turísticas a los ojos del turista foráneo, como son Asturias, La Rioja, Aragón y Galicia. No debe olvidarse que los des-

tinos turísticos por excelencia han sido tradicionalmente las islas (Baleares y Canarias) y el litoral mediterráneo, principalmente la Costa Brava y el resto de la costa catalana, la Costa Blanca (Alicante, Benidorm, etc.) y la Costa del Sol (Málaga).

Los problemas del sector son históricos en algunos casos y estructurales en otros. La estacionalidad conlleva la desestructuración de la actividad productiva, ya que el turismo exige gran cantidad de mano de obra que procede de otras actividades (la disminución de la actividad agrícola suele coincidir en muchas regiones con la temporada alta turística). Asimismo, el modelo de oferta de sol y playa se va agotando gradualmente, aunque aún suponga el 70% del mercado español. Otra amenaza importante es el envejecimiento de la infraestructura hotelera, que en muchos lugares no se ha modernizado en las últimas décadas. Además, los precios "extrahoteleros" suelen ser excesivamente caros. Los restaurantes, bares, actividades recreativas, etc. suelen alcanzar niveles máximos de carestía en los meses de verano y en las zonas costeras.

Hasta hace poco el turismo en España había evolucionado en detrimento de los hoteleros españoles, sobre todo con la aparición de los *tour operator* británicos o alemanes que canalizaban un importante volumen de turistas en forma de viajes en grupo a través de vuelos *charter*. De este modo, controlaban la mayor parte de la demanda e imponían sus criterios a la oferta, homogeneizándola, abaratándola y provocando una notable pérdida de calidad. Sin embargo, un grupo de grandes cadenas hoteleras de capital español ha frenado esa tendencia y ha impulsado la recapitalización nacional del sector (Sol Meliá, Barceló, Rius, NH, AC, etc.). Esta situación se ha reforzado con el Plan Integral de Calidad del Turismo Español, impulsado desde la administración estatal, que persigue cuatro grandes objetivos:

– La consolidación del liderazgo español a través de la calidad.

– El desarrollo sostenible del turismo mediante incentivos a la protección medioambiental.

– La diversificación estacional de los flujos turísticos.

– La utilización de la rica herencia cultural de España y del mayor patrimonio histórico y artístico del mundo.

A pesar de estos esfuerzos, existen también nuevas ofertas en países altamente competitivos, que absorben una proporción creciente del propio turismo español, en naciones como: México, Cuba, República Dominicana y otras áreas del Caribe en América; Croacia, Marruecos, Túnez y Turquía en el Mediterráneo; Kenia y Tailandia en el Índico o los destinos exóticos del Pacífico.

8.1.C. ¿Qué sabes tú?

1. ¿Cuáles son los pilares del atractivo turístico español?

2. ¿En qué medida el turismo ha contribuido al sector económico español?

3. Como hemos visto en el texto, los Estados Unidos, Francia y España, son los tres destinos turísticos más solicitados a mundialmente. ¿Podrías pensar en qué aspectos coincide su oferta turística y en cuáles difiere?

4. El turismo español está experimentando en los últimos tiempos cierta diversificación, ¿por qué?

5. ¿Puedes completar el siguiente esquema a partir de la información que te ofrece el texto?

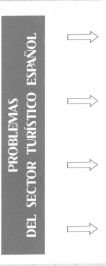

6. ¿Qué efectos negativos ha traído el predominio de los *tour* operadores británicos o alemanes al turismo español?

7. El plan estatal citado en el texto trata de solucionar una serie de problemas. ¿Puedes identificar los problemas con las soluciones que aporta dicho plan?

Problemas	Soluciones
1.	a) calidad
2.	b) herencia cultural
3.	c) diversidad estacional
4.	d) protección medioambiental

8.2.A. Prelectura

1. **El siguiente dicho es muy común en España porque agosto es el mes veraniego por excelencia. ¿Qué significado tiene para ti? ¿Existe en tu país una expresión similar?**

"Hacer el agosto."

8.2.B. Textos

En los dos breves artículos que hemos incluido en esta sección vamos a abordar dos temas que complementan la visión ofrecida en el texto de la sección anterior. En primer lugar, se va a realizar una incursión en las características del turismo nacional frente al turismo extranjero y, a continuación, se efectuará una aproximación a la mayor apuesta que ha hecho el estado español por ofrecer una imagen de calidad: los Paradores de Turismo.

El aumento de precios golpea más al turismo nacional

Las características de los españoles que más viajan confirman que el poder adquisitivo es un factor decisivo para viajar, tanto en términos de acceso para aquellos españoles de mayor renta como de precios. Los fuertes incrementos en precios, principalmente los hoteleros, repercuten de forma más acusada sobre el mercado nacional, al estar menos organizado y estructurado que el procedente del exterior (solo un 6% de los viajes turísticos interiores son **paquetes** completos contratados en agencias de viajes). En otros aspectos, los españoles no se diferencian mucho de los extranjeros a la hora de viajar. Su motivación básica es, lógicamente, el ocio y las vacaciones.

La costa mediterránea concentra la mayoría de los turistas nacionales, con preferencia por Andalucía, la Comunidad Valenciana y Cataluña, cuya cuota de mercado conjunta se estima próxima al 50%, tanto en turistas como en **pernoctaciones**. A pesar de ello, los turistas españoles distribuyen mejor sus viajes por todo el territorio nacional y eligen, en mayor medida que los extranjeros, destinos más relacionados con otros productos alternativos al sol y playa, con un turismo basado también en la cultura y el contacto con la naturaleza.

Adaptación del artículo de Águeda Esteban Talaya publicado en *El País Negocios*

ALOJARSE
es un placer

ALOJARSE en España puede ser uno de los momentos más agradables de un viaje a este país. La enorme variedad de la oferta contiene algunos establecimientos singulares como los Paradores de Turismo, un exquisito invento español que se ha exportado a otros países.

Los Paradores de Turismo fueron, sin duda, una de las apuestas visionarias de aquel inventor del turismo que fue el Marqués de la Vega Inclán, Comisario Regio de Turismo en tiempos de Alfonso XIII. La idea era buena: aprovechar algunos de los muchos monumentos repartidos por el país, a veces en estado ruinoso, y también los parajes naturales más singulares, estableciendo en ellos un alojamiento turístico que, en ocasiones, se convierte en la principal industria de la zona o motor de su desarrollo.

La cadena es enteramente de capital público. La apuesta pionera es, en la actualidad, de una variedad exquisita: más de 9000 camas, y el número de paradores se aproxima a los 95. En el sitio www.paradores.es y se puede realizar un viaje a través del tiempo y la fantasía.

Adaptación del artículo del mismo nombre publicado en la revista Ronda Iberia

8.2.C. Actividades

1. ¿Podrías pensar en las características que definen estas maneras de hacer turismo?

Turismo rural:

Turismo cultural:

Turismo de sol y playa:

Turismo académico y congresual:

2. ¿Cuál fue el objetivo del gobierno al crear los Paradores Nacionales?

3. Aquí tienes algunos de los eslóganes que el Ministerio de Turismo ha creado para promocionar España en el extranjero. En grupos, decidid cuál representa mejor la imagen de España y cread luego uno propio. Al final, decidiremos entre todos cuál es más fiel a lo que España puede aportar al turista.

España es diferente

todo bajo el **SOL**

la piel de **TORO**

ESPAÑA... algo más que un país

España, sin ir más lejos

4. Identifica estos conceptos con sus definiciones correspondientes.

> agencias de viajes • paquete turístico • *tour* operadores • mayoristas • chárter • *boom*

a) ....: intermediarios turísticos que venden sus productos a través de agencias de viajes. También pueden vender directamente al público cuando tienen oficinas propias.

b) ....: contratación de ciertos tipos de vuelos realizados por una empresa para un viaje determinado. Con este sistema se consigue normalmente una tarifa más baja que la del vuelo de línea regular.

c) ....: aumento o incremento inesperado y repentino de algo.

d) ....: empresas privadas que se dedican a prestar servicios diversos a los particulares, en este caso, los productos turísticos que elaboran los *tour* operadores y los mayoristas.

e) ....: intermediarios turísticos que realizan las siguientes funciones: contratación de hoteles y transporte, creación de paquetes turísticos para venderlos a agencias mayoristas y de viajes.

f) ....: contratación de plazas en hoteles y compañías de transporte para ofrecer un producto combinado. Este producto se vende al consumidor a través de las agencias de viajes.

8.2.D. Libertad de expresión

1. Escribe tu propia opinión sobre las ventajas y desventajas del turismo desde el punto de vista económico, ambiental y humano. Extensión aproximada: 300 palabras.

8.3.A. Prelectura

1. ¿Cómo definiríais a los directivos de vuestros países?

2. ¿Qué tres cualidades crees que son las más valoradas en un director o directora?

8.3.B. Texto

EN ESPAÑA (3)

CUANDO LA EMPRESA SE "HUMANIZA"

En un trabajo de hace algunos años, pero con resultados vigentes plenamente en la actualidad, ESADE y Arthur Consulting entrevistaron a más de 234 directivos españoles y, curiosamente, señalaron **la persuasión** como el atributo mejor valorado del profesional, en antítesis a la tradicional cualidad de ordeno y mando. Son precisamente el mando, la ambición y el afán de éxito tres de las cualidades menos valoradas entre los propios directivos españoles. El futuro se encamina hacia dos ejes claros: importancia del factor humano y tendencia a la satisfacción del cliente como camino hacia el negocio posible. En ese sentido la distancia entre el empresario español y el empresario medio europeo es mínima o está desapareciendo. Otras cualidades muy valoradas entre los directivos encuestados son la capacidad para tomar decisiones, la flexibilidad en la actividad directiva, la capacidad de coordinar y liderar un proyecto y la tenacidad.

En España coexisten las empresas jerarquizadas de tipo tradicional y familiar con las más modernas, a la vanguardia en la mejora de los servicios, la preocupación por la **imagen corporativa** y apuesta por la innovación, pero son estas últimas las que ganan terreno día a día y el futuro pasa por el cambio inexorable de las primeras a las segundas.

LAS NEGOCIACIONES

En España, algunos condicionantes culturales no favorecen la negociación del *ganar-ganar*. ¿Qué es eso? En cualquier manual de buena negociación se requiere que el resultado final sea satisfactorio para todas las partes; eso supone que nadie debe ganar sobre el otro. Y en este sentido, España tiene interiorizada una cultura de negociación de enfrentamiento. Es particularmente frecuente en las relaciones laborales entre la representación empresarial y la **sindical**. Nadie en este país se atrevería a iniciar la negociación del **convenio colectivo** afirmando: «Bien, ustedes piden cinco y nosotros tres. Pues acordemos un 4%». Alguien tan juicioso se metería en un buen lío y sería incomprendido por unos y otros. ¡Es preferible perder horas y horas en discusiones estériles!

El rito de la negociación de enfrentamiento requiere una liturgia de propuestas, contrapropuestas, desplantes, rupturas y, finalmente, la firma de la supuesta pipa de la paz.

ooo⟹

LOS VALORES DEL DIRECTIVO EN ESPAÑA

En un artículo de Santiago García Echevarría, publicado en *Perspectivas de gestión*, se realiza un estudio comparativo de los valores y la cultura empresarial entre directivos alemanes y españoles a partir de una muestra de 217 empresas. La diferencia más clara entre ambas nacionalidades se refiere a la capacidad de improvisación. El 72% de los directivos españoles consultados asumen que la improvisación es una cualidad fundamental y que en eso son muy superiores a la competencia. Con valores mucho más bajos, pero relativamente importantes, califican otras cualidades que para ellos tienen ventajas competitivas: creatividad (42%), intuición (39%) e identificación con la empresa (38%).

Los valores en los que el directivo español considera que no dispone de ninguna ventaja respecto a la competencia son: formación, trabajo en equipo, perseverancia, capacidad de dirigir, movilidad, visión, incentivos, capacidad analítica, mentalidad económica, delegación y planificación a largo plazo.

8.3.C. Actividades

1. **¿Qué cualidades son las más valoradas por los directivos españoles según el texto?**

2. **Aquí tienes las definiciones de cada una de las cualidades antes citadas. Escribe en la correspondiente línea de la derecha su término exacto.**

DEFINICIONES	TÉRMINOS
1. Capacidad de concentrar y concertar un mismo ritmo dirigido a una acción común.	
2. Capacidad de conducir o guiar con armonía un grupo o asunto.	
3. Capacidad de persistir en una idea o empresa con firmeza y rigor de modo voluntarioso.	
4. Capacidad de carácter que se aviene a lo que dice u opina otra persona.	
5. Capacidad para adoptar resoluciones con firmeza de carácter en asuntos escabrosos o dudosos.	

3. La siguiente lista de acciones reflejan posibles actitudes de un negociador. Tienes que colocar en alguna de las dos columnas las acciones que –a tu juicio– sí ayuden al éxito de una negociación y, por otra parte, las que no ayuden o imposibiliten ese objetivo del éxito en la negociación.

• desanimar	• criticar	• apoyar	• regañar	• mentir
• dominar	• expulsar	• reconsiderar	• desplantar	• ordenar
• convencer	• despedir	• negar	• hablar	• disentir
• aunar	• razonar	• organizar	• persuadir	• engañar
• dirigir	• negociar	• controlar	• obstruir	• atender
• apaciguar	• disuadir	• obstinarse	• dialogar	• exigir
• transigir	• animar	• impacientarse	• esperar	• tranquilizar
• ponderar	• vencer	• penalizar	• despedir	• reafirmar
• meditar	• enfrentarse	• reflexionar	• rechazar	• convencer

Sí ayudan	No ayudan

4. "Toma y daca". En España los condicionantes culturales son profundos y se revelan en la manera de ser de mucha gente y, por supuesto, también en la manera en que se suelen conducir las negociaciones. El estilo de *negociación del enfrentamiento* es, por lo tanto, más frecuente de lo que sería deseable. Aquí os ofrecemos dos casos planteados a un negociador español de ese tipo. Léelos. Después en parejas tenéis que plantear las soluciones a ambos problemas, pero bajo la filosofía del *ganar-ganar*.

NEGOCIADOR

Con su equipo	Con un cliente
Un miembro del equipo plantea continuos problemas y retrasos porque no sabe ni se acostumbra a trabajar en equipo. El responsable, sin más explicaciones, le retira del equipo y del proyecto.	Ha decidido rechazar un pedido y denunciar el contrato porque ha recibido la mercancía en condiciones defectuosas. El responsable lo rechaza de plano, responsabiliza al transportista de los daños y se niega en rotundo a buscar y ofrecerle una solución.

Ahora vosotros:

5. Define y explica las diferencias, si las hay, entre los siguientes conceptos.

1. A. Improvisación/B. Planificación

   A:

   B:

2. A. Creatividad/B. Análisis

   A:

   B:

3. A. Intuición/B. Formación

   A:

   B:

4. A. Precipitación/B. Previsión

   A:

   B:

5. A. Desplante/B. Acuerdo

   A:

   B:

8.4. VIAJE A LA ECONOMÍA DE AMERICA LATINA

1. **Prelectura.** ¿Qué características puede tener la economía de un país para ser peculiar?

2. **Texto.**

América Central

Los países hispanohablantes de América Central (Guatemala, Honduras, Nicaragua, Costa Rica, El Salvador y Panamá) se caracterizan fundamentalmente por basar la mayor parte de su economía en los recursos agrícolas (excepto Panamá), explotados mayoritariamente por compañías estadounidenses como Chiquita, Dole o Del Monte. Entre las producciones más importantes destacan el banano, el café, el algodón y el azúcar. Las riquezas mineras se exportan casi exclusivamente a los Estados Unidos. En cuanto al sector industrial, poco desarrollado, se pueden destacar industrias de transformación agroalimentarias y textiles.

Guatemala tiene el PIB más alto, seguido por Costa Rica y Panamá. A pesar de que Guatemala posee el PIB más alto de la región, si lo repartimos entre sus 14 millones de habitantes daría una cifra algo baja, en este caso solo Panamá y Costa Rica se pueden considerar entre los países más desarrollados y los que poseen el Índice de Desarrollo Humano más alto de la región. Además, países como El Salvador han experimentado un gran desarrollo industrial en los últimos años y han mejorado notablemente su tradicional atraso.

A finales del siglo pasado, en 1998, el huracán Mitch se abatió sobre estos países (especialmente Honduras y Nicaragua) y, además de producir numerosas víctimas humanas, destruyó gran parte de sus plantaciones agrícolas y de sus infraestructuras, ya de por sí muy escasas. Todavía, en la actualidad, los efectos negativos de este desastre se notan en el mayor atraso económico de estos dos últimos países.

En este capítulo hemos seleccionado Panamá por tratarse de un país con una economía muy peculiar en este contexto y ser la sede del canal más importante del mundo en el tráfico marítimo de mercancías.

3. **Comprendiendo el texto. Responde a las siguientes preguntas.**

a) Localiza en el siguiente mapa cada uno de los países que conforman América Central y, si lo sabes, anota el nombre de su capital.

b) ¿Qué tienen en común los países de América Central desde un punto de vista económico?

PANAMÁ

Extensión geográfica (km²)	75 517
Población (millones)	3,4
Capital de país	Panamá (900 000 hab.)
Otras ciudades importantes	Colón, David, Chorrera
Densidad demográfica	44 hab./km²
Sistema de gobierno	República presidencialista
Moneda	Dólar estadounidense y Balboa
PIB (per cápita)	$ 12 000

1. Texto.

La República de Panamá

La República de Panamá está situada en el extremo meridional del istmo centroamericano, a 7 grados al norte del Ecuador, en zona tropical. El rasgo físico más característico del país es el Canal de Panamá, que corta literalmente el istmo por su parte más estrecha. El canal mide 80 km de longitud, y tiene una profundidad máxima de 12 m. El 31 de diciembre de 1999, los EE. UU. cedieron la propiedad y administración del Canal a Panamá, según lo establecido en los Tratados Torrijos-Carter de 1977.

Panamá presenta un perfil sectorial completamente diferente del resto de las economías centroamericanas y latinoamericanas. Situado en una encrucijada geográfica y económica de gran importancia, desde principios de siglo la economía se ha basado en el comercio y los servicios. De ahí que, en la actualidad, el sector terciario aporte entre el 65 y el 70% del PIB y dé empleo a más del 62% de la población activa. Pero Panamá arrastra algunos problemas muy graves: una producción agrícola ineficaz, un sector industrial de carácter marginal sometido, además, a una fuerte competencia extranjera; por último, su elevada deuda exterior estrangula las políticas sociales de lucha contra la pobreza.

El sector primario aporta menos del 10% al PIB, ocupa al 20% de la población y depende casi exclusivamente de un único producto: el banano. Panamá es el sexto productor mundial de este fruto y representa algo más del 36% del valor de la producción agrícola total. Las exportaciones panameñas, excluidas las de la Zona Libre de Colón, están compuestas en su práctica totalidad por productos agrarios y de la pesca: bananos (20% del total), camarones (19%), otros productos de la pesca (12%), azúcar (4%), frutas frescas y café. La pesca, a pesar de su limitada contribución al PIB, representa un porcentaje apreciable del valor exportado, fundamentalmente por las ventas de camarón (España es el segundo importador de estos crustáceos, tras los EE. UU.).

El sector manufacturero ocupa escasamente al 20% de la población activa y aporta en torno al 10-15% del PIB, incluyendo al subsector de la construcción, que es el que ha mostrado el mayor dinamismo en los últimos años, debido sobre todo a la demanda generada por la expansión de las actividades comerciales y bancarias. Los principales productos industriales son los materiales de construcción, productos químicos, refino de petróleo, textil y papel.

El rol predominante del sector terciario de la economía panameña se debe fundamentalmente a la existencia de tres grandes áreas de actividad de elevado dinamismo: (1) la Zona Libre de Colón; (2) el sector marítimo, con el Canal de Panamá (por el que pasa el 4% del tráfico mundial de mercancías)

y el abanderamiento de buques (primer país del mundo en esta actividad, que genera cada año del orden de 100 millones de dólares); y (3) el Centro Bancario Internacional que registra un crecimiento continuado y cuenta con más de un centenar de entidades que se benefician del secreto bancario, la ausencia de control de cambios y la favorable legislación fiscal del país. Panamá tiene un potencial turístico que solo recientemente se ha comenzado a desarrollar.

Fuente: ICEX

2. Comprendiendo el texto. Responde a las siguientes preguntas.

a) ¿Verdadero o falso?

	V	F
1. El sector primario depende de un único producto.	☐	☐
2. La pesca y la agricultura son los sectores de los que se obtienen productos para la exportación.	☐	☐
3. El sector primario aporta un 60% al PIB.	☐	☐
4. La construcción no ha experimentado ningún desarrollo.	☐	☐
5. El sector manufacturero es el que ofrece mayor cantidad de empleo.	☐	☐
6. La pesca tiene un papel destacado por su contribución al PIB y a las exportaciones.	☐	☐
7. El turismo es una de las fuentes económicas más consolidadas.	☐	☐

b) Relaciona los siguientes conceptos con sus definiciones.

1. Abanderamiento de buques   3. Secreto bancario
2. Control de cambio   4. Legislación fiscal

☐ a) Compromiso y obligación de los bancos de guardar discreción respecto a a los negocios de su clientela.

☐ b) Conjunto de reglas creadas por un Estado dirigidas a controlar los beneficios de sus habitantes por medio de tasas.

☐ c) Medidas que adoptan las autoridades monetarias de un país para influir directamente sobre el tipo de cambio exterior de su propia moneda.

☐ d) Proveer a un buque de los documentos que acrediten su nacionalidad.

c) Resumen de comprensión del texto. Elige la opción correcta.

Pero Panamá arrastra algunos problemas muy graves: una producción agrícola (1) ...., un sector industrial de carácter (2) ...., sometido, además, a una fuerte competencia extranjera; por último, su elevada deuda (3) .... estrangula las políticas sociales de lucha contra la pobreza.

1. ☐ a) **infalible**
   ☐ b) **inexistente**
   ☐ c) **ineficaz**

2. ☐ a) **material**
   ☐ b) **marginal**
   ☐ c) **mancomunal**

3. ☐ a) **externa**
   ☐ b) **extrema**
   ☐ c) **interna**

d) ¿Cuales son los productos que exporta Panamá?

☐ café   ☐ naranjas   ☐ kiwis   ☐ bananos
☐ piñas   ☐ sardinas   ☐ sandías   ☐ cacao
☐ azúcar   ☐ trigo   ☐ melones   ☐ mango
☐ frutas   ☐ aguacates   ☐ gambas   ☐ almendras
☐ camarones ☐ fresas   ☐ pescada   ☐ cacahuetes
☐ peras   ☐ arroz   ☐ aceite de oliva

8.4.B. Bloc de notas para el hombre y la mujer de negocios

• Panamá está situado en zona tropical marítima, apartado de la influencia de ciclones y huracanes. El clima, excepto en las zonas más elevadas, es de tipo ecuatorial, con altas temperaturas medias durante todo el año y una muy elevada humedad relativa del aire: de 71% a 79%. Existen dos estaciones: la seca, que se extiende de mediados de diciembre hasta abril, y la lluviosa, que va de mayo a mediados de diciembre.

• La estructura étnica del país es muy variada, aunque el 70% de la población es de origen hispano. Los indígenas representan el 5,5% del total y pertenecen a seis grupos étnicos (Kuna, Guaymí, Teribe, Bokota, Emberá y Waunan). Otras minorías étnicas son de origen afroantillano, afrocolonial, indostaní y judío.

• Aunque el español es la lengua oficial del país, el inglés es de uso corriente en el mundo de los negocios.

• La red de carreteras consta de 13 375 km, de los que menos del 31% están asfaltados. La modernización de la red viaria ha constituido una prioridad durante los últimos años y ha experimentado una mejora sustancial. Los dos ejes viarios son la carretera Panamericana, que atraviesa el país desde la frontera con Costa Rica hasta la provincia de Darién (próxima a Colombia) y la vía Transístmica (80 km), que une la ciudad de Panamá con Colón.

• La Feria Internacional de Panamá (Expocomer), que se celebra todos los años en la primera quincena de marzo, es el principal certamen de carácter comercial. Junto a ella, se están desarrollando otras ferias especializadas.

• La distribución y venta de productos en el país se realiza sobre todo a través de importadores y distribuidores que generalmente cubren una gran variedad de productos. Se utiliza asimismo la figura del representante. En su mayoría, las compañías de distribución importantes están ubicadas en la Zona Libre de Colón (ZLC), desde donde sirven no solo al mercado local, sino también a toda América. La importancia de la ZLC como centro de redistribución comercial es considerable.

- No existe banco central y no hay apenas restricciones a los movimientos de capitales. Algunas de las funciones no monetarias clásicas de los bancos centrales son desempeñadas por el Banco Nacional de Panamá y el *Federal Reserve Board* de los EE. UU. Panamá es un centro bancario de primera magnitud. En 1998 fue modificada la Ley Bancaria de 1970 por otra nueva Ley. La reforma trajo consigo el aumento de los procedimientos de supervisión e incluye también medidas que incrementan la competencia y la transparencia e incide especialmente en la lucha contra el lavado de dinero procedente del narcotráfico (levantamiento del secreto bancario en las investigaciones de lavado de dinero).

- Creada en 1948, en el litoral atlántico, la Zona Libre de Colón es la segunda zona franca comercial del mundo, después de la de Hong Kong, y la primera de América. En la ZLC puede importarse, almacenarse, someter a modificaciones y reexportarse todo tipo de productos sin que estén sujetos a derechos arancelarios de entrada o salida ni a impuestos específicos. Su estratégica localización, en el centro de América, y la proximidad del Canal de Panamá ofrecen a la ZLC una inmejorable ventaja para el desarrollo del comercio internacional.

- El equivalente del IVA es el Impuesto de Transmisión de Bienes Muebles (ITBM), que se percibe sobre las ventas de bienes de consumo, con un tipo único del 7% (10% en el caso de bebidas, cigarrillos y alquiler de vehículos). Las importaciones están asimismo sujetas al ITBM.

Actividades

1. **¿Qué tienen en común estas zonas geográficas? ¿Cómo se denominan los países con esas leyes fiscales?**

Suiza • Gibraltar • Isla de Jersey • Panamá

2. **¿Qué entiendes con la expresión *lavado de dinero*? ¿Podrías dar un ejemplo?**

3. **Somos personal del gobierno panameño y hemos observado que en la Zona Libre de Colón ha aumentado el lavado de dinero. Por lo tanto, hemos decidido acabar con esta práctica por medio de la creación de una nueva legislación fiscal. ¿Qué leyes se os ocurren que puedan resolver este problema y nos permitan a la vez tener un mayor control de los movimientos bancarios?**

Procedimientos de supervisión: ....
....

Incremento de la transparencia bancaria: ....
....

4. Coloca el concepto que corresponde a cada una de las siguientes operaciones comeciales y, luego, di las que son y no son posibles de realizar en la Zona Libre de Colón.

> • almacenarse • derechos arancelarios • impuestos específicos •
> modificaciones • reexportarse

☐ 1. Se exporta una mercancía desde España hasta Panamá y desde aquí a Chile: ....

☐ 2. Hay que abonar una tarifa que determine los derechos a pagar en la aduana: ....

☐ 3. Debes pagar un impuesto por introducir una mercancía en un país extranjero: ....

☐ 4. Tienes exceso de producción y decides dejar el producto en Panamá para venderlo cuando el mercado sea más favorable: ....

☐ 5. Compras aceite español a granel en grandes cantidades y lo embotellas y etiquetas con denominación panameña: ....

5. ¿Por qué la Zona Libre de Colon es una ventaja para el desarrollo del comercio internacional?

8.4.C. Noticias breves

Los dos textos recogidos nos explican con más detalle dos de las singularidades que hacen de Panamá un país muy especial en el ámbito económico.

Experiencia panameña

PANAMÁ adoptó el dólar en 1904, mediante un acuerdo con el Gobierno de Teodoro Roosevelt. Desde entonces, este país centroamericano no ha emitido billetes en moneda nacional, el balboa, excepto en un breve periodo en 1941, cuando funcionó una especie de «**caja de compensación**«. Durante años ha sido un banco privado americano, el Chase Manhatan, quien ha suministrado los dólares al país. Esta labor fue asumida, en los años sesenta, por el Banco Nacional de Panamá, que estableció un acuerdo con la Reserva Federal de Nueva York. A finales de los años ochenta, la **crisis financiera** panameña llevó a Washington a imponer severas restricciones a Panamá, entre ellas, las de no recibir más dólares, que tuvieron que obtenerse a través de bancos privados. Posteriormente, la situación volvió a la normalidad. Sin embargo, no ha dejado de ser un serio aviso para navegantes.

Adaptación del artículo de Manuel Navarro publicado en *El País Negocios*

EL CANAL: un puerto, dos océanos

El Canal de Panamá, una de las obras de ingeniería más importantes del mundo, tiene una longitud total de 80 kilómetros y funciona 24 horas al día y 365 días al año, con una fuerza laboral aproximada de 7500 personas. Durante poco menos de un siglo, el Canal de Panamá ha estado al servicio de la comunidad marítima internacional como lo demuestra que, desde su inauguración en 1914, más de 800 000 buques, con 5000 millones de toneladas de carga, han transitado el istmo, que representa para muchos países la forma más económica, segura y competitiva para el transporte marítimo, ya que les ahorra el periplo por el cabo de Hornos en el sur del continente.

Alrededor de 40 barcos diarios esperan una media de 15 horas para transitar por el Canal en un recorrido que dura de 8 a 10 horas, según su envergadura. Este tiempo de espera representa una oportunidad para el aprovisionamiento y servicio de naves y pasajeros que cruzan el Canal.

El 24 de mayo de 2006, el presidente Martín Torrijos Espino anunció formalmente la propuesta de la ampliación del Canal de Panamá, mediante la construcción de un tercer juego de esclusas y la ampliación del cauce de navegación. Este proyecto se basa en la construcción de nuevas esclusas, una en lado Atlántico y otra en el lado Pacífico del Canal, para permitir el paso de buques tamaño Post-Panamax, los cuales, dado que superan el tamaño Panamax, actualmente no pueden navegar por la vía interoceánica.

Adaptación de un extracto del artículo de Alfonso Tulla publicado en la revista *El Exportador* con el título de "Tras la reversión, nueva era económica"

Actividades

1. **¿Cómo definirías con tus propias palabras el concepto de "caja de compensación"? Y hablando de cajas, ¿podrías relacionar los siguientes tipos de cajas con sus definiciones correspondientes?**

☐ a) Compartimiento de pequeño tamaño que, a cambio de una comisión, los bancos alquilan a particulares para guardar dinero, joyas, documentos, etc.

☐ b) Instituciones de carácter benéfico que no tienen su capital dividido en acciones.

☐ c) Entidad financiera dedicada a operaciones de crédito al sector agrario.

☐ d) Cantidad neta de dinero que genera una empresa.

☐ e) Efectivo que tienen las empresas para desembolsos menudos.

☐ f) Es aquella por la que pasan los flujos de dinero negro de ciertas empresas o entidades.

☐ g) La que ofrece la posibilidad de depositar dinero en un establecimiento bancario fuera de las horas normales de oficina.

1. Caja de ahorros

2. Caja rural

3. Caja B

4. Caja chica

5. Caja nocturna

6. Caja de alquiler

7. Caja generada

2. Busca en Internet información sobre la crisis panameña de finales de los 80, basándote principalmente en el origen, el desarrollo y la solución de este acontecimiento y escribe un resumen.

3. Revisad vuestra información a partir del texto y completad en el sentido de las agujas del reloj.

1. Tiene una longitud de .... km.

6. Es la forma más ...., ... y ....

2. Funciona .... al día .... días del año.

5. Más de .... buques con .... de toneladas de carga han transitado el itsmo.

CANAL DE PANAMÁ

3. Con una fuerza laboral de ....

4. Desde su inauguración en ....

8.5. ZON@ WEB

8.5.A. España

En esta ocasión vamos a conocer el Ministerio de Industria, Energía y Turismo de España. Nos iremos a la siguiente página:

www.minetur.gob.es

Actividades

1. Hacemos clic en el enlace *El Ministerio* y luego en *Estadísticas e informes* que está situado en el margen izquierdo de la página. Encontrarás en las *Áreas temáticas* a tu derecha los principales indicadores coyunturales relacionados con la industria, la energía y el turismo de España. Dividimos la clase en dos grupos. Un grupo será el ALUMNO A y el otro grupo será el ALUMNO B. Cada uno deberá completar una de las siguientes tablas con los datos obtenidos en la gráfica y preguntar a su compañero por el resto de categorías. Tened en cuenta que algunas categorías no se encuentran ahí y tenéis que dejarlas en blanco.

ALUMNO A

1. **Completa la información en la siguiente tabla:**

Indicadores	Fecha	Mes último	Mes previo
Producción Industrial filtrado			
Comercio minorista (Deflactado y corregido)			
Ocupación Comercio Minorista			
Entrada de Turistas			
Afiliados S.S. Industria (Media mensual; incluye energía)			
Afiliados S.S. Turismo (Datos de fin de mes)			
Consumo Electricidad corregido			

2. **Ahora pregunta a tu compañero por estas categorías:**

Consumo Gasolina auto			
Consumo Gasóleo A			
Exportaciones Bienes Valor			
Importaciones Bienes Valor			
Precios de Consumo			
Precios Industriales			
Clima Industrial (saldos en %)			

ALUMNO B

1. **Completa la información en la siguiente tabla:**

Indicadores	Fecha	Mes último	Mes previo
Consumo Gasolina auto			
Consumo Gasóleo A			
Exportaciones Bienes Valor			
Importaciones Bienes Valor			
Precios de Consumo			
Precios Industriales			
Clima Industrial (saldos en %)			

2. **Ahora pregunta a tu compañero por estas categorías:**

Producción Industrial filtrado
Comercio minorista (Deflactado y corregido)
Ocupación Comercio Minorista
Entrada de Turistas
Afiliados S.S. Industria (Media mensual; incluye energía)
Afiliados S.S. Turismo (Datos de fin de mes)
Consumo Electricidad corregido

8.5.B. Guatemala

Vamos a visitar la página del Ministerio de Economía de Guatemala. La dirección es la siguiente:

www.mineco.gob.gt

Actividades

1. **Vamos a hacer clic en el enlace** *Productor* **comerciante que está situado en la parte superior de la página. Nos vamos a la sección de** *Guías* **y dividimos la clase en dos grupos (A y B).**

Grupo A.

Hacéis clic en el enlace *Guía para exportar* **y rellenáis la siguiente tabla:**

PROCEDIMIENTO DE CÓMO EXPORTAR EN GUATEMALA
Procedimiento por tipo de exportación
• Exportaciones temporales
• Productos de origen vegetal y animal
• Vías de transporte para la exportación
• ¿Qué es un arancel?

Grupo B.

Hacéis clic en el enlace *Guía para importar* **y rellenáis la siguiente tabla:**

INTRODUCCIÓN AL PROCESO
• Compra de insumos en el extranjero
• Póliza de importación
• Incoterms
• Proceso de embarque, contratación de flete y seguro
• Productos de importación restringida y prohibida

2. **Una vez que habéis obtenido toda la información necesaria sobre los procesos de importación y exportación en Guatemala, formáis parejas con un miembro de cada equipo e intercambiáis la información adquirida en cada sección.**

Autoevaluación

1. Intenta reflexionar sobre las secciones que has comprendido mejor o peor. Para ello, intenta numerar cada una de ellas según el grado de comprensión obtenido. (Marca de 1 a 5 cada una de las secciones).

España en su economía	
La prensa informa	
Así nos ven, así nos vemos	
Viaje a la economía de América Latina	
Zona Web	

2. Una vez que ya has reflexionado sobre las secciones en general, intenta especificar las dudas que te han surgido en cada una de ellas.

España en su economía	
La prensa informa	
Así nos ven, así nos vemos	
Viaje a la economía de América Latina	
Zona Web	

3. A veces, hay dudas que podemos resolver nosotros mismos mediante instrumentos de consulta. ¿Cuáles crees que te podrían ayudar en esta unidad?

◯ Diccionario   ◯ Internet   ◯ Libros   ◯ Otros recursos

4. ¿Qué área te gustaría estudiar más detenidamente en la siguiente unidad?

◯ Vocabulario   ◯ Cultura corporativa   ◯ Información económica   ◯ Otros recursos

5. Tu trabajo personal en esta unidad ha sido... (marca lo que corresponda)

◯ Bueno   ◯ Malo   ◯ Regular   ◯ Podría mejorar

En caso de marcar la última casilla, piensa de qué manera lo podrías mejorar.

_____

_____

_____

Unidad 9

ESPAÑA: Transportes e infraestructuras

AMÉRICA LATINA: México

Sección	Tema
España en su economía	Los medios de transporte
La prensa informa	Iberia y Renfe
Así nos ven, así nos vemos	Rasgos culturales del hombre y de la mujer de negocios en México
Viaje a la economía de América Latina	Fundamentos de la economía mexicana
Zona Web	España: Ministerio de Fomento español
	México: Secretaría de Economía

9.1.A. Preparación

1. ¿Qué condiciones básicas dirías que debe tener un país para decir que cuenta con infraestructuras de transporte óptimas?

2. ¿Cómo crees que evolucionarán los medios de transporte en el futuro?

9.1.B. Texto

TRANSPORTES E INFRAESTRUCTURAS

España ha sido un país con graves deficiencias en sus comunicaciones terrestres como consecuencia de su difícil orografía y su falta de recursos para mejorar esa situación (si se le compara con otros países de Europa Occidental). Sin embargo, durante las dos últimas décadas se ha llevado a cabo un importante proceso de modernización que se ha concentrado en una renovación de sus infraestructuras con la ayuda, en muchos casos, de los fondos procedentes de la Unión Europea.

A lo largo de tres lustros se llevará a cabo un intenso programa de inversiones. Esa política se refleja en el Plan Estratégico de Infraestructuras y Transporte que en el periodo 2005-2020 invertirá más de 100 000 millones de euros. El desarrollo de líneas ferroviarias supone el 43% del presupuesto para el conjunto del plan. En consecuencia, el principal capítulo de este plan es el del transporte por ferrocarril, seguido del transporte urbano. Asimismo, se están aplicando medidas para el desarrollo de obras hidráulicas y de infraestructuras destinadas a mejorar el medio ambiente.

La red de carreteras, que supera los 11 000 km de autovías y autopistas, ha triplicado su longitud desde 1982, experimentando una continua renovación para aumentar su eficacia. El desarrollo de esta red viaria es otro de los principales puntos del Plan Estratégico antes descrito. La pretensión del Ministerio es la de construir 6000 kilómetros de carreteras de alta capacidad (autopistas y autovías), con el fin último de que en 2020 se superen los 15 000 kilómetros y que el 90% de la población esté a menos de 30 kilómetros de una autovía. El presupuesto para esta partida asciende a 60 635 millones de euros y convertirá la red de autovías y autopistas españolas en una de las más modernas del mundo. En su conjunto, la red viaria española se aproxima a los 700 000 km, de los que cerca de 550 000 km son tramos interurbanos.

Por lo que se refiere al ferrocarril, España tiene una red que supera los 14 000 km, pero solo cuenta con unos 2 000 km de trazado de alta velocidad entre Madrid y Sevilla, Barcelona y la frontera francesa, Málaga, Valencia o Valladolid. La realidad es que el ferrocarril ha sido poco utilizado y apreciado por los ciudadanos debido a su histórica falta de renovación y su lentitud. Solo el 4,5% de los viajeros utilizan el tren y este medio mueve tan solo el 4% de las mercancías del país. La esperanza de recuperar la ilusión por viajar en tren depende de la apertura de nuevas líneas con trenes de alta velocidad entre Madrid y la frontera francesa, vía Irún (País Vasco), y entre Madrid y Galicia o Asturias, ya que estas conexiones suponen una de las prioridades de los planes de infraestructuras del gobierno español. Además de ello, se están diseñando trazados de alta velocidad para conectar Madrid con Portugal y el resto de las principales ciudades españolas. Al final se espera superar los 7 200 km de vías rápidas con una inversión superior a los 40 000 millones de euros.

El transporte aéreo une las principales ciudades españolas. Desde una perspectiva histórica, el peso relativo del tráfico aéreo interior ha sido mayor que el internacional respecto a otros países. Ello se debe a la extensión territorial del estado español y a las buenas condiciones para el desarrollo del transporte aéreo dentro del país, prácticamente inconcebible en otros estados con potentes compañías aéreas, pero con un espacio geográfico nacional muy limitado, como es el caso de Holanda, Bélgica o Suiza. Existen, además, unas 250 líneas aéreas que operan en los 50 aeropuertos internacionales con que cuenta España para asegurar las conexiones internacionales. No debe olvidarse que este país es una importante estación de paso para las líneas que unen América y África desde Europa. Asimismo, España goza de excelentes comunicaciones marítimas con más de 53 puertos internacionales en las costas atlántica y mediterránea.

En cuanto a la infraestructura tecnológica e industrial, se puede decir que España está bien equipada en términos relativos. En los últimos años han proliferado los parques tecnológicos y científicos en las principales áreas industriales y en torno a las universidades y centros de investigación y desarrollo. Actualmente existen unos 85 parques y se van a construir más. En esos parques se han establecido ya casi miles de empresas, más de un centenar de Centros de Investigación y Desarrollo (I+D) y decenas de incubadoras de empresas. El gasto en I+D ha crecido fuertemente en estos últimos años, pero aún se está lejos de los países europeos más importantes como consecuencia del tradicional desinterés de las empresas españolas en este tipo de inversiones. Se pretende superar el 1,5% de PIB en I+D en los próximos años.

La red de telecomunicaciones en España atravesó tiempos difíciles en épocas pasadas, pero ha mejorado de manera espectacular en los últimos años. A los 70 000 km de cable de fibra óptica convencional hay que añadir una de las mayores redes de cable submarino y de conexión vía satélite con los cinco continentes.

9.1.C. ¿Qué sabes tú?

1. Define estos conceptos o explica en qué se diferencian.

1. **A. Autovía / B. Autopista**

   A:

   B:

2. **A. Red viaria / B. Red ferroviaria**

   A:

   B:

3. **A. Tráfico aéreo / B. Tráfico fluvial**

   A:

   B:

4. **A.** Transporte urbano/ **B.** Transporte interurbano

A:	
B:	

2. **Completa cada hueco de las siguientes oraciones con una palabra o una expresión extraída del texto y que se encuentra en este banco de palabras.**

> • parques tecnológicos • tramos interurbanos • América • África •
> Europa • el tren • alta velocidad • Plan de Infraestructuras • Investigación
> • Desarrollo • difícil orografía • falta de recursos

1. .... y .... han sido los principales problemas que han tenido que superar las comunicaciones terrestres.

2. Un intenso programa de inversiones se va a reflejar en el ....

3. De los 700 000 km de red viaria, casi 550 000 km corresponden a ....

4. En 2009, el ferrocarril solamente tenía unos 1500 km de trazado de ....

5. Tan solo el 4% de las mercancias son transportadas por ....

6. En el transporte aéreo España es una importante estación de paso para las líneas que unen .... y .... con ....

7. Más de un centenar de Centros de Investigación y Desarrollo se han establecido en ....

8. El producto Interior Bruto superará el 1,5% en el campo de .... y ....

3. **¿En qué áreas han sido importantes los fondos procedentes de la Unión Europea?**

4. **¿Por qué el ferrocarril ha sido un medio de transporte poco utilizado por los ciudadanos?**

5. **¿Qué factores han influido en el buen desarrollo del transporte aéreo interior?**

6. **¿Cuál es la finalidad de los parques tecnológicos?**

7. En el siguiente fragmento inspirado en el texto anterior sustituye el verbo resaltado por otro del mismo significado que tienes en el cuadro posterior. Escríbelo en los espacios en blanco.

A lo largo de tres lustros **se llevará a cabo** (**1.** ......) un intenso programa de inversiones. Esa política se refleja en el Plan Estratégico de Infraestructuras y Transporte que en el periodo 2005-2020 **invertirá** (**2.** ....) más de 100 000 millones de euros. El principal capítulo de este plan **es** (**3.** ....) el del transporte por ferrocarril, seguido del transporte urbano. Asimismo, **se están aplicando** (**4.** ....) medidas para el desarrollo de obras hidráulicas y de infraestructuras destinadas a **mejorar** (**5.** ....) el medioambiente.

La red de carreteras, que **supera** (**6.** ....) los 13 000 km de autovía y autopistas, ha triplicado su longitud desde 1982, experimentando una continua renovación para **aumentar** (**7.** ....) su eficacia. Unas inversiones que **superan** (**8.** ....) los 60 000 millones de euros harán que este país **cuente** (**9.** ....) en 2020 con una red de autovías y autopistas de 15 000 km, convirtiéndose en una de las más modernas del mundo. En su conjunto, la red viaria española **se aproxima** (**10.** ....) a los 700 000 km; de los que cerca de 550 000 son tramos interurbanos.

> • realizarse • elevar la calidad de • sobrepasar (2) • tomar • gastar •
> acrecentar • estar compuesto por • acercarse a • constituir

8. ¿Qué organismo u organismos financian la renovación de las infraestructuras españolas?

9.2. LA PRENSA INFORMA ....

9.2.A. Prelectura

1. ¿Existe una compañía aérea de bandera en tu país? ¿Cuál es? ¿La prefieres?

2. ¿Qué importancia y uso tienen los transportes públicos en tu país?

9.2.B. Textos

En los dos artículos que hemos incluido en esta sección vamos a presentar dos empresas que simbolizan buena parte de la mejor historia del transporte aéreo y ferroviario en España, pese a los difíciles momentos que ambas han tenido que atravesar a lo largo de su dilatada existencia. Nos referimos a nombres tan familiares para los ciudadanos españoles como son IBERIA en aviación y TALGO en el mundo del ferrocarril.

LÍDER EN TODOS LOS MERCADOS

IBERIA es la primera empresa en el mercado español de transporte aéreo y una de las de mayor crecimiento en Europa. La compañía supera claramente a sus competidores en el **mercado doméstico**, donde cuenta con una cuota de mercado superior al 50%.

El mercado aéreo español es el segundo de Europa por tamaño, tras Francia. A finales del siglo pasado el mercado interior en España superó la cifra de 24 millones de pasajeros, frente a los más de 26 millones que se registraron en Francia. Se superó con claridad al mercado interno alemán, con 21 millones de pasajeros. Ahora bien, los datos más recientes colocan al Reino Unido en primera posición y España permanece en el segundo lugar. Dicho esto, el mercado español tiene las mejores perspectivas de crecimiento en Europa durante las dos primeras décadas del siglo XXI, ya que las previsiones señalan un incremento del tráfico de pasajeros superior al 6%.

A pesar de la fuerte competencia que existe en el mercado aéreo español desde su liberalización en 1992, Iberia ha logrado mantener su posición de liderazgo al superar los 32 millones de pasajeros transportados. Esta compañía ocupa también el primer lugar entre las empresas aéreas que operan en Latinoamérica, con una cuota de mercado en torno al 20%. Este dato es muy significativo si se tiene en cuenta que el mercado americano posee un gran potencial de crecimiento. Asimismo, esta empresa española es líder en las conexiones entre España y Latinoamérica, con una cuota superior al 40%. Otro dato relevante es que Iberia ocupa también el primer lugar en las rutas entre España y Europa, ya que bajo su bandera se realizan más del 30% de los vuelos.

Por último, su fusión en 2009 con British Airways en el seno de la alianza One World ha llevado a la compañía de bandera española a una posición de liderazgo, también mundialmente. En esta unión Iberia ha mantenido su identidad y un alto nivel de independencia.

Adaptación de un capítulo del publireportaje publicado en el semanario
El País Negocios bajo el título de "Iberia vuela hacia la bolsa"

LA FAMILIA marca sus tradiciones

Una de las características de Talgo, y hay quien dice que también uno de sus lastres, ha sido su marcado carácter familiar. Aunque no participan en la gestión, que está profesionalizada, todos los miembros del consejo, a excepción del **consejero delegado**, pertenecen a la familia Oriol, que tiene en sus manos el 98% de la compañía y ha instaurado fuertes tradiciones en la empresa. Una de ellas, la de bautizar con nombres de vírgenes los trenes, costumbre que permanece desde sus inicios y que tiene sus raíces en las profundas creencias religiosas de la familia y en una anécdota. En los inicios, un tren viajó sin seguro, pero la familia lo puso bajo la protección de la Virgen del Pilar. Llegó sin novedad al destino y marcó la tradición. Fue el único que circuló sin seguro, pero todos siguen bautizados de la misma forma. Y todos siguen llevando el mismo logo, que ha permanecido sin cambios a lo largo de los años.

Otra de las peculiaridades de Talgo ha sido su excesiva dedicación al mercado nacional, si bien es algo que ya ha cambiado sustancialmente. En los años que han seguido al 2000 la facturación proveniente del exterior ha superado ampliamente el 50%. Una gran parte de esas ventas se consiguieron en Estados Unidos, Europa y Asia Central. De los ingresos de la compañía, un 50% aproximadamente procede de la fabricación y el 40% del **mantenimiento**. El resto proviene de equipos y máquinas para talleres de mantenimiento.

Adaptación del artículo de Belén Cebrián publicado en el semanario El País Negocios

9.2.C. Actividades

1. Además de Iberia, ¿conoces otras compañías aéreas españolas o iberoamericanas?

2. Busca en el texto "Líder en todos los mercados", palabras de la misma raíz que las siguientes.

aire	aéreo, aerolíneas…
competir	
pasaje	
líder	
crecer	
liberalizar	
volar	
diseñar	
premiar	

3. Iberia fue la primera compañía aérea española que incorporó el negocio *on-line* a sus actividades. Este ha sido uno de los factores por los cuales esta compañía ha logrado mantener su posición de liderazgo. ¿Podrías mencionar otras tres características?

4. Según el texto: "El mercado aéreo español es el segundo de Europa por tamaño". ¿Podrías explicar el significado de tamaño en este contexto?

5. Menciona tres características de la compañía Talgo.

9.2.D Libertad de expresión

1. Imagina que eres el director de una compañía de productos del mar. Escribe un informe detallando qué tipos de transporte vais a utilizar en la compañía para obtener más beneficios, cómo agilizar el transporte de los productos y de qué manera se va a incentivar a los empleados.

9.3.A. Prelectura

1. **¿Qué papel desempeña la familia en la sociedad de vuestro país? ¿Está muy estructurada? ¿Podrías describirla a grandes rasgos?**

9.3.B. Texto

EN MÉXICO

Una actividad recomendable para trabajar con los hombres y mujeres de negocios mexicanos consiste en repasar la historia de ese fantástico país. La historia de la conquista de México llevada a cabo por Hernán Cortés hay que analizarla desde una doble perspectiva, la que impusieron los conquistadores y, sobre todo, la de los pueblos precolombinos y sus sentimientos en aquella etapa del descubrimiento. Otro hecho que se debe recordar al poner el pie en este país, aunque parezca algo obvio, es que México forma parte de América del Norte; no es un país centroamericano. Esta confusión irrita a los mexicanos y deja en mal lugar a quien incurre en ella. El sentimiento nacionalista está, en general, muy arraigado en el pueblo mexicano.

La frontera entre los Estados Unidos de México y los Estados Unidos de América es un factor que ejerce una gran influencia en el desarrollo de la cultura mexicana. Un buen número de ejecutivos de la clase dirigente de México se ha formado en las escuelas de negocios de EE. UU. Desconocer la capacidad gerencial del empresario mexicano puede motivar sorpresas y acarrear fracasos a la hora de iniciar los contactos.

La familia, en un amplio sentido, juega un importante papel dentro de la sociedad mexicana. Las relaciones entre los miembros de una misma familia se trasladan también al área de los negocios. Conocer quién es quién y cuáles son los vínculos familiares que existen entre los consejeros y cuadros directivos de las empresas es fundamental para desplegar una acertada estrategia de relaciones. La cordialidad y las buenas maneras son dos características que subyacen en la manera de expresarse del mexicano. Sin embargo, conseguir ganarse su confianza y ser admitido en su círculo de amistades más próximas exige tiempo.

En México, los buenos negocios no se consiguen si no se genera previamente una buena relación personal tras sucesivos encuentros personales.

Es conveniente programar las entrevistas con dos o tres semanas de tiempo y reconfirmarlas una vez que se ha llegado al país. En general, el principio de jerarquía está muy arraigado en la empresa mexicana, por ello hay que procurar que las reuniones de trabajo se celebren con las personas de mayor rango y capacidad de decisión. El sentido de la puntualidad es relativo y no son inusuales las demoras de entre quince y treinta minutos, pero es recomendable que

el visitante respete el horario fijado. La forma de vestir es formal y clásica. Chaqueta y corbata es la indumentaria usual aún en los meses de verano.

Estrecharse las manos es la forma normal de saludo, pero cuando la relación ya está consolidada, los mexicanos expresan su efusividad con fuertes abrazos y palmadas en la espalda. A las personas con títulos universitarios se les da el tratamiento de «doctor» o «licenciado» que se antepone al apellido. El tuteo solo se produce cuando existen lazos familiares o un elevado grado de amistad. Entre mujeres se acostumbran a besar en las mejillas. Las tarjetas de visita se entregan en el momento de las presentaciones. Los desayunos de trabajo son muy corrientes en el mundo de los negocios en México. Llama la atención el número de hombres de empresa que se dan cita en los salones de los hoteles entre las ocho y las diez de la mañana.

El ritmo de las reuniones de trabajo es pausado. Antes de entrar en materia de trabajo, conceder unos minutos para referirse al viaje, el país, la familia y el momento actual de la empresa, contribuirá a que se cree un ambiente distendido y familiar que propicie el entendimiento. La exposición de los temas hay que hacerla con sosiego, sin acelerarse. Si fuese posible, es conveniente utilizar material audiovisual. No importa el tiempo que se invierta y es aconsejable extremar la corrección y la simpatía, ser muy respetuoso en el uso

de la palabra y subrayar los puntos de interés mutuo que puedan existir y sobre todo las ventajas para la parte mejicana. El factor precio es tema de especial sensibilidad, por lo que hay que prever un cierto margen para la negociación y tener en cuenta que, difícilmente, podrán concluir las negociaciones en una sola sesión.

El papel de la mujer en la sociedad mexicana tiene un gran componente de tradicionalismo. Su presencia en los niveles directivos de la empresa no es muy frecuente. En cambio, es cada vez más notoria en la enseñanza, la medicina, el derecho y la administración pública. Si es una mujer la que preside la delegación extranjera, es bastante probable que tenga dificultades en conseguir que se le otorgue la valoración adecuada a su papel ejecutivo.

En los almuerzos, que contribuyen a estrechar lazos, no es prudente sacar a colación cuestiones que aludan a los tiempos del descubrimiento.

Conviene evitar también referirse al sentimiento machista en la sociedad mejicana, pues suscitará controversia. Si se ha invitado a la parte mexicana, hay que dejar resuelto de antemano el pago de la factura en el restaurante; de lo contrario, serán los invitados locales quienes querrán pagarla.

No es costumbre intercambiar regalos, aunque los detalles de empresa como libros, cerámica, artículos de escritorio, siempre serán bien recibidos. Es aconsejable cuidar el color de los envoltorios: al amarillo, por ejemplo, hay que personas que le asignan connotaciones fúnebres.

Llevar regalos a los anfitriones no es una norma fija, pero el envío de flores a la señora de la casa, con tal de que no sean de color rojo o amarillo, causará buena impresión. Las sobremesas acostumbran a ser largas, lo que permite profundizar en las relaciones personales en las que no se deben abordar los temas de negocio.

Adaptación de un artículo de F. J. Safont publicado en *El Exportador*

1. A partir de la información recogida en el texto señala en los bloques de la derecha si los principios que se presentan son fundamentales, convenientes o irrelevantes para los empresarios que acuden a México. Di cuáles son las soluciones.

	Irrelevante	Conveniente	Fundamental
1. La familia y sus relaciones se trasladan al área de los negocios.	☐	☐	☐
2. Los buenos negocios no se consiguen si no existe previamente una buena relación personal.	☐	☐	☐
3. La programación de las entrevistas se realiza con dos o tres semanas de tiempo y se reconfirman una vez en el país.	☐	☐	☐
4. Conocer los vínculos familiares existentes entre los consejeros y los miembros directivos de las empresas con vistas a una buena estrategia de relaciones.	☐	☐	☐
5. Las reuniones de trabajo deben celebrarse con las personas de mayor rango y capacidad de decisión.	☐	☐	☐
6. Resolver de antemano el pago de la factura en un restaurante.	☐	☐	☐
7. La exposición de los temas hay que hacerla con sosiego.	☐	☐	☐
8. El ritmo de tiempo invertido en las reuniones, la corrección y simpatía.	☐	☐	☐
9. Ser respetuoso en el uso de la palabra y subrayar los temas de interés mutuo y sobre todo las ventajas para la parte mejicana.	☐	☐	☐
10. El intercambio de regalos.	☐	☐	☐

2. Con la ayuda del diccionario, el profesor o tu vocabulario, explica los siguientes conceptos y señala si alguno de ellos es sinónimo o guarda relación de significado con los conceptos de corrección y trato personal.

☐ aspecto externo   ☐ ademanes
☐ sociabilidad   ☐ trato
☐ amabilidad   ☐ porte
☐ educación   ☐ simpatía
☐ buena voluntad   ☐ buena disposición

3. A continuación vas a leer el diálogo que corresponde a la programación de una cita por teléfono que un empresario español concierta con una empresa mexicana. Posteriormente, en grupos de 3 ó 4 personas debéis preparar otro diálogo similar donde reconfirméis esta primera cita.

(*Desde España*) **Sr. López:** ¡Buenos días, soy el Sr. López de NAGA S.A. ¿Podría pasarme con su jefe comercial, el Sr. Ruiz?

Secretaria del Sr. Ruiz: Sí, señor, ahorita mismo le paso.

Sr. Ruiz: Buenos días, Sr. López. Dígame. ¿Qué se le ofrece?

Sr. López: Buenas, me alegro de saludarle. Le llamaba porque tengo intención de viajar a su país y aprovechar la ocasión para visitar su empresa y presentarles nuestra nueva gama de productos por si les agradara conocerlos de primera mano. ¿En qué fecha les iría bien mi visita? ¿La próxima semana, por ejemplo?

Sr. Ruiz: Ummm...un momentito,... a ver...mis citas previas... ¿No le iría mejor la semana siguiente, quizás el lunes por la tarde? A esa hora se encontrará aquí reunido todo mi personal que domina el tema, de ese modo mataríamos dos pájaros de un tiro.

Sr. López: Déjeme pensar… Bien sí, sí, que podré el lunes, día 2. ¿Qué le parece a eso de las seis? Sería perfecto.

Sr. Ruiz: Sí, muy bien, nos viene muy bien, de acuerdo. Cuando llegue, haga el favor de llamar a mi secretaria para confirmar la cita, ya sabe… a veces hay contratiempos de última hora…Y de paso podemos prepararle una linda recepción.

Sr. López: Vale, entonces, hasta la próxima. Encantado de saludarle y gracias.

Sr. Ruiz: De nada, de nada, no hay de qué. Hasta otra pues.

Redactad ahora la confirmación:

....

....

....

....

....

....

....

....

....

....

....

....

9.4. VIAJE A LA ECONOMÍA DE AMERICA LATINA

MÉXICO

Extensión geográfica (km²)	1 972 550 km²
Población (millones)	107,5
Capital de país	Ciudad de México (9 millones de habitantes. Si se incluye el área metropolitana, 21 millones)
Otras ciudades importantes	Guadalajara (4 millones), Monterrey (3,6 millones), Puebla (2,1 millones), León (1,3 millones)
Densidad demográfica	55 hab./km²
Sistema de gobierno	República Federal Presidencialista
Moneda	Peso mexicano
PIB (per cápita)	$10 200

9.4.A. Panorama de los sectores económicos

1. Prelectura.

a) Aunque aún no has leído el texto, ¿qué problemas piensas que ralentizan y pesan sobre la economía mexicana?

b) ¿Qué factores crees que posibilitan y facilitan a un país la inversión; ya sea nacional o internacional?

2. Texto.

MÉXICO

MÉXICO es un extenso país con más de 11 500 km de litoral y con un clima muy variado. Es tropical, caluroso y lluvioso en el sur y el litoral del golfo de México. En las zonas altas del interior es templado y más seco, y en el norte muy seco, semidesértico.

La economía mexicana, después de Brasil, es la principal de América Latina y el mayor mercado de habla hispana en el mundo, aunque tiene graves limitaciones estructurales que condicionan su desarrollo. Véanse, por ejemplo, la excesiva dependencia del petróleo en los ingresos del Estado y la desigual distribución de la renta (con elevados índices de pobreza y marginación social) como los dos problemas más graves, pero existen otros no menos importantes: la heterogeneidad del aparato productivo, la falta de infraestructuras, la fragilidad de las finanzas públicas, la debilidad del sistema bancario o la ausencia de una reforma fiscal integral.

El sector agrícola mexicano sufre las consecuencias de inversiones insuficientes, bajos índices de productividad y desigualdad regional en las técnicas de producción. El mundo rural concentra, además, más de un tercio de la población del país en condiciones de pobreza extrema. Las producciones más importantes son arroz, alubias, maíz, trigo y frutas variadas. Las hortalizas y las frutas representan el 45% del total de las exportaciones agrarias. El sector ganadero destaca por lo que se refiere a la cabaña de bovino y el área de la pesca se está desarrollando bastante en los últimos años. Destacan las capturas de camarón, sardina, atún y el desarrollo de la acuicultura, que supera ya el 20% del valor del conjunto del sector pesquero.

La minería tiene una gran tradición en México. La producción y comercio de la plata figuraban de manera muy destacada en las crónicas del periodo colonial español. En la actualidad el sector minero, pese a estar muy concentrado geográficamente, se halla en una nueva fase de apertura a la inversión privada nacional y extranjera (en las actividades de exploración, extracción e industrialización de metales y minerales) y a su competitividad internacional. Este país se sitúa con 18 minerales entre los principales productores del mundo, destacando especialmente en plata, cinc, celestita, fluorita, arsénico, bismuto, etc. En cuanto al petróleo, continúa siendo uno de los principales países productores del mundo (6.º lugar), si bien sus reservas conocidas y su producción descienden cada año (alcanzando en la actualidad unos 2,8 millones de barriles/día).

Con referencia al tejido industrial, las pymes representan el 95% de todas las empresas existentes, pero con una estructura polarizada y desarticulada. Por un lado, existe un pequeño sector de empresas altamente competitivas volcadas hacia los mercados exteriores y, por otro, un gran número de compañías muy poco competitivas y con todo tipo de carencias tecnológicas. Además, por razones de competitividad, esa élite de empresas exportadoras o «maquiladoras» se encuentran poco vinculadas al resto del aparato productivo nacional, ya que dependen de sociedades multinacionales y suelen situarse a lo largo de la frontera entre México y Estados Unidos. A pesar de lo dicho, hay sectores industriales con cierto dinamismo e importancia en el país. Este es el caso de la fabricación de maquinaria, bienes de equipo y automóviles. Otros sectores relevantes en cuanto a su peso en el conjunto del sector son el alimentario, el textil el químico y el de productos metálicos.

El sector servicios está marcado también por la polarización, si bien su papel ha ido ganando peso en la economía del país año tras año, con la excepción del periodo siguiente a la crisis de 1994. Coexisten en México una terciarización ligada a actividades de venta ambulante y economía sumergida y otra de tecnología punta que apoya la actividad de las grandes multinacionales instaladas en el país y la liberalización financiera. Los subsectores más dinámicos están siendo el del transporte, almacenaje y comunicaciones.

En cuanto al sector informal, se estima que puede contribuir al 30% del PIB. Según una estimación de la OIT (Organización Internacional del Trabajo), el empleo informal representa en México el 57% del trabajo no agrícola.

Fuente: ICEX

3. **Comprendiendo el texto. Responde a la siguientes preguntas.**

a) **A partir de la información que aparece en el texto sobre la economía mexicana completa el siguiente cuadro a modo de resumen.**

sectores	situación	producción	lo más destacado	importancia
Agrícola				Frutas y verduras: 45% del total de sus exportaciones
Ganadero				
Pesquero			Captura de camarón, sardina y atún	
Industrial				
Servicios	Marcado por la polarización			
Recursos naturales		Plata, cinc, fluorita, ...		

b) **¿Cuáles son las limitaciones estructurales que condicionan el desarrollo de la economía mexicana?**

c) **Comenta la expresión economía sumergida: ¿de qué manera incide en la economía de un país?**

d) **¿Con qué problemas se encuentra el sector agrario mexicano?**

e) **¿Cuál es la situación actual del sector minero mexicano?**

f) **¿Crees que el sector industrial mexicano es homogéneo? Razona tu respuesta.**

g) **¿Qué aspectos son relevantes en el proceso de terciarización mexicano?**

9.4.B. Bloc de notas para el hombre y la mujer de negocios

- El 2 de julio de 2000 pasará a la historia de México como la fecha de la primera derrota electoral del Partido Revolucionario Institucional (PRI). Pues, en efecto, el citado partido conservó el poder de manera ininterrumpida durante 71 años bajo diversas denominaciones.

- El Tratado de Libre Comercio (TLC) entre México y la Unión Europea entró en vigor el 1 de julio de 2000 y permite un trato arancelario a las mercancías europeas similar al que tiene Estados Unidos. En esa fecha, la UE eliminó los aranceles existentes para el 82% de los productos industriales procedentes de México y el 1 de enero de 2003 suprimió el resto, con algunas excepciones. El 1 de enero de 2007 México eliminó todos los aranceles sobre productos industriales europeos.

- México posee la infraestructura aeroportuaria más desarrollada de Latinoamérica (unos 85 aeropuertos), con sedes en todas las ciudades de más de 500 000 habitantes y una red que beneficia a todas las ciudades de más de 50 000 habitantes. En cambio la red viaria y la ferroviaria necesitan cuantiosas inversiones al estar anticuadas y mal mantenidas.

- El Banco de México (BANXICO) es el banco central del país. El sistema financiero inició un proceso de liberalización a finales de los años 80 que culminó con la privatización de la banca comercial durante 1991 y 1992, después de una década de propiedad estatal. La crisis de 1994 puso en riesgo todo el sistema y el gobierno tuvo que poner en marcha varios programas de rescate con un costo del 17% del PIB.

- Casi el 90% de todas las exportaciones mexicanas se dirigen a EE. UU. Esa excesiva dependencia comercial ha obligado a México a firmar acuerdos de libre comercio con la Unión Europea y otros países de Iberoamérica (Bolivia, Chile, Costa Rica, Colombia, Venezuela, etc.).

- El tipo aplicable al Impuesto sobre el Valor Agregado es, en términos generales, el 16% (excepto en las regiones fronterizas, donde es del 11%). Los alimentos de consumo básico y las medicinas no pagan ese impuesto. En cuanto a las empresas, el impuesto aplicable a sus beneficios es del 30%.

- México es visto como un lugar idóneo para las inversiones y la instalación de nuevas empresas, pero preocupa especialmente la falta de seguridad personal, especialmente en la ciudad de México. Precisamente, combatir la inseguridad ciudadana es uno de los mayores objetivos de los nuevos gobiernos mexicanos.

Actividad

1. Decide si las siguientes afirmaciones son verdaderas o falsas.

	V	F
1. El sistema financiero mexicano inició un proceso de liberalización a finales de los años 60.	☐	☐
2. México posee la infraestructura aeroportuaria más desarrollada de Latinoamérica.	☐	☐
3. El Partido Revolucionario Institucional conservó el poder de manera ininterrumpida en México durante 71 años.	☐	☐
4. Casi el 90% de todas las exportaciones de México se dirigen a la Unión Europea.	☐	☐
5. La excesiva dependencia comercial de México con la Unión Europea ha obligado a México a firmar acuerdos de libre comercio con otros países, incluido Estados Unidos.	☐	☐
6. El 1 de enero de 2007 es la fecha en que México eliminó todos los aranceles sobre productos industriales europeos.	☐	☐
7. La falta de seguridad personal, especialmente en la capital mexicana significa preocupación a la hora de invertir e instalar nuevas empresas.	☐	☐
8. El tipo de Impuesto sobre el Valor Agregado es del 17%, incluidos los alimentos de consumo básico y medicamentos.	☐	☐

*Los dos extractos que se incluyen en esta sección se refieren a dos aspectos muy interesantes de la economía mexicana: el impacto de su incorporación al **TLCAN (Tratado de Libre Comercio de América del Norte**) en 1994 y el renacimiento de unas prósperas relaciones económicas entre este país y su antigua metrópoli en los albores del nuevo siglo.*

Invertir para exportar

[Extracto de una entrevista al consejero jefe de la Oficina Económica y Comercial de la Embajada de España en México]

Pregunta: ¿Cuál es el balance global para México de su incorporación al tratado de libre comercio con Estados Unidos y Canadá?

Respuesta: Altamente positivo y muy por encima de las proyecciones que el gobierno y la Secretaría de Comercio (SECOFI) hicieron en su día. El TLCAN ha transformado la economía mexicana, ya que adoptó una estrategia de crecimiento basada en la expansión de sus exportaciones.

Solo durante los primeros cinco años de vigencia del TLCAN (1994-1998), el comercio entre México y Estados Unidos se duplicó y en la actualidad México se ha convertido en el segundo socio comercial de EE. UU., detrás tan solo de Canadá. Por lo que respecta a este último país, desde el inicio del TLCAN, su comercio con México ha crecido casi un 100%, pasando a ser la nación hispanohablante su tercer socio comercial.

Adaptación de un extracto de entrevista publicada en la revista del ICEX, *El Exportador*

ÁMBITO EMPRESARIAL

México se ha convertido ya en el segundo socio comercial de España en América Latina, junto a Brasil y Argentina, en especial más como destino de inversiones que de exportaciones. España ha llegado a ser ya el primer inversor europeo y también el primero por número de empresas. En el país azteca está presente una variedad importante de empresas en los servicios financieros, energéticos o en otros ámbitos económicos, Como son el Bilbao Vizcaya Argentaria, el Santander, Repsol, Aguas de Barcelona, Unión Fenosa, Sol Meliá, etc., todas ellas grandes compañías. Pero, asimismo, está llegando una considerable cantidad de empresas de mediano y pequeño tamaño, estimándose que ya son más de un millar las que están allí radicadas. En este contexto, las autoridades mexicanas no dejan de dar señales dirigidas a los mercados internacionales, comprometiéndose tanto a mantener determinadas políticas económicas y seguridades jurídicas, como a caminar en dirección a una institucionalización democrática que asegure un clima de tranquilidad política.

En cuanto a la percepción del español, su imagen ha ido cambiando, de aquella donde se le identificaba como persona de malhumor y de voz altisonante, ante quien también había cierto resentimiento por los actos de la conquista, a esta de ahora, donde sin olvidar el pasado, se le identifica como un sujeto modernizador con quien hay camino común a compartir. Sin embargo, para reforzar esta sensación, son necesarias mejores políticas de comunicación y relaciones de parte de los empresarios españoles.

Adaptación de un extracto del artículo de José Déniz Espinós sobre México en el volumen del ICEX, *Claves de la economía mundial*

Actividades

1. ¿Qué países componen el TLCAN?

2. El TLCAN ha transformado la economía mexicana, ya que adoptó una política de crecimiento basada en .... Elige la respuesta correcta.

- [ ] **a.** una gran estrategia de promoción de ventas.
- [ ] **b.** una expansión externa de sus productos.
- [ ] **c.** una gran extensión de importaciones.
- [ ] **d.** una expansión de su producción.
- [ ] **e.** una gran campaña de *marketing* de sus productos.
- [ ] **f.** una gran promoción de sus distribuciones.
- [ ] **g.** una gran extensión de tratados internacionales.

3. Las empresas españolas que se han instalado en México, ¿a qué tipo de sectores pertenecen? ¿Qué garantías les ofrecen las autoridades mexicanas? ¿Por qué?

9.5. ZON@ WEB

9.5.A. España

Vamos a visitar la página del Ministerio de Fomento. Por lo tanto, hacemos clic en la siguiente dirección:

www.fomento.gob.es

Actividades

1. Una vez que estamos en la página principal pinchamos en *Transporte terrestre*. Luego estudiaremos el siguiente enlace: *Seguridad en el transporte*. En esta área se ha pretendido una mejora en cuanto a la calidad, la seguridad y la modernización de este sector, pero ¿sabrías decirnos cuáles son los objetivos de la Subdirección General de Inspección de los transportes por carretera?

2. Vamos a conocer más profundamente la red de ferrocarriles españoles. Hacemos clic en *Ferrocarriles* y el siguiente enlace es *Efemérides*. Vamos a hacer un resumen sobre la historia y la evolución de este medio de transporte en nuestro país.

3. El siguiente objetivo de nuestra ruta son los aeropuertos. Por lo tanto pinchamos en *Aviación civil*, y luego en *Pasajeros*. Ahora hacemos clic en *Información útil* para pasajeros. Dividiremos la clase en dos grupos. Un grupo (grupo A) estará formado por trabajadores que informan a los pasajeros. El otro grupo (grupo B) lo formarán pasajeros que tienen una serie de dudas y preguntas sobre los siguientes aspectos. Los del grupo A, después de haberse informado, las responderán.

| Billetes y tarifas | Accesibilidad en el aeropuerto | Equipajes, *overbooking* y cancelaciones | Seguridad en el vuelo |

GRUPO A	GRUPO B
Preguntas:	Respuestas:

9.5.B. México

Vamos a conocer la Secretaría de Economía de México en la siguiente dirección:

www.economia.gob.mx

Cuando estemos en la página principal, hacemos clic primero en *Comunidad de negocios*, luego en *Comercio exterior* y, seguidamente, en *Acuerdos y Tratados firmados por México* que está situado en el margen derecho de la página.

Actividades

1. Como habéis podido observar, hay una serie de Tratados de Libre Comercio (TLC) entre México y otras organizaciones mundiales que son muy interesantes de conocer. Después de investigar los aspectos que mejor los definen, intenta rellenar la siguiente tabla:

SIGLAS	NOMBRE DEL TRATADO	PAÍSES QUE LO COMPONEN
AELC		
ALCA		
MERCOSUR		
ASEAN		
APEC		

2. El siguiente paso es conocer el sector de la industria y el comercio mexicanos y después: hacemos clic en el enlace *Industria y Comercio*. Ahora pinchamos en el enlace *Instrumentos de Comercio Exterior* (en la columna de la derecha). Vamos a analizar en qué consisten los diferentes programas de exportación, intenta rellenar la información de cada uno de ellos en la siguiente tabla:

PROGRAMA	NOMBRE	CARACTERÍSTICAS
ALTEX		
ECEX		
IMMEX		

Autoevaluación

1. Intenta reflexionar sobre las secciones que has comprendido mejor o peor. Para ello, intenta numerar cada una de ellas según el grado de comprensión obtenido. (Marca de 1 a 5 cada una de las secciones).

España en su economía	
La prensa informa	
Así nos ven, así nos vemos	
Viaje a la economía de América Latina	
Zona Web	

2. Una vez que ya has reflexionado sobre las secciones en general, intenta especificar las dudas que te han surgido en cada una de ellas.

España en su economía	
La prensa informa	
Así nos ven, así nos vemos	
Viaje a la economía de América Latina	
Zona Web	

3. A veces, hay dudas que podemos resolver nosotros mismos mediante instrumentos de consulta. ¿Cuáles crees que te podrían ayudar en esta unidad?

◯ Diccionario   ◯ Internet   ◯ Libros   ◯ Otros recursos

4. ¿Qué área te gustaría estudiar más detenidamente en la siguiente unidad?

◯ Vocabulario   ◯ Cultura corporativa   ◯ Información económica   ◯ Otros recursos

5. Tu trabajo personal en esta unidad ha sido... (marca lo que corresponda)

◯ Bueno   ◯ Malo   ◯ Regular   ◯ Podría mejorar

En caso de marcar la última casilla, piensa de qué manera lo podrías mejorar.

_____

_____

Unidad 10

ESPAÑA: Comercio interior, comercio exterior e inversiones

AMÉRICA LATINA: Cuba

Sección	Tema
España en su economía	El comercio y la distribución en España, el sector exterior y las inversiones
La prensa informa	Las empresas españolas y sus dificultades en Latinoamérica La franquicia
Así nos ven, así nos vemos	Retrato cultural de los cubanos
Viaje a la economía de América Latina	Fundamentos de la economía cubana
Zona Web	España: Instituto de Comercio Exterior (ICEX)
	Cuba: el sitio Web de la industria cubana

10.1.A. Preparación

1. ¿Sabes qué es una franquicia?

2. ¿Qué productos españoles gozan de prestigio y una buena imagen en tu país?

3. ¿Sabes aproximadamente en qué fecha entró España a formar parte de la Unión Europea?

10.1.B. Texto

COMERCIALIZACIÓN INTERIOR, COMERCIO EXTERIOR E INVERSIONES

A lo largo de las últimas décadas **LA DISTRIBUCIÓN COMERCIAL** ha sufrido un profundo proceso de transformación tecnológica. Los grandes almacenes y los hipermercados constituyen los grandes grupos de la distribución detallista en España, con un impresionante aumento de cuota de mercado de los hipermercados en detrimento del comercio tradicional. Por otra parte, desde principios de los años 80 los centros comerciales han experimentado una considerable expansión tanto en número como en variedad, principalmente en las grandes ciudades. También merece destacarse la creciente importancia de las grandes superficies especializadas, así como el auge imparable de los supermercados (comercio de proximidad) y de las tiendas de franquicia durante los últimos años.

Con referencia a los establecimientos de alimentación, sigue el aumento del número de los de libre servicio, sobre todo los supermercados e hipermercados, pero se observa en los últimos años la implantación cada vez mayor de otras formas de distribución minorista (y no solo en la alimentación), como son las ventas sin establecimiento, las tiendas de descuento y las (tiendas) de conveniencia. El resultado final de todos estos movimientos es que las tiendas de alimentación tradicionales (tiendas de ultramarinos) pierden continuamente cuota de mercado. En los comienzos del nuevo siglo su participación en las ventas del conjunto alimentario en lo que se refiere a alimentación seca o envasada superó ligeramente el 4,2%.

En cuanto al **SECTOR EXTERIOR ESPAÑOL**, se han observado profundos cambios y una notable recomposición de las exportaciones de bienes desde que este país entró en 1986 en la entonces llamada Comunidad Económica Europea. Según informes de las Cámaras de Comercio, desde esa fecha las ventas exteriores han triplicado su valor y han aumentado su participación en la exportación mundial, pasando del 1,8% al 2,4% en 2002. Sin embargo, desde ese año España ha perdido cuota de mercado por su falta de competitividad y la fortaleza del euro. En la actualidad ha vuelto a situarse en el 1,7%.

En todo este periodo las exportaciones de demanda de intensidad tecnológica baja han reducido su importancia en 11 puntos, mientras que los sectores considerados por la OCDE de demanda de intensidad tecnológica

media —energía, caucho y plásticos, maquinaria y vehículos, buques y material ferroviario— han aumentado en ocho puntos y cerca de tres puntos las demandas de intensidad tecnológica alta (bienes asociados a un alto nivel de investigación y desarrollo).

Han perdido peso las exportaciones tradicionales de demanda e intensidad baja (textiles, cuero y calzado, minerales y metales, bebidas y tabaco). Aun así en esos sectores España continúa presentando ventajas comparativas, pero duramente golpeadas por las exportaciones de China, de los países en vías de desarrollo y la fortaleza de la moneda. En cuanto al sector de intensidad media, la exportación de vehículos y material de transporte ha alcanzado una enorme importancia, ya que supone algo menos del 25% del total de las exportaciones globales del país. En la gama de intensidad alta han destacado los aumentos de las ventas de maquinaria y material eléctricos, que superan el 5% del valor global de las exportaciones. En síntesis, se observa un considerable aumento de la internacionalización del sector exterior español.

Los principales socios comerciales españoles son, por orden de importancia, Francia, Alemania, Portugal, Italia y Reino Unido. El conjunto de la Unión Europea representa casi el 70% de las exportaciones totales españolas y un 55% de las importaciones. En cuanto a sectores, el automóvil, los bienes de equipo, máquinas herramientas y semimanufacturas representaron casi el 70% de todas las exportaciones españolas.

En el capítulo de inversiones exteriores directas, desde finales de la década de los 80 hasta los inicios del nuevo siglo España pasó de ser un país importador neto de capitales a convertirse en el octavo país inversor mundial (y en el segundo en América Latina, llegando a ser el primero y superar a Estados Unidos durante algunos años). Esta profunda transformación se debió al gran papel desarrollado por los bancos y las grandes empresas que supieron adaptarse al nuevo marco competitivo que ha impuesto la mundialización.

La ruta del ciclo inversor español siguió el siguiente itinerario. Primero fueron los mayores bancos y las antiguas grandes empresas públicas. Tras la huella de esos ex monopolios públicos siguieron las pymes. En principio, la presencia de BBVA, Banco Santander, Telefónica, Repsol o Endesa facilitaron a las más pequeñas la inversión en los mercados donde se habían implantado estas multinacionales a través de un fenómeno de arrastre. Sin embargo, a pesar de lo mucho conseguido, la internacionalización de la economía española ha sido afectada por dos lacras que se resumen en una: la ausencia de diversificación. Por una parte, la excesiva concentración geográfica (América Latina acumuló casi el 65% de todas las inversiones españolas durante casi un decenio, con las duras consecuencias que eso supuso para la economía española tras la grave recesión económica que golpeó la región al comienzo del nuevo siglo) y, por otra, su escasa distribución sectorial (bancos, energía y telecomunicaciones han acaparado la mayor parte de esas inversiones).

10.1.C. ¿Qué sabes tú?

1. **Relaciona los cuatro conceptos con su definición.**

> **1.** Comerciar   **2.** Comercio   **3.** Comercio interior   **4.** Comercio exterior

☐ a) Actividad que se basa en la compra, venta e intercambio de mercancías o servicios para obtener un beneficio.

☐ b) Movimiento, compra o venta de mercancías, bienes o servicios entre países.

☐ c) Introducción en el mercado de bienes, productos o servicios que han pasado un estudio y estrategia previa.

☐ d) Compra o venta de mercancías, bienes o servicios dentro de la misma localidad, región o país.

2. **Decide si las siguientes palabras tienen relación con el comercio o no. En caso afirmativo, explica en qué sentido se establece esa relación.**

	Sí	No		Sí	No
1. canal de distribución	☐	☐	7. empleo	☐	☐
2. consumidor	☐	☐	8. minorista	☐	☐
3. mayorista	☐	☐	9. balance	☐	☐
4. empresario	☐	☐	10. deuda	☐	☐
5. bienes	☐	☐	11. tienda	☐	☐
6. intermediario	☐	☐	12. obligación	☐	☐

3. **Define y diferencia.**

Sector exterior: ....
....

Inversión exterior: ....
....

4. **Del siguiente cuadro señala los países que forman parte de la Unión Europea y luego indica cuáles crees que son los principales socios comerciales de España.**

☐ Holanda   ☐ Noruega   ☐ Portugal   ☐ Irlanda   ☐ Ucrania
☐ Suecia   ☐ Francia   ☐ Italia   ☐ Alemania   ☐ Rumanía
☐ Reino Unido   ☐ Dinamarca   ☐ Grecia   ☐ Suiza   ☐ Croacia

5. Completa la ruta que, según el texto, siguió el ciclo inversor español. Elige las palabras que necesites del siguiente cuadro.

Repsol • internacionales • sociedades • pymes • Banco Santander • públicas • mercados • rastro • privadas • agarre • países • multinacionales • arrastre • BBVA • inversión • Endesa • Telefónica •

"Primero fueron los mayores bancos y las antiguas grandes empresas (**1**) .... Tras sus huellas siguieron las (**2**) .... .En principio, la presencia de (**3**) ...., (**4**) ...., (**5**) .... , (**6**) .... o (**7**) .... facilitaron a las más pequeñas la (**8**) .... en los (**9**) .... donde se habían implantado estas (**10**) .... a través de un fenómeno de (**11**) ...."

6. Separa en dos columnas diferentes los productos que menciona el texto como pertenecientes a "intensidad tecnológica media" de los que menciona como "intensidad tecnológica baja".

energía • caucho • textiles • cuero • calzado • maquinaria • plásticos • vehículos • metales • tabaco • bebidas • minerales • buques • material ferroviario •

De intensidad tecnológica media	De intensidad tecnológica baja

7. El texto menciona las siglas OCDE que corresponden a la Organización para la Cooperación y Desarrollo Económico. Lee su descripción, y junto con tu intuición, ¿cuáles crees que son sus objetivos? Marca sí o no.

Sí No

1. Realizar un estudio exhaustivo y eliminatorio de los países candidatos a miembros. ☐ ☐

2. Promover la mayor expansión posible de la economía, empleo y nivel de vida de los países miembros para un mayor desarrollo de la economía mundial. ☐ ☐

3. Desarrollar el comercio interior, de manera selectiva y con ciertas condiciones. ☐ ☐

4. Aumentar y contribuir a endurecer los obstáculos a los intercambios de bienes y servicios y los pagos o aranceles correspondientes. ☐ ☐

5. Contribuir a una sana expansión económica en los países miembros, así como a los que no lo son. ☐ ☐

	Sí	No
6. Promover la utilización de los recursos económicos de los países miembro.	☐	☐
7. Reducir y limitar la liberalización de movimientos de capital e inversiones.	☐	☐
8. En el campo científico y técnico, desarrollar sus recursos, investigación y favorecer la formación profesional.	☐	☐
9. Empujar los esfuerzos por reducir o suprimir los obstáculos a los intercambios de bienes y servicios y a los pagos corrientes, mantener y extender la liberalización de los movimientos de capital.	☐	☐
10. Perseguir políticas diseñadas para lograr el crecimiento económico y la estabilidad interna y externa.	☐	☐
11. Evitar y controlar situaciones que pudieran poner en peligro su economía y la de otros países.	☐	☐
12. Coartar y dirigir para beneficio propio el desarrollo científico y la explotación de los recursos económicos y materiales de países subdesarrollados y no miembros.	☐	☐
13. Invertir y cooperar técnicamente en el desarrollo de países no miembros en vías de desarrollo.	☐	☐
14. Contribuir a la expansión del comercio mundial sobre una base multilateral y no discriminatoria conforme a las obligaciones internacionales.	☐	☐
15. Compromisos de los países miembros y documentos básicos.	☐	☐

8. **¿Cuáles son las diferencias entre los siguientes establecimientos?**

1. Grandes almacenes ....
....

2. Hipermercados ....
....

3. Supermercados ....
....

4. Venta sin establecimiento ....
....

5. Tiendas de descuento ....
....

6. Tiendas de conveniencia ....
....

7. Mercado central ....
....

8. Centros comerciales ....
....

Los artículos que hemos seleccionado van a destacar dos aspectos de sumo interés. La crisis inversora de España en América Latina tras la década prodigiosa de los años 90 y el relato de un fenómeno en la distribución comercial española: el crecimiento imparable de las franquicias.

10.2.A. Prelectura

1. **¿Podrías recordar a qué nación o naciones suele dirigir tu país sus tendencias de inversión?**

2. **¿Qué idea tienes de una franquicia? ¿Recuerdas qué marcas de franquicia son las más extendidas o más exitosas en tu país?**

10.2.B. Textos

Las empresas españolas olvidan Latinoamérica

EL nuevo milenio se inició con un cambio radical en las tendencias inversoras españolas. El resultado es que América Latina dejó de ser el destino prioritario de las inversiones españolas. El agotamiento de las privatizaciones y de los grandes proyectos en telecomunicaciones y energía, la crisis de Argentina y la desaceleración económica mundial en los primeros años del siglo XXI explicaron esa evolución. No pueden olvidarse las operaciones de Telefónica, que con más de 30 000 millones de euros fue la empresa española con mayor capital invertido en América Latina y líder de su sector en los mercados de Perú, Argentina, Brasil y Chile. Y tampoco las grandes operaciones energéticas de Endesa en Chile, Argentina, Brasil, Perú y Colombia; de Iberdrola, que participó activamente en la gestión de 23 empresas en Latinoamérica; y de Repsol, que culminó su estrategia de expansión internacional con la compra de la sociedad argentina Yacimientos Petrolíferos Fiscales (YPF). Todos esos grandes proyectos ya se realizaron y los procesos de privatización todavía pendientes en países como Paraguay, Ecuador o Venezuela, son menos relevantes desde el punto de vista de mercado potencial, exigen menos desembolsos y, en cualquier caso, la situación política actual no los favorece.

Finalmente, un tercer elemento disuasivo respecto a América Latina se deriva de las nuevas orientaciones de los programas y planes de apoyo a la internacionalización empresarial que ha realizado el Gobierno en los últimos años. Los planes "Ampliación" y "Asia-Pacífico" impulsan una diversificación de los destinos de la inversión española hacia Europa del Este, India y, especialmente, hacia China, país que junto a un enorme potencial de mercado (1200 millones de habitantes) y a un crecimiento económico superior al 9% en los últimos años, está acometiendo un gigantesco (por el tamaño y el volumen de las inversiones necesarias) proceso de modernización industrial y de infraestructuras similar al descrito en América Latina en los últimos quince años.

Adaptación del artículo publicado por José María Triper en *El País Negocios*

Una fórmula comercial madura

El desarrollo de la franquicia en España continúa a un ritmo vertiginoso y no se aprecian signos de ralentización. Existen pocos sectores económicos que hayan sido capaces de crecer en dobles dígitos en unos pocos años. La facturación de las franquicias en el conjunto del **comercio minorista** español camina progresivamente hacia el 15% del total.

Sectores como la **restauración**, el ocio, la confección o los servicios están actuando de locomotoras. A todos estos se añade un nuevo elemento: Internet. Las estrategias *e-business* empiezan a integrarse dentro de la franquicia y pueden ser un útil aliado para segmentar más los productos. Además, la entrada de las grandes compañías al mundo de la franquicia es, pues, una de las señas de identidad de los últimos tiempos. ¿Qué buscan? Fundamentalmente, una forma alternativa de crecimiento que tiene la particularidad de ser bastante barata.

Pero dentro de este panorama idílico no todo son claros, también hay sombras. La mortalidad de la franquicia siempre ha sido su principal talón de Aquiles. No hay cifras exactas en el sector, pero sí se pueden identificar sus causas. La principal es la incapacidad de los **franquiciadores** para conseguir **franquiciados**. A esto se llega porque ha habido algún fallo en un proceso previo, generalmente en la planificación. El mercado está cada vez más maduro y las nuevas **enseñas** tienen que encontrar su propio espacio, con lo que la segmentación es mayor día a día. Además, si la **cuenta de resultados** no se encuentra bien ajustada y la marca es poco conocida, la dificultad de desarrollar la franquicia aumenta.

Adaptación del artículo publicado en *El País Negocios* con el mismo nombre

10.2.C. Actividades

1. Relaciona los conceptos con sus correspondientes definiciones.

1. Franquiciador   2. Saber hacer   3. Marcas   4. Franquicia   5. Franquiciado

☐ **a)** Sistema de organización empresarial en que intervienen franquiciador, franquiciado, marcas, proveedores, contratos, método de administración, distribución, publicidad y patrones de organización. Su contrato significa cesión de derechos y obligaciones referentes a un territorio específico y bajo condiciones especiales.

☐ **b)** Empresario que adquiere los derechos cedidos por el franquiciador y contrae ciertas obligaciones para la explotación del negocio propio o a través de una o más unidades franquiciadas.

☐ **c)** Empresario o empresa que cede los derechos a otros para explotar y comercializar productos y servicios, durante un periodo de tiempo determinado. Por ello recibe una contraprestación económica y se obliga a apoyar y asistir al franquiciado en todo lo que le haga falta para desarrollar el negocio.

☐ **d)** Transmisión que el franquiciador hace al franquiciado del modelo de gestión que se ha desarrollado durante la evolución del negocio.

☐ **e)** Son los nombres, signos o imágenes comerciales que usan los productores o distribuidores para diferenciar sus productos o servicios de los demás y por los cuales los clientes los distinguen. Son propiedad de quienes los hayan registrado y pueden venderse, arrendarse o cederse.

2. Telefónica es una de las mayores empresas españolas inversoras en América Latina. ¿Recuerdas en qué países fue líder en la década anterior? Indícalos.

☐ Paraguay   ☐ México   ☐ Chile   ☐ Guatemala

☐ Argentina   ☐ Venezuela   ☐ Costa Rica   ☐ Uruguay

☐ Colombia   ☐ Brasil   ☐ Perú   ☐ Honduras

3. Hubo cuatro razones de la desaceleración inversora española en América Latina. Indica cuáles son las correctas a partir de la siguiente lista.

	Sí	No
1. El agotamiento de las privatizaciones.	☐	☐
2. El aumento del desarrollo económico mundial.	☐	☐
3. La crisis de Venezuela.	☐	☐
4. La aceleración de las privatizaciones.	☐	☐
5. La desaceleración de la economía mundial.	☐	☐
6. Los grandes proyectos en infraestructuras y construcciones.	☐	☐
7. La crisis en Argentina.	☐	☐
8. La ausencia de proyectos en telecomunicaciones y energías.	☐	☐

10.2.D Libertad de expresión

1. Un conocido te comenta que está pensando emprender un negocio comercial y está estudiando las diferentes formas para constituirlo. Escribe un texto en el que le expliques la estructura, formalidades y condiciones de la modalidad de la franquicia. Por ejemplo, explícale las relaciones y condiciones que existen entre franquiciado y franquiciador, qué tipo de sectores suelen tener más éxito y, por supuesto, háblale de las desventajas que conlleva este método.

10.3. ASÍ NOS VEN, ASÍ NOS VEMOS ....

10.3.A. Prelectura

1. De la siguiente lista de adjetivos, ¿cuáles definirían mejor la idea que tú tienes del carácter cubano?

☐ afable   ☐ presumido   ☐ apático   ☐ sencillo   ☐ vital

☐ introvertido   ☐ frívolo   ☐ sensible   ☐ creativo   ☐ egocéntrico

☐ fuerte   ☐ idealista   ☐ amable   ☐ apasionado   ☐ minucioso

☐ sensato   ☐ ambicioso   ☐ diplomático   ☐ pragmático   ☐ tacaño

EN CUBA

A diferencia de los demás países que hemos analizado en esta sección, Cuba tiene unas características socio-políticas totalmente diferentes. Se trata de un régimen político definido como centralizado y de corte socialista. Por lo tanto, no ha existido una clase empresarial arraigada en la sociedad durante los últimos 50 años y la mayoría de los negocios que se permite desarrollar con capital extranjero en ciertas áreas de la economía del país exigen antes o después arduas negociaciones con funcionarios del partido gobernante. Por ese motivo no podemos hacer una presentación de las principales reglas protocolarias sobre cómo hacer negocios en este país. En esta ocasión vamos a referirnos a aspectos generales del carácter cubano y de las circunstancias socio-culturales que rodean al país a finales de la primera década del siglo XXI.

Fusiones de razas y costumbres, en un proceso de varios siglos, dieron lugar a una cultura única que muestra rasgos africanos, aborígenes, chinos, franceses y, por supuesto, españoles. Todo ello en una especie de mezcla inigualable y de enorme riqueza a la vez.

Resulta difícil resistirse al encanto del carácter cubano. Alegre, locuaz y con gran sentido del humor, es esencialmente amistoso y solidario, servicial con todos y, especialmente, con los que visitan su país. Música y baile forman parte inseparable de la vida cubana. Amigo del chiste, la risa brota en forma franca y explosiva. Apasionado con sus ideas y convicciones, le gusta el debate. También le gusta inventar cuentos humorísticos, caminar por las calles, gesticular, hablar alto y saludar con efusividad. Sin embargo, ese gusto por la diversión está acompañado de uno de los niveles de instrucción y cultura más elevados de toda la región latinoamericana.

Pueblo hospitalario como hay pocos, a los cubanos les gusta congeniar con sus visitantes y, por ese motivo, las puertas de los hogares están siempre abiertas. Y es que el cubano ha hecho de la palabra bienvenido algo más que una simple fórmula de saludo al recién llegado. Esta palabra se inscribe en el vocabulario de cada cubano con mil acepciones cotidianas y se concreta, en cada momento, en una hospitalidad espontánea y amistosa, que hace más cálido el ambiente de la isla.

No todo es canto y fiesta. La mala situación económica que atraviesa Cuba desde hace ya muchos años no facilita las inversiones extranjeras a gran escala. Además, en Cuba los negocios no suelen marchar con rapidez. Hay que pasar por una enorme cantidad de trámites burocráticos y de regulaciones para tener éxito en operaciones comerciales. Asimismo, los pagos se demoran en exceso. Por esa razón, las embajadas de los países inversores están negociando constantemente con los diferentes sectores comerciales para conseguir saldar las deudas. A ello hay que sumar el temperamento relajado de los isleños, que no guarda relación alguna con parámetros occidentales para hacer negocios.

1. Caso práctico. A continuación te exponemos un caso simulado en el que una señora europea llamada Arroba Shaft realiza un viaje de negocios a Cuba.

La señora Arroba Shaft, europea, está de viaje de prospección en Cuba para conocer los rasgos de esa cultura y así poder averiguar sus posibilidades de negocios en un futuro próximo. Al llegar al aeropuerto internacional José Martí, expresa su total convicción de no tener la intención de hacer negociaciones con funcionarios del partido gobernante, ya que piensa que los negocios no deben mezclarse con la política.

Coge un taxi y en su camino al hotel dialoga con el taxista, el cual, con un carácter alegre y locuaz, le cuenta un par de chistes muy populares en la isla. La reacción de la señora Shaft manifiesta una total indiferencia hacia los chistes y, abiertamente, expresa no haberlos entendido del todo. A la llegada al hotel, el recepcionista le informa de que esa noche tendrá lugar en el hotel la celebración de una fiesta en la que habrá música y bailes del país. Ella manifiesta su interés por asistir a dicho evento y una vez ahí, conoce a algunos señores de negocios autóctonos que la invitan a participar en el baile. La respuesta de la señora Shaft es negativa. Para disculparse, alega no saber bailar bien. Mientras toma unas copas, da la razón constantemente a todo lo que ellos opinan. Después, ante la invitación de dar un paseo por la calle en grupo, se niega, afirmando que preferiría descansar porque tiene un fuerte dolor de cabeza a causa del alto volumen de la música y del alto tono empleado en las conversaciones.

En la despedida, uno de ellos la invita a comer en casa con su familia al día siguiente para que conozca a su mujer e hijos y le asegura que su mujer es una buena conocedora de la gastronomía cubana y que le gustaría mucho explicársela. La respuesta de la señora Shaft ante la invitación es que no quiere molestar y que preferiría comer en la terraza del hotel. Al día siguiente, en la comida, el pedido tarda mucho en llegar y la señora Shaft opta por quejarse ante la lentitud del servicio, exigiendo el libro de reclamaciones.

2. Una vez que hemos leído el caso práctico, ¿podrías contestar a las siguientes preguntas?

a) ¿Qué actitudes de la señora Shaft crees que no han sido acertadas desde el punto de vista de la cultura cubana? ¿Por qué?

b) Si comparas los rasgos culturales cubanos con los de tu país, ¿en qué coinciden o se diferencian?

10.4. VIAJE A LA ECONOMÍA DE AMERICA LATINA

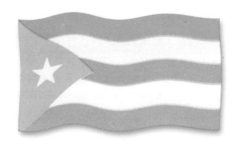

CUBA

Extensión geográfica (km²)	10 860 km²
Población (millones)	11,4
Capital de país	La Habana (2,2 millones de habitantes)
Otras ciudades importantes	Santiago de Cuba (500 mil hab.), Camagüey (300 mil hab.), Holguín (300 mil hab.), Guantánamo (240 mil hab.)
Densidad demográfica	103 hab./km²
Sistema de gobierno	Régimen comunista de partido único
Moneda	Peso cubano
PIB (per cápita)	$4400

10.4.A. Panorama de los sectores económicos

1. **Prelectura. ¿Sabrías decirnos qué rasgos definen a estos dos sistemas económicos?**

Sistema capitalista   Sistema comunista

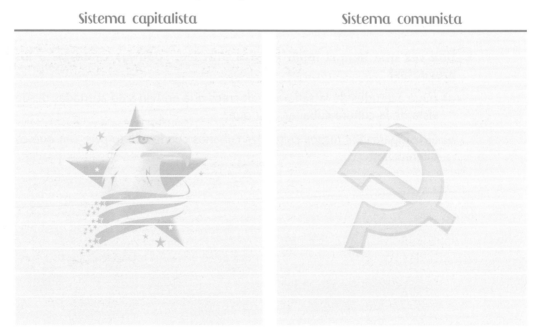

2. Texto.

CUBA

La economía cubana presenta unas características únicas en la región, no solo en su tradición productiva sino también en los factores que han determinado la evolución del país en las últimas cuatro décadas. Esas peculiaridades se resumen básicamente en tres: la adopción de un sistema económico basado en la planificación centralizada, el bloqueo económico estadounidense y el mantenimiento de estrechas relaciones económicas con los países ex socialistas hasta el comienzo de los años 90 (buscando más la complementación con la economía de esas naciones que una lógica productiva). Sin embargo, la economía cubana actual se encuentra inmersa en un proceso de progresiva liberalización, aunque tratando de preservar el modelo vigente que da prioridad a los criterios redistributivos.

En cuanto a los sectores económicos, la agricultura cubana posee, por lo general, condiciones favorables para su explotación y un nivel tecnológico del sector bastante aceptable, si bien, por dificultades financieras el grado de mecanización está poco avanzado. El producto más importante es el azúcar de caña, con una capacidad productiva entre 6 y 8 millones de toneladas anuales en décadas anteriores, ha caído a 1,5 millones en la actualidad. Son también importantes los cultivos de frutas y hortalizas, sobre todo los cítricos, cuyo volumen no cesa de aumentar gracias a las nuevas formas de organización pactadas con empresas extranjeras. Asimismo, el tabaco y el café ocupan un lugar destacado, y el primer producto, además, ha sido uno de los símbolos productivos de calidad que ha exportado la imagen de Cuba por todo el mundo.

La ganadería cubana se concentra en la producción de carne de bovino, porcino y pollo. En un futuro próximo, se proyecta desarrollar la ganadería en función de la alimentación con pasto. La pesca es otro sector que aumenta su peso cada día merced a las exportaciones y el desarrollo de la agricultura.

Los recursos mineros en Cuba son muy amplios. Entre los minerales metálicos más abundantes destaca el níquel, siendo esta isla caribeña la quinta productora mundial y una de las reservas mayores del mundo. Otros metales importantes son el cobalto, el cromo, el oro y la plata. La zeolita, la sal, el mármol y el granate son los minerales no metálicos más importantes. Cuba posee también yacimientos petrolíferos que solo cubren parcialmente el consumo de crudo en el país.

Históricamente, la industria azucarera ha sido la más importante de la economía cubana y también ha sido la fuente principal de divisas para el país hasta que el turismo se transformó en la actividad económica más productiva en la década de los 90. Sin embargo, esa tradición agrícola fue la base para el desarrollo de una amplia infraestructura en centros de investigación vinculados al sector azucarero y se alcanzaron numerosos logros industriales gracias a esa especialización. Las demás industrias del país se mueven más bien en la órbita del abastecimiento de las necesidades esenciales de la población. Ese es el caso de los sectores alimentario, farmacéutico, químico y textil o el de la industria del mueble, cuero y calzado, jabón y perfumes.

El desarrollo del sector turístico constituye la mayor esperanza de mejorar los ingresos y el nivel de vida de los cubanos. El objetivo de ampliar y mejorar la infraestructura hotelera y extrahotelera está basado en la ejecución de un amplio y acelerado programa de inversiones, normalmente con participación de capital extranjero.

Fuente: ICEX

3. **Comprendiendo el texto. Responde a las siguientes preguntas.**

a) **Elige la opción correcta a partir de la información obtenida en el texto.**

1. La economía cubana actual está enfocada…
   - ☐ **a)** a un proceso de liberalización.
   - ☐ **b)** a preservar el modelo vigente.
   - ☐ **c)** a modificarse en los criterios redistributivos.
   - ☐ **d)** a buscar una liberalización contrastada con el modelo vigente.

2. La economía cubana está definida por los siguientes aspectos…
   - ☐ **a)** planificación centralizada y economía bloqueada.
   - ☐ **b)** planificación centralizada y estrecha relación con países ex socialistas.
   - ☐ **c)** planificación centralizada, bloqueo económico y estrechas relaciones económicas con países ex socialistas hasta los 90.
   - ☐ **d)** planificación centralizada, bloqueo, progresiva liberalización y mantenimiento del modelo vigente.

3. ¿Qué sectores económicos forman la base de la economía cubana?
   - ☐ **a)** industria pesada, turismo, ganadería y servicios.
   - ☐ **b)** minería, pesca, agricultura, turismo y ganadería.
   - ☐ **c)** servicios, agricultura, minería y siderurgia.
   - ☐ **d)** siderurgia, agricultura, turismo y ganadería.

4. En cuanto a la agricultura cubana los rasgos definitorios serían…
   - ☐ **a)** condiciones favorables, dificultades financieras, nuevas formas de organización y nivel tecnológico aceptable.
   - ☐ **b)** proceso de desarrollo, industrialización, expansión y condiciones favorables.
   - ☐ **c)** nivel tecnológico aceptable, nuevas formas de organización, industrialización y proceso de renovación.
   - ☐ **d)** condiciones favorables, dificultades financieras, nuevas formas de organización y monopolio.

5. Respecto al comercio exterior podemos decir que Cuba exporta…
   - ☐ **a)** pesca, tabaco, café y azúcar.
   - ☐ **b)** petróleo, minerales, tabaco y cítricos.
   - ☐ **c)** café, frutas, hortalizas y pesca.
   - ☐ **d)** azúcar, níquel, tabaco y hortalizas.

6. Las actividades económicas cubanas en la actualidad y por orden de importancia son:
   - ☐ **a)** industria química y textil, industria azucarera.
   - ☐ **b)** industria azucarera e inmuebles.
   - ☐ **c)** turismo, azucarera, minería.
   - ☐ **d)** turismo, azúcar, tabaco y café.

7. El sector turístico cubano…
   - ☐ **a)** no se ha desarrollado y resulta deficitario.
   - ☐ **b)** se ha desarrollado gracias a las inyecciones económicas del gobierno y la inversión extranjera.
   - ☐ **c)** posee una infraestructura hotelera autofinanciada por el gobierno.
   - ☐ **d)** ha progresado únicamente por la inversión extranjera.

b) **¿En qué crees que consiste un bloqueo económico?**

c) **¿Qué objetivos perseguía Cuba en su relación económica con los países exsocialistas?**

d) **¿En qué crees que consisten los criterios redistributivos?**

e) **¿Cuál es la situación del sector agrario cubano?**

f) **¿Qué factores han condicionado la evolución del sector pesquero cubano?**

g) **¿Qué diferencias existen entre el sector de la industria azucarera y otros sectores industriales cubanos?**

10.4.B. Bloc de notas para el hombre y la mujer de negocios

- A pesar de la crisis económica casi permanente que sufre Cuba desde el desmoronamiento del bloque socialista al inicio de los años 90, este país es uno de los territorios de mayor estabilidad social de la región latinoamericana. No existen conflictos étnicos, religiosos o laborales, y los disturbios políticos han sido esporádicos después del triunfo de la revolución castrista y hasta finales de la primera década del siglo XXI.

- Sin embargo, la contracción económica ha dejado sus huellas en el incremento de las migraciones hacia otros países, el resurgimiento de lacras sociales como la delincuencia y la prostitución, y la agudización de negocios ilícitos, entre ellos el mercado negro. La población, en general, se ha empobrecido en la década de los 90 e inicios del siglo XXI, si bien su situación ha mejorado algo en estos últimos años.

- Actualmente Cuba es uno de los países con mayor proporción de población urbana de América Latina, y es reconocida por los niveles logrados en sus sistemas de salud y educación. Algunos indicadores sociales alcanzados son similares a los de las naciones de mayor desarrollo. Entre ellos destacan la tasa de mortalidad (siete defunciones por 1000 habitantes), la esperanza de vida al nacer, que supera los 77 años, y una mortalidad infantil por debajo del seis por mil. Cuenta además con un médico por cada 200 habitantes, como promedio.

- Cuba dispone de medio millón de graduados universitarios y de un maestro por solo 41 habitantes en todas las enseñanzas. La tasa de alfabetización es del 95%. Cuenta, además, con centros universitarios en sus 14 provincias, destacando la Universidad de La Habana con casi 300 años de antigüedad.

- Las vías de comunicación por carretera son aceptables, pero el estado de conservación no es bueno. El parque móvil es antiguo e insuficiente. El transporte ferroviario se utiliza muy poco, excepto en la producción azucarera. El país dispone de siete puertos marítimos y las comunicaciones aéreas han recibido una gran atención recientemente gracias al *boom* del turismo. Cuenta con 19 aeropuertos, y nueve son internacionales.

- Los bancos extranjeros pueden establecer oficinas de representación en Cuba para desarrollar actividades de gestión y coordinación de negocios entre el banco representante y los bancos del sistema nacional y otros organismos o entidades nacionales, pero no pueden realizar operaciones bancarias de forma directa.

- El canal principal de distribución de productos de consumo que no sean de primera necesidad ha vuelto a ser controlado estrictamente por el gobierno cubano a través de sus tiendas. El que se conocía como «área dólar», donde operaban tiendas de productos de consumo que vendían su mercancía en dólares americanos fueron suprimidas en 2004. Los márgenes comerciales de estas tiendas eran excesivamente elevados.

ooo⊏⟩

• Actualmente hay más de doscientas empresas estatales cubanas con licencia para exportar e importar. Las empresas extranjeras, tengan o no sucursal acreditada en Cuba, no pueden disponer de licencia de importación y solo pueden vender directamente a las empresas estatales importadoras autorizadas. Sin embargo, a través de sociedades mixtas (de inversores nacionales y extranjeros), con contratos de asociación económica internacional, se puede importar o exportar directamente

• En 2004 el Banco Central cubano decretó que los billetes de dólar estadounidense perderían su poder liberatorio en establecimientos comerciales y turísticos en los que habría de utilizarse, en su sustitución, el CUC (el peso cubano convertible, solo para Cuba) al tipo inicial de 1$ = 1 CUC. Los billetes de dólar, al cambiarse a CUCs estarían sujetos a un impuesto del 10%. Más que prohibir el dólar, con esa medida, lo que se pretendía era desincentivar el uso y la posesión de billetes. Esta medida afectó más a la población que a las empresas, dado que estas pueden tener sus cuentas y realizar transferencias en dólares.

Actividad

1. **Este es el bloc de notas de un empresario asiático que se dispone a hacer un viaje de prospección a Cuba con la intención de ver las posibilidades de realizar negocios con una empresa cubana que tiene licencia de importación y exportación. Nuestro empresario necesita ayuda, ya que carece de información que él considera primordial para realizar con éxito sus negociaciones, ¿podrías ayudarle?**

mis notas ✦ **mis notas** ✦ mis notas

La estabilidad social en Cuba:

Consecuencias de la contracción económica:

Sistema sanitario:

Educación:

Vías de comunicación:

Canal de distribución de productos de consumo:

Sistema monetario:

Los tropezones cubanos del capital extranjero

En 1989 un grupo español constituyó en Cuba la primera empresa mixta con el Gobierno de Fidel Castro. Aquella aventura, llamada *Cubacan*, fue un experimento. La Habana autorizó a ese primer grupo inversor la construcción de tres hoteles en la playa de Varadero, un negocio de 50 millones de dólares que resultó un éxito. El sector turístico, y específicamente los hoteles Sol-Palmeras, Meliá Varadero y Meliá Las Américas, fueron el tubo de ensayo donde las autoridades probaron la apertura al capital extranjero y evaluaron sus beneficios e incon-

venientes, en momentos en que necesitaban con desesperación una alternativa de dinero fresco tras la debacle socialista.

Extracto adaptado del artículo de Mauricio Vicent publicado con ese mismo nombre en *El País Negocios*

Ha nacido el turismo tabaquero

El turismo es la primera aportación de divisas a Cuba, y el tabaco la tercera después del azúcar. Los dos interactúan de maravilla: el turismo puede llevar a los aficionados al cigarro a Cuba y los visitantes que ya lo harían en cualquier caso, comienzan en la isla a conocer la cultura del habano.

Los cruceros echan el ancla en La Habana

La Habana se consagra como un puerto seguro para cruceros. Más de 250 barcos atracaron en los puertos cubanos en el último año, donde la terminal de Sierra Maestra fue la que registró mayor tráfico de pasajeros.

Estas dos últimas reseñas informativas proceden de la página 99 del volumen *Ingresar en el mundo profesional del siglo XXI*, París, Nathan, 2002

Actividades

1. ¿Cuál de las tres noticias te ha parecido más interesante? ¿Por qué?

2. Esta poesía corresponde a un poeta de Granada llamado Federico García Lorca. ¿Qué palabras no conoces? ¿Cuáles pertenecen al léxico cubano? ¿Qué palabras definen mejor la economía cubana? ¿Conoces algo de Santiago de Cuba? En caso negativo busca información en Internet e intenta hacer un folleto turístico sobre esta bella ciudad.

SON DE NEGROS EN CUBA

Cuando llegue la luna llena
iré a Santiago de Cuba.
Iré a Santiago.
En un coche de agua negra.
Iré a Santiago.
Cantarán los techos de palmera.
Iré a Santiago.
Cuando la palma quiere ser cigüeña.
Iré a Santiago.
Y cuando quiere ser medusa del plátano.
Iré a Santiago.
Con la rubia cabeza de Fonseca.
Iré a Santiago.
Y con la Rosa de Romeo y Julieta.
Iré a Santiago.
Mar de papel y plata de monedas.
Iré a Santiago.
¡Oh Cuba, oh ritmo de semillas secas!
Iré a Santiago.

¡Oh cintura caliente y gota de madera!
Iré a Santiago.
¡Arpa de troncos vivos, caimán, flor de tabaco!
Iré a Santiago.
Siempre dije que yo iría a Santiago
 en un coche de agua negra.
Iré a Santiago.
Brisa y alcohol en las ruedas.
Iré a Santiago.
Mi coral en la tiniebla.
Iré a Santiago.
El mar ahogado en la arena.
Iré a Santiago.
Calor blanco, fruta muerta.
Iré a Santiago.
¡Oh bovino frescor de cañaveral!
¡Oh Cuba! ¡Oh curva de suspiro y barro!
Iré a Santiago.

● Santiago de Cuba

10.5. ZON@ WEB

10.5.A. España

Vamos a conocer la página principal del Instituto de Comercio Exterior (ICEX) en la siguiente dirección:

www.icex.es

Actividades

1. En la página de inicio hacemos clic en el enlace *Conocer Icex* que está situado en la parte superior. En la columna de la izquierda hacemos clic en *¿Qué es el ICEX?* y seguidamente nos vamos al enlace *Presentación del ICEX*. En este último apartado se nos explican dos puntos muy importantes, las funciones y las áreas de actuación de este organismo, ¿sabrías decir cuáles son?

2. En el siguiente enlace *Guía de servicios* nos ofrecen una lista de las líneas de actuación del Icex. Una vez que las has leído intenta, por un lado, destacar de qué forma se impulsa la internacionalización y, por otro, buscar situaciones empresariales en las que estas líneas serían necesarias.

10.5.B. Cuba

Vamos a conocer algo más de este país por medio de la página Web de la industria cubana. Para acceder a su página vamos a la siguiente dirección:

www.cubaindustria.cu

Actividades

1. Empezaremos en el enlace *¿Quiénes somos?* y dentro de este nos vamos a *Panorama industrial*. En este apartado podrás obtener información acerca de la evolución de la industria cubana. Una vez que lo has leído intenta completar la siguiente tabla.

Década	Características principales
Los años 40	
Tras la revolución	
Los años 60	

2. Después encontraréis enlaces sobre diferentes ministerios cubanos que nos permitirán tener una visión general de la economía de este país. Os damos las siglas y tendréis que buscar el significado de cinco de ellos y dar algunas de las características que consideréis más importantes de cada uno.

MINAG	MINCEX	MFP	MINAZ	MINIL
CITMA	MICONS	MINAL	MINBAS	MIP

Autoevaluación

1. **Intenta reflexionar sobre las secciones que has comprendido mejor o peor. Para ello, intenta numerar cada una de ellas según el grado de comprensión obtenido. (Marca de 1 a 5 cada una de las secciones).**

España en su economía	
La prensa informa	
Así nos ven, así nos vemos	
Viaje a la economía de América Latina	
Zona Web	

2. **Una vez que ya has reflexionado sobre las secciones en general, intenta especificar las dudas que te han surgido en cada una de ellas.**

España en su economía	
La prensa informa	
Así nos ven, así nos vemos	
Viaje a la economía de América Latina	
Zona Web	

3. **A veces, hay dudas que podemos resolver nosotros mismos mediante instrumentos de consulta. ¿Cuáles crees que te podrían ayudar en esta unidad?**

○ Diccionario   ○ Internet   ○ Libros   ○ Otros recursos

4. **¿Qué área te gustaría estudiar más detenidamente en la siguiente unidad?**

○ Vocabulario   ○ Cultura corporativa   ○ Información económica   ○ Otros recursos

5. **Tu trabajo personal en esta unidad ha sido... (marca lo que corresponda)**

○ Bueno   ○ Malo   ○ Regular   ○ Podría mejorar

En caso de marcar la última casilla, piensa de qué manera lo podrías mejorar.

Anexo

TEMA 1

La integración económica en América Latina

Tras el ejemplo de la integración económica europea, se produjeron otros fenómenos análogos en otras partes del mundo y especialmente en Iberoamérica. Cabe decir que los primeros intentos de aproximación fracasaron por varias razones:

1. Los costes de los transportes.
2. Los conflictos existentes entre los países de la región.
3. La **tasa de inflación**, junto a la escasa estabilidad monetaria.
4. La intervención en la economía por parte de las autoridades.
5. La inestabilidad política.

Pese a estas circunstancias, se crearon una serie de tratados que, si bien en algunos casos no han continuado, sí se puede decir que fueron la semilla para otros. El primero de todos ellos fue la Asociación Latinoamericana del Libre Comercio (ALALC), creada en 1960 en Montevideo. La ALALC[1] estuvo constituida, en un principio, por once países y su objetivo prioritario fue conseguir el avance hacia una liberalización comercial entre los países miembros, en un periodo de doce años, junto con la creación de un área de preferencias económicas. Aunque la ALALC consiguió vencer muchos obstáculos, se detectaron finalmente signos de estancamiento que estaban causados principalmente

por la heterogeneidad de los países que la componían. El fracaso de la ALALC condujo a la creación de la Asociación Latinoamericana de Integración (ALADI).

La ALADI abandonó la idea del libre comercio promulgada por la ALALC para dar paso a una gran variedad de acciones bilaterales y multilaterales con el propósito de conseguir una integración económica más dinámica. Se trataba de desarrollar acciones de cooperación de carácter económico para alcanzar una ampliación de mercados basándose en la flexibilidad y el pluralismo. En 1991, en el Consejo de Ministros de Cartagena se tomaron iniciativas para adaptar la ALADI a los nuevos tiempos, aunque con resultados desiguales. Lo que sí cabe destacar son las diferentes fórmulas de cooperación que surgieron y el impulso de viejos modelos de integración que habían sido olvidados.

Entre todos esos modelos podemos citar los más destacados. Uno de ellos lo compone el grupo de tres (Colombia, México y Venezuela) que fue creado en 1990, abriendo paso a otros acuerdos por el acercamiento de México y Venezuela hacia el Mercado Común Centroamericano (MCCA) en 1991. Otro acuerdo fue el alcanzado por Argentina y Brasil en 1986, que más tarde sería ampliado a Uruguay y Paraguay, creándose así el Mercado Común del Sur (MERCOSUR). Otra agrupación de gran importancia fue el Pacto Andino[2] que tuvo que superar la salida de Chile y la dictadura peruana, transformándose así en la Comunidad Andina (CAN). Un acuerdo más, sería la Caribbean Free Trade Association (CARIFTA), convertida en 1973 en la Comunidad del Caribe y que está compuesta por quince países.

---

[1] Inicialmente la integraban Argentina, Brasil, México, Paraguay, Uruguay, Perú y Chile. En 1961 se unieron Colombia y Ecuador, en 1966 Venezuela y en 1967 Bolivia.

[2] Los cinco países fundadores de este acuerdo fueron Bolivia, Chile, Colombia, Ecuador y Perú. Chile se retiró en 1976, Venezuela se sumó en 1973 para salirse en 2006. El grupo andino se transformó en la Comunidad Andina (CAN) en 1988.

En la actualidad, los intentos de integración se caracterizan por trazar unas líneas más abiertas y variadas que las anteriores. De todos los acuerdos mencionados anteriormente solo permanecen cinco: el MERCOSUR, la Comunidad Andina, el MCCA[3] y la Comunidad del Caribe[4]. A ellos se han sumado dos nuevos, el Acuerdo de Libre Comercio de las Américas (ALCA) y la Asociación de Libre Comercio de América del Norte (ALCAN), integrado por Estados Unidos, Canadá y México. El primero de ellos, actualmente en crisis, es un intento de integración de treinta y cuatro países en una zona de libre comercio. Algunos de sus objetivos son: mejorar medidas sanitarias, **subsidios**, buscar posibles soluciones en caso de controversias, aplicar políticas de competencia, aumentar las compras en el **sector público**, facilitar el acceso a los mercados, economías más pequeñas, etc. El segundo acuerdo representa un intento de abrir un espacio de libre circulación de las tres monedas de los países que lo componen.

Damos paso a los objetivos más importantes que se perfilaron en cada uno de ellos:

CAN (Comunidad Andina): su objetivo era conseguir una unión aduanera y una regulación del tratamiento de los **capitales extranjeros**, llevar a cabo programas para racionalizar la producción industrial y mejorar la financiación.

MCCA (Mercado Común Centroamericano): pretendía establecer un mercado común en un plazo de cinco años. Uno de sus logros fue elevar en un 30% el comercio entre sus miembros. Se crearon conjuntamente un Banco Centroamericano de Integración Económica y una **Cámara de Compensación**.

ALCAN[5] (Acuerdo de Libre Comercio de América del Norte): buscaba la supresión de **barreras comerciales** entre los tres países en quince años, la **libre competencia**, el incremento de las **inversiones transnacionales** y el establecimiento de un mecanismo para resolver los conflictos. También introduce la posibilidad de ampliación a otros países.

MERCOSUR[6] (Mercado Común del Sur): preveía la eliminación de todas las barreras al comercio de bienes y servicios en un plazo de diez años. Se trataba de un proceso de carácter gradual según la situación social y económica de cada país. También supuso la creación de un mercado común basado en la libre circulación de personas, bienes y capitales. Es un proyecto que avanza por fases que incluyen:

a) La liberación comercial intra MERCOSUR, basada en la desaparición progresiva de **aranceles internos**, las excepciones temporales y la revisión de los problemas monetarios.

b) **Arancel común** frente a terceros países que comprendía bienes de capital, productos informáticos y telecomunicaciones.

c) Establecimiento definitivo de la unión aduanera, aunque aún no se hayan planteado las restricciones arancelarias que dificultan el comercio interno y vencer la tensión financiera en Brasil.

d) Solucionar los problemas comerciales del **sector de la automoción** y el azucarero, ejecutar las leyes establecidas, crear un mecanismo eficaz de resolución de conflictos y establecer sistemas de compensación en las economías de los países miembros.

ALCA (Acuerdo de Libre Comercio de la Américas): los objetivos a alcanzar en esta asociación van más allá de la eliminación de las **barreras arancelarias** entre los países que la componen. Se proponen además temas de suma importancia como promover la libre circulación de bienes, servicios y capitales, conseguir la internacionalización de las compras del sector público, crear una política agraria comunitaria y buscar una armonía en las **políticas de competencias**. La realidad más actual es que esta asociación se halla en una crisis profunda que amenaza con su desaparición.

---

[3] Esta asociación la forman Nicaragua, Honduras, El Salvador, Costa Rica y Guatemala.

[4] Con relación a los acuerdos de integración relacionados con el Caribe podemos citar el CARIFTA (Asociación de Libre Comercio del Caribe) que más tarde se transformaría en el CARICOM (Comunidad Económica del Caribe). Los miembros de este último acuerdo se incorporaron a su vez a la AEC (Asociación de Estados del Caribe) además del grupo de los tres, cuatro estados independientes y Holanda, Francia e Inglaterra.

[5] En inglés NAFTA (North- American Free Trade Agreement).

[6] Los países que componen este acuerdo son Brasil, Uruguay, Paraguay y Argentina. Recientemente se ha adherido Venezuela.

Preguntas de comprensión

1. **Indica cuáles de las siguientes razones motivaron que la integración económica latinoamericana fracasara en los primeros intentos:**

☐ a) El elevado precio que suponía la realización de las exportaciones.

☐ b) La negativa a integrarse por parte de algunos países.

☐ c) Las malas relaciones entre algunos de los países.

☐ d) La inestabilidad del valor de sus monedas.

☐ e) El cambio permanente de los gobernantes.

☐ f) La relación economía-política.

☐ g) La diferencia en las economías de los países.

☐ h) La integración perjudicaba más a unos países que a otros.

2. **Señala la respuesta correcta.**

1. Según el texto, el objetivo prioritario de la ALALC fue:

   ☐ a) Crear una economía desarrollada entre los países miembros.

   ☐ b) Crear una jerarquía económica entre los países miembros.

   ☐ c) Establecer una zona de libre comercio entre los países miembros.

   ☐ d) Estabilizar la economía de los países miembros.

2. Según el texto, el objetivo de la ALADI fue:

   ☐ a) Conseguir vencer el estancamiento de la economía latinoamericana.

   ☐ b) Alcanzar un expansionismo mercantil por medio de la cooperación.

   ☐ c) Luchar contra la liberalización económica y la globalización.

   ☐ d) Crear sindicatos.

3. Actualmente la integración se caracteriza por:

   ☐ a) La heterogeneidad de acciones desarrolladas.

   ☐ b) La nula disponibilidad a integrarse.

   ☐ c) El intento de marcar unos mecanismos integradores más abiertos y variados.

   ☐ d) Compartir intereses con los países ACP.

4. La ALCA pretende conseguir:

   ☐ a) Una liberalización comercial entre los países que la integran.

   ☐ b) Crear una competitividad económica entre los países que la componen.

   ☐ c) Un espacio de libre circulación de divisas.

   ☐ d) Una mejora en las medidas sanitarias.

3. **Vamos a dividir la clase en grupos. Cada grupo representará a una de las cinco organizaciones de integración económica de Latinoamérica.**

Se va a realizar el I Congreso de la Unión Económica de los Pueblos de Iberoamérica y en él se debatirán las ideas y objetivos que cada organización persigue. Antes de empezar a debatir deberemos decidir cuáles son las ideas a exponer del grupo y los objetivos que nos hemos marcado, teniendo en cuenta los del texto. No debemos olvidar que el objetivo final es crear las bases del Congreso de Integración de los Pueblos de América Latina (IPAL). Después del debate deberemos acordar por unanimidad cuáles son los puntos que nos han parecido más prácticos y eficaces para resolver la actual situación de la región. Una vez que lo hemos decidido escribiremos un documento en el que se especifiquen los objetivos para el desarrollo de Latinoamérica en los próximos años.

I CONGRESO DE
LOS PUEBLOS DE AMÉRICA LATINA

Nombre de la asociación: ....

Principios que defiende: ....
....
....
....

Propuestas: ....
....
....
....

Puntos a debatir con otros grupos: ....
....
....
....

Conclusiones: ....
....
....
....

En .... a .... de. .... de 2....

TEMA 2

El papel económico de los hispanohablantes en Estados Unidos (EE.UU.)

La hispanización de Estados Unidos adquiere rango estructural, residiendo allí más de 47 millones de latinos que representan más del 15 por ciento de la población. Las proyecciones oficiales indican que hacia mediados del siglo XXI uno de cada cuatro norteamericanos será latino. Esta situación se explica por la intensa inmigración y una tasa de natalidad superior al promedio estadounidense.

Algunos factores que explican el por qué los latinos no son engullidos en el *melting pot* anglosajón pueden ser estos: un creciente flujo migratorio unido a la persistencia en el uso de la lengua española a medida que se incrementa el número de hablantes. La flexibilidad de una cultura, la hispana, capaz de asimilar, pero difícilmente asimilable. Se debe tener en cuenta también que la concentración mayoritaria de población de origen latino se encuentra en el sureste de EE.UU. y en Florida, zonas muy próximas a América Latina y donde los medios de comunicación en español han experimentado una gran expansión.

La **demografía** se complementa con un dato económico fundamental para comprender el ascenso del mercado hispano: el acceso de los latinos a la clase media. La **renta per cápita** de los hispanos alcanzaba los 37 000 dólares en 2009, frente a un promedio estadounidense de 50 000 dólares. Además, las grandes empresas han comenzado a descubrir el potencial de este mercado, aumentando sus gastos en publicidad y favoreciendo el bilingüismo. Al aumentar el número de familias latinas y su poder adquisitivo, se percibe un segmento de consumidores que registra un mayor crecimiento en la demanda de numerosos bienes y servicios. Al entroncarse lo hispano en la identidad estadounidense, el influjo de su cultura incide sobre las preferencias del conjunto de consumidores. La sociedad se muestra abierta en la gastronomía: los burritos y enchiladas ya forman parte del *establishment* de la comida rápida. La música latina disfruta de un grado creciente de popularidad.

Las empresas hispanas han crecido un 230% en los últimos 15 años, alcanzando una cifra superior a los tres millones de pequeños y medianos negocios (pymes) cuyo volumen de facturación supera los 300 000 millones de dólares. Según estimaciones de la consultora Strategy Research Corporation, existirán casi diez millones de negocios latinos hacia el año 2015. Este aspecto puede estar cimentando una ventaja comparativa para el desarrollo de las pequeñas y medianas empresas (pymes) en dicho ámbito.

Las empresas latinas pueden competir mejor en la fabricación y distribución de alimentos y bebidas autóctonas. La cadena de supermercados Sedano fue fundada por un cubano que se dio cuenta de la escasez de productos hispanos en un barrio residencial de Miami hace más de 35 años. Los grandes bancos también están comenzando a prestar atención a un mercado que demanda más participacion en **fondos de inversión** y créditos hipotecarios. La proporción de familias latinas que dispone de una vivienda propia está creciendo casi el 50% a comienzos de este siglo.

Preguntas de comprensión

1. Enumera los factores que le permiten a la población latina de los Estados Unidos mantenerse con una identidad cultural propia.

2. ¿De qué manera la población latina residente en los Estados Unidos ha alterado y animado el panorama económico de ese país?

3. Según el texto hacia el año 2015 habrá unas diez millones de pymes latinas en EE. UU., ¿cuál será la evolución de estas pymes en el año 2030? Justifica tu respuesta de acuerdo con lo que has leído en el texto.

4. ¿Puedes dar ejemplos que muestren los aspectos en los que la cultura latina forma ya parte de la imagen cultural estadounidense?

5. Indica la opción correcta.

    1. Si las pymes no están bien estructuradas, corren el riesgo de .... por grupos financieros que son más competitivos.

    ☐ a) ser engullidas   ☐ b) ser corrompidas   ☐ c) ser protegidas

    2. La inflación de un país .... directamente en el índice de consumo de la población.

    ☐ a) depende   ☐ b) incide   ☐ c) sobresale

    3. Aquellas empresas que consiguen .... con éxito en un país receptor, pueden llegar a ser grandes generadores de riqueza.

    ☐ a) establecerse   ☐ b) disolverse   ☐ c) llegar

    4. El nivel de vida de un país está directamente ligado al .... de su población.

    ☐ a) número   ☐ b) desarrollo   ☐ c) poder adquisitivo

    5. El aumento del poder adquisitivo de un segmento de la población de un país supone…

    ☐ a) un aumento de la demanda.

    ☐ b) una disminución de la demanda.

    ☐ c) una demanda estable.

TEMA 3
El estatus de Puerto Rico

El pueblo boricua lleva más de 110 años enfrentado políticamente desde que en 1898 Puerto Rico pasó a depender de los Estados Unidos, una vez que España tuvo que retirarse como poder colonial. Las diferencias políticas entre los distintos partidos se plantean en torno al problema del estatus de Puerto Rico. Hay tres grandes tendencias: el Partido Popular defiende el estado libre asociado, el Partido Nuevo Progresista propone la plena integración en los Estados Unidos como estado número 51, y el Partido Independentista ansía la independencia frente a Estados Unidos. Un cuarto partido político,

Puertorriqueños por Puerto Rico, se certificó como partido político el 9 de mayo de 2007. Los habitantes de la isla disponen de nacionalidad y pasaporte estadounidenses, pueden instalarse en cualquier lugar de los Estados Unidos y sirven en sus fuerzas armadas, pero no pueden participar en las elecciones presidenciales, no disponen de ningún representante en el Senado y el único que envían a la Cámara de Representantes carece de derecho a voto.

Estados Unidos trata a Puerto Rico como un país, respetando sus derechos y deberes, pero en realidad cambia la ley si no le conviene, con la excusa del impago de impuestos, aunque en realidad se paga un 7% sobre los productos, como ocurre en España con el IVA. Tampoco se permite el comercio de la isla con otros países europeos e, incluso, la utilización de cualquier medio de transporte que no sea la **marina mercante** estadounidense.

Sin embargo, la mayoría de puertorriqueños no se plantea esa posible situación de desventaja que está padeciendo. Se ven superiores a sus hermanos latinos, por su estatus de estado asociado a la gran potencia, y se han acomodado a las facilidades que los Estados Unidos les proporcionan. Los puertorriqueños mantienen la lengua y cultura españolas. Con la plena integración Puerto Rico pasaría a ser el primer estado hispano de la Unión, un caballo de Troya de la lengua y cultura de raíces españolas en el imperio dominado por lo anglosajón.

Solo una cuarta parte de los más de 4 millones de habitantes de la isla son plenamente bilingües. Pero todos hablan castellano. No fueron solo los cuatro siglos de presencia española en el país, sino que el español se ha convertido para los isleños en una bandera de identidad y resistencia.

La economía de Puerto Rico es una de las más dinámicas del Caribe debido al turismo y las importantes inversiones de empresas estadounidenses, que se han visto favorecidas por incentivos y **exenciones fiscales**. Así, la agricultura y la pesca comercial, actividades económicas tradicionales, han quedado desplazadas por las industrias farmacéuticas, electrónicas y de alimentación. La escasez de tierra cultivable hace de la agricultura una actividad secundaria, reducida únicamente a productos tropicales (tabaco, bananas, caña de azúcar) y un cierto desarrollo de las granjas **avícolas**.

Preguntas de comprensión

1. Piensa en las hipotéticas ventajas y desventajas que tendría Puerto Rico si pasase a ser el estado 51 de EE. UU. ¿Cómo se vería beneficiado o perjudicado el ciudadano de a pie?

2. Imagínate que Puerto Rico alcanza su independencia absoluta, ¿cómo y de qué manera sobreviviría en el nuevo panorama económico mundial? Justifica tu respuesta.

3. Si tú fueras boricua, ¿con qué partido político te sentirías más identificado y por qué?

4. Explica de qué manera EE. UU. limita los derechos de los ciudadanos puertorriqueños respecto a los ciudadanos estadounidenses.

5. Explica de qué manera ha influido la presencia estodounidense en el panorama económico puertorriqueño.

6. Imagínate que eres un empresario estadounidense, ¿qué ventajas obtendrías si establecieras tu pyme en Puerto Rico en lugar de EE. UU.? Haz una lista de todas ellas.

— menos impuestos

TEMA 4

Hispanos en Miami

LA CIUDAD EN CIFRAS

- **Población:** 5,4 millones (incluyendo su área metropolitana). Hispanos: 61,3% (la mitad cubanos). Negros: 19,6%. Anglosajones: 18%. Asiáticos: 1,5%.

- **Temperatura promedio anual:** 24 grados centígrados.

- **Visitantes al año:** 11,5 millones.

- Segundo centro bancario de Estados Unidos después de Nueva York.

- **Depósitos bancarios:** 60 000 millones de dólares (solo en bancos y cajas).

- **Producto interior bruto:** 100 000 millones de dólares.

- **Número de empresas:** 90 000.

- **Principales industrias:** sanitarias, servicios, tecnología y telecomunicaciones, turismo, biotecnología, entretenimiento (música, cine, televisión, medios de comunicación), aviación.

Dentro de Estados Unidos (EE. UU.), la singularidad de Miami reside en que más del 40% de su población es bilingüe (inglés y español). Sin embargo, esta circunstancia y el propio entorno en el que se desarrollan los negocios, no debe hacer olvidar en ningún momento que el marco legal y las rigurosas exigencias administrativas son las que corresponden a EE. UU.

La privilegiada ubicación y las buenas comunicaciones hacen de Miami el cruce de caminos entre América del Norte y del Sur, a una razonable distancia de Europa, con cientos de vuelos directos todos los días a puntos clave de ambos continentes. Un aeropuerto que es el primero en carga de EE. UU. y un puerto que es también el número uno en mercancías a América Latina facilitan el puente comercial. Miami, además, se ha convertido en la ciudad más vital de EE. UU. y en capital del poder latino. Su riqueza supera la de la mayoría de los países latinoamericanos y su paisaje humano representa un mosaico de razas y lenguas, con toda la riqueza y todas las tensiones que ello implica.

¿Qué es Miami? "Una ciudad de frontera, un lugar que carece de pasado, y por tanto, se vuelca en el futuro". La definición es de Armando Codina, de 62 años, uno de los **megaempresarios** (construcción, telecomunicaciones, etc.) que en las décadas pasadas ha acumulado gran riqueza, para sí y para la zona. El condado de Miami-Dade se ha hecho muy rico. Su producto interior bruto es de 100 000 millones de dólares, superior al de la mayoría de los países latinoamericanos; cuenta con 90 000 empresas, recibe 11,5 millones de visitantes al año y es el portaaviones natural para quienes quieren invertir en el gigantesco mercado hispano que se extiende desde el Río Grande hasta la Patagonia. Atrae también a compañías estadounidenses de alta tecnología que buscan buenas infraestructuras y un clima agradable. Invierte fortunas en telecomunicaciones, además de ser uno de los epicentros del *punto.com*.

Otros factores que han contribuido a la ola de inversiones extranjeras (y españolas, en particular) son, por ejemplo, las grandes **ventajas impositivas** de Florida, la facilidad para constituir una sociedad (incluso en un solo día), la comodidad de hacer negocios en lengua castellana, la infraestructura financiera, de servicios y una **legislación laboral** muy favorable al empresariado. Y sin olvidar tampoco los bajos **costes operacionales** y el alto pero asequible nivel de vida (Nueva York es más de un 120% más caro y las empresas pagan el triple de impuestos; Los Ángeles es algo más caro y los **gravámenes** a las empresas se duplican).

No se puede hablar de Miami sin hablar de Cuba. Los cubanos se han hecho tan poderosos en la ciudad que muchos miembros de otras comunidades se sienten desplazados por esa influyente minoría. Las fricciones entre la comunidad anglo y la comunidad hispana es un tópico muy explotado. Sin embargo, la sociedad de Miami es mucho más compleja que esos dos bloques. Siendo una ciudad novísima y poblada por inmigrantes, el pulso entre anglos e hispanos —sería mejor decir cubanos- enmascara el fenomenal mosaico lingüístico, étnico y cultural que es Miami. Uno escucha inglés y castellano por la calle de forma casi indistinta. Pero también se escucha criollo haitiano, algo de francés— y algo de alemán, chino, japonés y árabe.

El magnetismo de Miami va más allá y toma un giro político. Entre los delegados de todos los países ya se empieza a hablar de Miami como la Bruselas de las Américas. Y no hay conferencia o convención continental importante que no se celebre en Miami. Unos 50 000 latinoamericanos llegan cada año a esta ciudad, la mayoría de alto poder adquisitivo. Huyen de la inestabilidad para hacen negocios en otros lugares del continente y no se sienten extranjeros, ya que casi tres millones de los habitantes de esta dinámica ciudad es de origen hispano.

Fuentes diversas

Preguntas de comprensión

1. ¿Por qué Miami se ha convertido en la ciudad más vital de los Estados Unidos?

2. ¿En qué se basa la economía de Miami?

3. ¿Por qué Miami es el paraíso de los empresarios?

4. Interpreta la siguiente idea: "Miami: la Bruselas de las Américas".

5. Elige la definición correcta para los siguientes términos.

1. **Ventajas impositivas:**

   ☐ a) Descuento en los precios.

   ☐ b) Ayudas a las imposiciones.

   ☐ c) Compensación a los impuestos.

   ☐ d) Ganancia en los negocios.

2. **Legislación laboral:**

   ☐ a) Obligación de trabajar.

   ☐ b) Conjunto de leyes referidas a los trabajadores.

   ☐ c) Conjunto de leyes referidas a los empresarios.

   ☐ d) Obligaciones del empresario.

3. **Costes operacionales:**

   ☐ a) Gastos inevitables para hacer funcionar un negocio.

   ☐ b) Beneficio o diferencia en la adquisición de un producto o servicio.

   ☐ c) Gastos derivados de las diferencias de precios.

   ☐ d) Precio que debe pagar el comprador en una operación mercantil.

JUEGO DE RECAPITULACIÓN

Rasgos / País	Diversidad étnica	Inversión educación	Mayor PIB	Sector industrial	Sector agrícola	Sector pesquero	Sector ganadero	Turismo	Producción minera	Mejores vías de comunicación	Exportaciones	Puntos
Argentina												
Uruguay												
Chile												
Brasil												
Perú												
Colombia												
Venezuela												
Panamá												
México												
Cuba												

Instrucciones: es hora de comprobar lo que has aprendido. Cada uno de vosotros representa a un país. Tenéis unos minutos para repasar las características que mejor definen la economía del país elegido. El siguiente paso es decidir, entre todos, el país que más destaca en cada uno de los aspectos económicos citados en cada columna. Para ello, hay que pensar en argumentos convincentes para la discusión. Se le adjudicará un punto al que consiga convencer al resto de la clase con sus razonamientos. **¡Ánimo!**

Glosario

Abanderamiento de buques (8.4.B) *flagging, registry*. Significa que el buque está matriculado en un país determinado que le otorga el derecho de llevar su enseña y el de invocar su protección, pero también le impone la obligación de soportar su intervención.

Abastecimiento (10.4.A) *provision, supply*. La acción de suministrar todo lo necesario, especialmente bienes de primera necesidad.

Accionariado (3.2.B) *shareholders collectively*. Conjunto de accionistas o poseedores de una parte del capital de una empresa o sociedad anónima.

Acciones (6.1.B) *shares, stock*. Partes en las que se divide el capital de una sociedad anónima. Son también títulos que representan la parte proporcional en la que el socio participa del capital de una sociedad y de la que dependen sus derechos y obligaciones.

Accionista (6.1.B) *shareholder*. Titular o dueño de acciones o partes que constituyen el capital de una empresa o sociedad anónima.

Acreedores (6.4.C) *creditors*. Personas o entidades a las que se les debe dinero.

Actividad extractiva (5.4.A) *exploiting of resources*. Se aplica a las acciones relacionadas con la obtención de materias primas o elementos de la naturaleza.

Actividad portuaria (4.2.B) *dock activity*. Acciones realizadas en los puertos, normalmente de atraque, carga, descarga, etc.

Activos bancarios (7.2.B) *bank assets*. Importe global de los valores, efectos, créditos y derechos de un banco.

Activos de renta fija (7.1.B) *fixed assets*. Son aquellos que la empresa posee o usa y que normalmente no se compran o venden como parte de su actividad habitual. También se refieren a deudas a mediano y largo plazo y, especialmente, a los bienes de capital, muebles e inmuebles, que sufren depreciación a lo largo del tiempo.

Acuicultura (9.4.A) *fish farming*. Técnica de cultivo, producción y explotación de especies animales o vegetales acuáticas.

Administradores (6.1.B) *trustees*. Personas que se ocupan de gestionar los intereses, bienes o riquezas de otra persona o de un grupo de personas.

Aeroportuaria (9.4.B) *airport (attr.)*. Relativo o perteneciente a un aeropuerto.

Ahorro interno (5.4.A) *domestic savings*. La capacidad de ahorrar del gobierno de un país, así como de atraer el ahorro de los ciudadadanos.

Ajuste (4.1.B) *adjustment*. Proceso por el que se aspira a resolver desequilibrios económicos. El ajuste puede implicar medidas monetarias, reducción de gasto público, moderación salarial, reconversión industrial, etc.

Al por mayor (2.3.C) *wholesale*. Se dice de la venta de algunas empresas realizada en grandes cantidades.

ALCA (Asociación de Libre Comercio de las Américas (6.4.C) *American Free Trade Association*. Los Jefes de Estado y de Gobierno de treinta y cuatro países de todo el continente americano anunciaron el plan de acción de la Cumbre que incluye la propuesta de creación de un área de libre comercio entre los países participantes.

Almacenaje (9.4.A) *stocking*. Proceso de reunir, guardar o acumular cosas, generalmente con la finalidad de distribuirlas o venderlas.

Añadas (3.2.B) *year harves*. Cosecha anual de vino.

Alta velocidad (9.1.B) *high speed:* Generalmente se refiere a la velocidad que algunos medios de locomoción alcanzan, como es el caso de los trenes de alta velocidad.

Aparato productivo (9.4.A) *productive machinery*. Los medios técnicos y recursos materiales que un país desarrolla para ser capaz de producir bienes y servicios eficazmente.

Aprovisionamiento (4.1.B) *supply*. Acción o resultado de suministrar algo a alguien o proveerse de algo.

Aranceles internos (anexo I) *internal tariff*. Los aranceles que se aplican mutuamente los países que forman parte de un mismo bloque económico.

Arancel exterior común (1.4.B) *common external tariff*. El arancel exterior común (AEC) es una de las características esenciales de la unión aduanera europea: se trata de aplicar derechos de aduana uniformes a los productos importados de terceros países, independientemente de cuál sea el Estado miembro de destino. El establecimiento del arancel exterior común se traduce en la homogeneización de la protección de los Estados miembros respecto a terceros países y en la creación de facto de una preferencia comunitaria (dado que las importaciones procedentes de otro Estado miembro no están sometidas a derechos de aduana, disfrutan por definición de un régimen más favorable que las importaciones procedentes de un tercer Estado).

Arancelarias (5.4.A) *tariff*. Relativo o perteneciente al arancel o impuesto.

Armar (4.1.B) *fit out*. Equipar una embarcación con todo lo que necesita.

Armadores (4.1.B) *shipowner*. Se aplica a la persona, organismo o empresa que posee uno o varios barcos y los equipa con fines comerciales.

Atomización (5.1.B) *atomization*. Se refiere al número excesivo de unidades de pequeño tamaño en un sector o actividad económica.

Autofinanciación (7.1.B) *self-financing*. Acción o resultado de financiarse con los propios beneficios que una persona o empresa obtiene por sus actividades.

Autovías (9.1.B) *toll-free highway*. Carretera exenta de peaje con los dos sentidos de la circulación separados con dos carriles para cada uno de ellos.

Avícolas (anexo III) *chicken, poultry*. Referido a granjas y cría de aves de corral, generalmente pollos.

Balanza de pagos (8.1.B) *balance of payments*. Registro comparativo de los gastos y cobros de un país en un determinado período de tiempo.

Banca comercial (9.4.B) *commercial banking*. Desde el punto de vista legal, son sociedades anónimas dedicadas a realizar las múltiples operaciones comerciales originadas por el dinero y los títulos que lo representan, considerados como mercancías, configuran, por lo tanto, entidades mercantiles que comercian con el dinero. Entre las principales operaciones que realizan los bancos son: depósitos, cuentas corrientes, cambio de monedas, transferencias, giros, descuentos, préstamos y emisión de cheques. También se usa este término para referirse a un establecimiento de origen privado o público que, debidamente autorizado por la ley, admite dinero en forma de depósito para, en unión de sus recursos propios, poder conceder préstamos, descuentos y, en general, todo tipo de operaciones bancarias.

Banca privada (4.4.B) *private banking*. Ver **Banca Comercial**.

Banca pública (4.4.B) *public banking*. Cuando la actividad bancaria se realiza a través de entidades que son propiedad de un estado.

Banco Central Europeo (BCE) (7.1.B) *European Central Bank*. El BCE tiene personalidad jurídica propia de acuerdo con el derecho público internacional y constituye el núcleo del Eurosistema organizado en la Unión Europea. Es además el banco emisor del euro (moneda europea de la mayoría de los estados miembros).

Banco central (6.4.B) *central bank*. Es una forma de referirse al banco emisor de la moneda de un país y que, además, supervisa el sistema financiero de toda una nación.

Banco de España (7.1.B) *Bank of Spain*. Es el banco central que se encarga de supervisar la solvencia y comportamiento de las entidades financieras, asesorar al gobierno, realizar las estadísticas, informes y estudios necesarios relacionados con su responsabilidad y su posterior publicación, y cooperar con el SEBC (Sistema Europeo de Bancos Centrales) para reunir la información que sea necesaria en la elaboración de estadísticas. Es su labor, también, ofrecer servicio de tesorería y financiero de la deuda pública al Tesoro, además de a aquellas autonomías que así lo soliciten.

Las funciones en las que participa dentro del SEBC son: definir y ejecutar la política monetaria de la Comunidad, ejecutar la política cambiaria y realizar operaciones de cambio de divisas, poseer y gestionar las reservas oficiales de divisas de los estados miembros, promover el buen funcionamiento del sistema de pagos y emitir los billetes de curso legal.

Banco emisor (7.1.B) *issuing bank*. El que emite un crédito documentario a petición del importador.

Banco Interamericano de Desarrollo (BID) (5.4.B) *Inter-American Development Bank*. Creado en 1957 por EE. UU. y los países iberoamericanos, tiene su sede en Washington, D.C. Actualmente, también son socios del BID Canadá, Reino Unido, Alemania, Francia, Italia y España. El BID facilita créditos a largo plazo a sus países miembros para proyectos de desarrollo económico.

Banco Mundial (2.4.C) *World Bank*. Se constituyó en 1944 con base en una de las decisiones de la Conferencia de Bretton Woods. Con sede en Washington, D.C., de él forma parte la práctica totalidad de los países occidentales y algunos del Este de Europa. Sus objetivos se centraron inicialmente en la reconstrucción de los daños originados por la guerra en Europa, pero al tomar el relevo de esas tareas el Plan Marshall, este banco empezó a prestar su atención a los países menos desarrollados, en los cuales polariza hoy toda su actividad, en forma de créditos a largo plazo, generalmente con un interés más bajo que el del mercado.

Barreras arancelarias (anexo I) *tariff barriers*. Obstáculos que ponen los países a la entrada de productos de otras naciones mediante impuestos elevados que hagan muy costosa su adquisición.

Barreras comerciales (anexo I) *commercial barriers*. Obstáculos de todo tipo que ponen los países a la entrada de productos de otras naciones.

Beneficencia (2.2.B) *public welfare*. Actividad de quien, desinteresadamente, ayuda a quienes lo necesitan aportando dinero u otros medios.

Bienes de consumo (7.4.A) *consumer good*. Los que compra el consumidor para satisfacer un gusto o necesidad.

Bienes de equipo (3.4.A) *capital goods*. Los que sirven para producir otros bienes: maquinaria, instalaciones industriales, etc.

Bienes de primera necesidad (4.4.B) *staple commodities*. Los que compra el consumidor para satisfacer un gusto o necesidad básica.

Bloqueo económico (10.4.A) *economic embargo*. Situación en la que se le impide a un país que pueda vender o adquirir bienes y servicios libremente, frecuentemente a través de medidas de fuerza.

Bodegas (3.2.B) *wine cellars*. Lugar subterráneo donde se elabora o conserva el vino.

Bolsa (5.2.B) *stock exchange market*. Lugar físico donde habitualmente se llevan a cabo transacciones de títulos valores.

Bolsa de valores (7.1.B) *stock exchange market*. Mercado de capitales abierto al público donde se realizan operaciones con títulos de libre cotización: acciones, bonos y títulos de la deuda pública, certificados en divisas, etc. La bolsa de valores hace posible la existencia de un mercado secundario, puesto que los inversionistas acuden a ella aportando sus capitales para comprar los títulos ya emitidos por las empresas privadas o el sector público. La existencia de una bolsa de valores permite a las empresas, a su vez, obtener capitales para sus proyectos y su desarrollo.

Bonos del estado (6.2.B) *treasury bond*. Certificado emitido por un gobierno con promesa de devolver a quien lo adquiere el dinero tomado a préstamo. La palabra se utiliza en la práctica, más específicamente, para designar a los títulos de la deuda pública de un país emitidos por la tesorería del Estado. Los bonos, generalmente, devengan un interés fijo y son emitidos a largo plazo, aunque existe una gran cantidad de variantes al respecto.

Bonos negociables (6.2.B) *marketable bonds*. Bonos que se pueden comprar o vender a terceros en mercados financieros.

Buques de altura (4.2.B) *deep-sea vessels*. Barcos (normalmente de pesca) que navegan a grandes distancias de las costas (en alta mar).

Cadena hotelera (5.4.A) *chain of hotels*. Serie de hoteles de la misma empresa instalados en distintas ciudades o países.

Caja de compensación (8.4.C) *equalization fund*. Cuenta en el banco central de un país, normalmente utilizada por su gobierno para comprar y vender divisas y así influir en el tipo de cambio.

Caja de ahorros (7.1.B) *savings bank*. Entidad financiera donde uno puede depositar sus ahorros a cambio de un interés, así como realizar otras operaciones financieras. En España, estas entidades tienen la obligación de invertir parte de sus beneficios en obras culturales y sociales.

Caladeros (4.1.B) *fishing bank*. Lugar idóneo para pescar en el mar abierto, dado que suele existir una gran concentración de peces.

Cámara de compensación (anexo I) *clearing house*. Asociación de bancos para compensar préstamos y deudas mutuas con el propósito de realizar una liquidación final con el menor movimiento de dinero posible.

Cámaras de comercio (10.1.B) *chambers for commerce*. En España, instituciones de ámbito provincial o comarcal, creadas para desarrollar actividades de apoyo al tráfico mercantil en general y al comercio exterior.

Canales de comercialización (5.4.B) *distribution channels*. Sistema organizado de distribución de productos comerciales para facilitar su venta.

Capital humano (2.1.B) *human capital*. Cantidad de conocimientos que posee una sociedad o un individuo, adquiridos mediante la escolarización o el aprendizaje por experiencia.

Capital privado (2.2.B) *private capital*. Conjunto de los bienes materiales (en efectivo, inmuebles, etc.) que posee una persona o una empresa.

Capital social (6.1.B) *capital stock*. Valor nominal de las acciones de una sociedad.

Capitales (10.1.B) *capitals*. Dinero (u otros bienes materiales) que una persona o asociación de personas aporta para crear un negocio.

Capitales extranjeros (anexo I) *foreign-owned capital*. Inversiones financieras o productivas que un país recibe desde otros países.

Capitalización (5.4.A) *capitalization*. Acción de aportar recursos en una empresa, o de convertir sus reservas en capital social.

Carestía (8.1.B) *high cost of living*. Precio muy elevado de los bienes de consumo de uso habitual.

Cargamentos (4.1.B) *load, cargo*. Conjunto de mercancías que se transportan o se llevan.

Centro comercial (10.1.B) *shopping center*. Recinto o edificio de grandes dimensiones, en el que, además de los establecimientos comerciales, suele haber restaurantes, zonas de juego para niños, salas de cine, etc.

Certamen (8.4.B) *contest*. Competición de diferentes tipos entre dos o más personas (o empresas) donde se disputan uno o varios premios.

Comercialización (3.2.B) *commercialization*. Organizar la distribución y venta de productos.

Comercio (1.4.B) *trade, commerce*. Actividad de comprar y vender.

Comercio minorista (10.2.B) *retail trade*. Modalidad de comercio donde el minorista compra grandes cantidades de un producto a un mayorista y lo vende por unidades al consumidor.

Comisión Nacional del Mercado de Valores (7.1.B) *Spain's Stock Exchange Commission*. Es la que en España regula y supervisa los mercados de valores. Está formada por siete miembros, todos designados por el gobierno del Banco de España y el Director General del Tesoro y Política Financiera.

Competitivas (3.1.B) *competitive*. Que pueden competir con éxito en un mercado.

Competitividad (4.4.A) *competitiveness*. Capacidad de competir con otros, en especial en economía y deportes.

Complejo turístico (5.4.B) *tourist complex*. Conjunto de establecimientos o instalaciones destinadas a ocio y diversión en un mismo lugar.

Comunidad Económica Europea (10.1.B) *European Economic Community (EEC)*. Proceso europeo de integración supranacional, puesto en marcha por el Tratado de Roma de 1957, para formar un mercado común, inicialmente de "los Seis" (Francia, Italia, República Federal de Alemania y los tres países del Benelux). En 1973 pasaron a ser "los nueve" (con la adhesión del Reino Unido, Irlanda y Dinamarca), en 1981 "los Diez" (con Grecia), en 1986 "los Doce" (con Portugal y España) y en 1995, "los Quince" (con la incorporación de Suecia, Austria y Finlandia). Actualmente esta asociación se denomina Unión Europea y se ha extendido a 10 países más.

Comunidades autónomas (2.2.B) *Autonomous communities*. Son las diecisiete unidades territoriales en que se divide España actualmente y que gozan de una elevada autonomía de gobierno.

Concentraciones (5.2.B) *business combinations, groups*. Asociación de empresas para ganar un mayor volumen y ser más competitivas.

Concesionarios (1.4.B) *dealers*. Personas físicas y/o jurídicas que explotan cierto negocio en nombre de un solo comerciante o una sola empresa a cambio de un porcentaje. Muchas empresas grandes tienen una red de concesionarios (sobre todo las de maquinarias y automóviles).

Concesiones (4.4.B) *concessions, grants*. Contrato que realiza la administración o una institución con un particular o una empresa para construir o explotar un bien público.

Consejero delegado (9.2.B) *managing director, chief executive officer (USA)*. Es el miembro del consejo de administración de una sociedad anónima, en quien se delega su administración.

Consejo de administración (6.1.B) *Board of directors*. Es un órgano de la Sociedad Anónima que se ocupa de supervisar y guiar la actuación de la dirección, y de administrar y representar a la sociedad. Está formado por un grupo de consejeros y es renovable periódicamente. Una Sociedad Anónima puede tener un solo administrador o un Consejo de Administración.

Construcción naval (4.2.B) *shipbuilding industry*. Técnica y arte de construir barcos.

Constructoras (5.1.B) *builders*. Empresas o personas que se dedican por profesión o negocio a la construcción.

Consultora (2.2.B) *consultancy*. Empresa especializada en asesorar a otras, aconsejándoles en materias determinadas de las que es especialista.

Contenedores (1.4.B) *containers*. Embalaje metálico grande y recuperable, de tipos y dimensiones normalizadas internacionalmente y con dispositivos para facilitar su manejo. Se usa en el transporte de mercancías.

Contratación (2.2.B) *contract; hiring*. Realización de un contrato con una persona para que haga algo a cambio de dinero u otra contraprestación.

Contracción económica (10.4.B) *recession*. Situación en la que la economía de un país no solo no crece, sino que pierde valor y suele estar provocada por una crisis económica.

Control de cambios (8.4.B) *exchange control*. Medidas que adoptan las autoridades monetarias de un país para influir directamente sobre el tipo de cambio exterior de su propia moneda, bien de forma directa o mediante instrucciones; o bien, para regular de cualquier manera los cobros y pagos con el extranjero, tanto en divisas como en moneda nacional, así como la adquisición o cesión de bienes y derechos de contenido económico entre residentes y no residentes.

Convertibles (10.4.B) *convertible*. Se aplica generalmente a las monedas o divisas que se pueden convertir en dólares, euros, u otras monedas fuertes.

Corporativo (9.2.B) *corporate*. Relativo o perteneciente a una determinada empresa o corporación, o bien a una determinada asociación o agrupación de personas.

Corredores (7.1.B) *brokers; middlemen*. Son agentes especializados en un tipo de comercio (inmobiliario, seguros, mercancías, etc.) cuyo trabajo consiste en poner en contacto a vendedores y compradores para que hagan un negocio, por lo que reciben un porcentaje de la operación que se llama corretaje.

Costes de producción (3.4.A) *production costs*. El gasto o sacrificio en que se incurre en la producción de una mercancía o un servicio.

Cotizaciones (3.2.B) *quotation; price*. a) Cuota que hay que pagar para beneficiarse de las prestaciones de una institución. b) Participación de las acciones u otros valores en la bolsa para la publicación de sus precios. c) Precio que alcanzan en bolsa las acciones u otros valores.

Crédito (6.4.C) *credit; loan*. Cantidad de dinero que presta el acreedor al deudor por un plazo determinado y a la que se le suman intereses.

Créditos hipotecarios (7.1.B) *mortgage credit*. Garantía que afecta la propiedad de un bien inmueble al cumplimiento de una obligación. Los créditos hipotecarios tienen gran importancia en la financiación de la vivienda y para inversiones en obras y equipos en la agricultura. En caso de impago, el acreedor tiene derecho a ejecutar la hipoteca, o sea, a quedarse con la propiedad impagada.

Crisis financiera (8.4.C) *financial crisis*. Momento difícil de una empresa o un país en el cual no tiene liquidez suficiente para pagar lo que debe.

Criterios redistributivos (10.4.A) *redistributive criteria*. Razones para distribuir la riqueza o el dinero que un estado recoge entre la población con menores recursos económicos.

Crudo (7.4.A) *crude oil*. Petróleo sin refinar.

Cuenta de resultados (10.2.B) *income statement*. Cuenta que muestra los ingresos, los gastos y los beneficios normales de una empresa determinada en un periodo concreto.

Cultivo extratemprano (3.1.B) *extra early crops*. Técnica y terreno en el que se cultiva determinado tipo de fruta, verdura, cereales, etc. en condiciones especiales y cuyos frutos maduran en las estaciones en las que normalmente no podrían hacerlo.

Cultura corporativa (2.3.B) *corporate culture*. Conjunto de valores compartidos, normas, pautas de conducta y símbolos, que cohesionan socialmente a los miembros de una organización.

Cultura empresarial (8.3.B). Ver ***Cultura corporativa***.

Cuota de mercado(3.2.B) *market share*. Proporción que en las ventas totales de una mercancía en un espacio comercial determinado representan las de una empresa o las de un país.

Déficit comercial (8.1.B) *trade deficit*. Es el desequilibrio negativo que se produce en la balanza comercial de un país porque compra más bienes y servicios en el exterior de los que es capaz de vender.

Déficit fiscal (1.4.C) *fiscal deficit*. Es el desequilibrio negativo que se produce en las finanzas de un país cuando recauda menos impuestos de los que había presupuestado para un periodo determinado.

Deforestación (1.1.B) *deforestation*. Degradación o pérdida de la masa forestal de un terreno.

Demografía (anexo II) *demography*. Conjunto de la población o los habitantes de un país.

Derechos arancelarios (8.4.C) *customs duties*. En el comercio exterior, los que se pagan conforme al arancel (impuesto) de aduanas.

Desaceleración económica (10.2.B) *downturn*. La reducción en el ritmo o el nivel de crecimiento en la economía de un país o conjunto de países.

Desarme arancelario (7.4.B) *tariff dismantling*. La acción de suprimir, gradualmente, las barreras al comercio.

Desarrollo sostenible (8.1.B) *sustainable development*. Expansión de un sistema económico que conduce a un incremento de la producción y de la renta y a una mejor distribución de esta, siempre en armonía con el medio ambiente y los recursos disponibles.

Desembolso (6.2.B) *payment*. La entrega de dinero que se hace a cambio de un bien o un servicio.

Desempleo (2.1.B) *unemployment*. Paro forzoso o situación en la que un trabajador no tiene ninguna ocupación laboral.

Desertización (1.1.B) *desertification*. Transformación de un territorio en desierto por razones naturales o por la acción del hombre.

Desintermediación financiera (7.2.B) *disintermediation*. La posibilidad de suprimir al intermediario, cuando un prestamista, para eludir a los bancos, toma dinero directamente de instituciones inversoras, reduciendo su coste financiero.

Desregulación (1.4.A) *deregulation*. La fórmula de reajuste para lograr una mayor flexibilidad de funcionamiento económico, consistente en la privatización de las empresas públicas, la desarticulación de los sistemas de intervención en materia bancaria, de transportes, telecomunicaciones, etc., la supresión del salario mínimo, y la plena libertad de contratación laboral acompañada del derecho de despido.

Destilación (3.2.B) *distillation*. Acción o proceso de destilar, consistente en separar las sustancias volátiles de una mezcla líquida o sólida en un punto concreto de ebullición, mediante evaporación y posterior condensación, para obtener el componente más volátil en su forma pura.

Deuda externa (1.4.A) *external debt*. Procedimiento para obtener recursos, por parte del Estado, otros poderes públicos o grandes empresas de ámbito nacional en los mercados de capitales externos al propio país.

Deuda pública (2.2.B) *public debt*. Forma de obtener recursos financieros por el Estado, otros poderes públicos, o sus organismos autónomos mediante emisiones de títulos valores, generalmente negociables en bolsa.

Directivos (3.2.B) *executives*. Personas que pertenecen a una junta o equipo de dirección de una empresa o una organización.

Directorio del Estado (5.5.B) *The Directory*. Lista de nombres y direcciones de determinada clase de personas, comercios o instituciones públicas.

Distribución de la renta (4.4.C) *income distribution*. La forma en que la riqueza se reparte en un sistema económico en particular.

Distribución detallista (10.1.B) *retailing*. Venta al por menor, o sea, al consumidor final.

Distribución minorista (5.4.B). Ver ***Distribución detallista***.

Distribución (4.4.B) *distribution*. Entrega de la mercancía a los vendedores o a los consumidores.

Divisas (4.4.A) *foreign currency, foreign exchange*. Referencias en moneda extranjera.

Doble imposición (6.2.B) *double taxation*. Aplicación de impuestos semejantes en dos Estados diferentes sobre la misma materia imponible y por el mismo periodo de tiempo, por darse la circunstancia de ser el sujeto pasivo residente simultáneamente en dos Estados.

Domicilio social (6.1.B) *registered office of a company; business address*. Dirección a todos los efectos legales de la sede principal de una sociedad o de cualquier empresa.

E-business (2.2.B). Negocios que se realizan a través de internet.

Economía sumergida (9.4.A) *black/underground economy*. Conjunto de actividades económicas que se mantienen oficialmente ocultas y que se realizan al margen de la ley, evitando así tener que pagar los impuestos legalmente establecidos.

Efecto tequila (1.4.C) *tequila effect*. Crisis económica que afectó a toda la región de América Latina y que se inició con el colapso del sistema bancario y financiero de México en 1994.

Ejecutivos (2.3.B) *executives, managers*. Personas que ocupan un cargo directivo en una empresa.

Ejercicios (4.4.A) *fiscal year*. Periodo de tiempo en el que se estudia el balance de una empresa. Suelen ser anuales.

Empleo (4.1.B) *employment*. Situación donde una persona pasa a ocuparse de una actividad remunerada con un salario.

Empleos directos e indirectos (8.1.B) *indirect and direct employments*. Se llaman empleos directos aquellos que un sector económico proporciona de manera directa y empleos indirectos cuando se crean por el efecto beneficioso de un sector determinado. Por ejemplo, el sector de la pesca da empleo directamente a los pescadores en los barcos e indirectamente a los vendedores en las pescaderías o a los obreros de las fábricas de conservas de pescado.

Empresa pública (3.4.A) *state-owned company*. Aquella empresa cuyo capital social pertenece, al menos en un 50%, a una determinada administración pública o a un *holding* formado por esta.

Energía hidráulica (1.1.B) *water power*. La que se obtiene a partir de la fuerza producida por el agua.

Energías renovables (1.1.B) *renewable energy*. Energías que no contaminan y se renuevan constantemente. Por ejemplo, la energía eólica o la solar.

Enseña (10.2.B) *emblem, banner, flag*. Objeto o figura que se lleva o exhibe a modo de bandera o estandarte y que representa a una persona, colectividad o cosa.

Entidades financieras (7.1.B) *financial corporations*. Entidades cuyas actividades se relacionan con el ámbito bancario y/o bursátil. Entre otras cosas, suministran dinero a empresas bajo diferentes fórmulas de contrato.

Erosión (1.1.B) *erosion*. Desgaste de la superficie terrestre por factores externos como el agua o el viento.

Escritura pública (6.1.B) *public deed*. Documento oficial en que se señala un compromiso del que derivan derechos y obligaciones.

Espiral inflacionista (2.2.B) *inflationary spiral*. Situación en que el incremento de los precios se dispara y queda fuera de control.

Estabilización económica (5.4.A) *stabilization*. Medidas económicas que consisten en matener el aumento de los precios dentro de límites moderados.

Estacionalidad (8.1.B) *seasonal nature*. Cualidad de aparecer o tener lugar algo en una estación determinada.

Estatutos (6.1.B) *statutes*. Reglas legales que sirven a una sociedad o corporación para registrarse desde su constitución. Esas normas suelen recogerse en una escritura.

Estructura productiva (4.4.A) *productive structure*. Sistema o conjunto unitario en el que las partes están unidas por una relación de dependencia con la finalidad de producir algo.

Excedente (3.2.B) *surplus*. Cantidad en que la oferta de un producto supera a su demanda.

Exenciones fiscales (anexo III) *tax exemptions*. Dispensa legal del pago de un impuesto por una razón concreta; p.e.: las importaciones de productos de los que no hay fabricación nacional.

Exportaciones (1.2.B) *exports*. Ventas de bienes al exterior.

Expropiación (7.4.C) *expropriation*. Acción de desposeer de un bien o un derecho a su propietario por motivos de utilidad pública y mediando una indemnización por el justiprecio legalmente fijado.

Extrahotelera (10.4.A) *accommodation outside hotels*. Oferta de alojamiento en establecimientos no hoteleros.

Facturación (3.2.B) *turnover*. Volumen total de ventas de una empresa durante un año.

Feria comercial (2.4.B) *trade fair, trade show*. Evento de exhibición comercial para contratar la compra-venta de toda clase de productos o servicios.

Feria multisectorial (3.4.B) *multisector fair*. Exhibición de productos industriales diversos (informática, libros, automóviles, etc.) instalada en grandes pabellones y por secciones. Puede ser de carácter regional, nacional o internacional.

Filiales (6.2.B) *subsidiaries*. Del latín "filius", hijo. Empresa que aun teniendo plena responsabilidad jurídica y autonomía financiera, depende de una sociedad matriz.

Financiación (5.4.A) *financing*. Acción de financiar, suministrar dinero a una empresa. También el dinero suministrado.

Finanzas (5.1.A) *finance*. Área de la economía de la que se estudia el funcionamiento de los mercados de capitales y la oferta y precio de los activos financieros.

Fiscales (5.4.A) *fiscal*. Relativo o perteneciente al área de los impuestos.

Flota (4.1.B) *fleet*. Conjunto de barcos mercantes o de pesca pertenecientes a un país o a una compañía naviera.

Fondo Monetario Internacional (FMI) (7.4.A) *International Monetary Fund (IMF)*. El organismo de las Naciones Unidas para la cooperación monetaria y el comercio internacional.

Fondos (9.1.B) *funds*. Las cantidades de dinero reunidas en una caja o en un depósito para llevar a cabo determinadas actividades económicas, tales como amortización de deudas, fomento de la agricultura, ayuda al desarrollo, etc.

Fondos de inversión (anexo II) *mutual funds, investment funds*. Instituciones cuyo patrimonio se materializa en una cartera de activos financieros, que se encuentra afecto a una pluralidad de inversores bajo la custodia de un depositario. Se gestiona y administra por una entidad gestora.

Fondos de pensiones (6.2.B) *pension funds*. Instituciones formadas por entidades financieras, compañías de seguros, sindicatos o mutualidades. Reciben aportaciones de sus socios con destino a inversiones de carácter mobiliario e inmobiliario.

Forestación (2.4.A) *forestry*. Acción y resultado de poblar un terreno con plantas forestales.

Franquicia (10.1.B) *franchising*. Método de colaboración entre dos empresas, por medio del cual una de ellas (franquiciador) cede a la otra (franquiciado) el derecho a fabricar o utilizar una marca comercial, servicio o producto ya acreditado a cambio de una compensación económica.

Franquiciadores (10.2.B) *franchisors*. Son los que establecen las normas y sistema para sus franquiciados.

Franquiciados (10.2.B) *franchisees*. Son los que aportan la inversión en una franquicia y se comprometen a seguir las normas y sistemas establecidos por el franquiciador.

Fuente de ingresos (2.4.A) *source of income*. El origen del dinero que entra en una empresa por sus ventas o la prestación de sus servicios.

Fundaciones (7.2.B) *trust*. Entidad jurídica cuyo patrimonio se dedica a actividades de utilidad pública e interés general sin fines de lucro.

Fusión (5.4.A) *merger*. La creación de un solo organismo o empresa a partir de dos o más previamente existentes, que ponen en común su patrimonio.

Futuros (7.1.B) *futures*. Acuerdo que obliga a las partes a comprar o vender un cierto número de bienes o valores en una fecha futura, a un precio establecido de antemano.

Galerías comerciales (5.4.B) *shopping malls*. Recinto con distintos tipos de tiendas.

Ganadería bovina (1.4.A) *bovine livestock*. Actividad de criar toros, vacas y bueyes para su comercialización o exportación.

Ganadería lanar (2.4.A) *sheep livestock*. Actividad de criar ganado que tiene lana, para su comercio o su exportación.

Ganadería ovina (1.4.A) *ovine livestock*. Relativo al ganado compuesto por ovejas, carneros y sus crías.

Ganadería vacuna (2.4.A). Ver ***Ganadería bovina***.

Grandes almacenes (5.4.B) *department store*. Recinto o edificio de grandes dimensiones con distintas secciones en las que se venden al público artículos diversos.

Grandes superficies (1.4.B) *major retail outlets*. Recintos o edificios de grandes dimensiones donde se venden a través de expositores todo tipo de productos.

Heladas (1.2.B) *frost*. Descenso repentino de las temperaturas por debajo de cero grados centígrados, facilitando la formación de hielo y causando graves daños en la agricultura.

Hiperinflación (1.4.C) *hyperinflation*. Alza de los precios de la más alta intensidad, por encima incluso de los tres dígitos (más del 1000 por 100 anual), cuando otra moneda –el dólar casi siempre– o toda una serie de bienes (cigarrillos, cerveza, chocolate, etc.) acaban por sustituir al dinero oficial como patrón de intercambio.

Hipermercados (4.4.B) *hypermarkets*. Establecimiento comercial dentro de la gama de las grandes superficies. En él se presenta al consumidor una amplia variedad de productos todavía más extensa que la incluida en los supermercados.

Imagen corporativa (8.3.B) *corporative image*. Símbolo que identifica una corporación o sociedad.

Importaciones (1.4.C) *imports*. Compra de bienes al exterior.

Improvisación (4.3.B) *improvisation*. Acción de improvisar. Obra hecha repentinamente, sin preparación.

Impuesto a los ingresos (5.4.B) *income tax*. Dinero que cada persona tiene que pagar al Estado a través de la Hacienda Pública, siempre que tenga ganancias de cualquier tipo. Este dinero suele ser siempre proporcional a dichas ganancias.

Impuestos indirectos (5.4.B) *valued added tax (VAT)*. Impuesto que grava el consumo, y que se exige con ocasión de las transacciones, entregas de bienes y prestaciones de servicios. Grava únicamente al valor añadido en cada fase de los procesos de producción y distribución.

Impuesto sobre el patrimonio (5.4.B) *capital tax, capital levy*. Es el que grava los bienes de una persona física (fincas urbanas, valores mobiliarios, etc.).

Impuesto sobre las ventas (7.4.B) *sales tax*. Impuesto indirecto que se aplica sobre un porcentaje del valor de diversos productos vendidos al público en general.

Impuesto sobre sociedades (3.4.B) *corporate/business tax*. Grava las ganancias generales en la empresa (beneficio bruto menos amortizaciones) con un tipo único. En España, grava el 35% del beneficio antes de los impuestos.

Impuesto sobre el valor agregado (1.4.B) *value added tax (VAT)*. Así se le llama en algunos países de Iberoamérica. Grava el consumo, y se exige con ocasión de las transacciones, entregas de bienes y prestaciones de servicios que se realizan en la actividad empresarial o profesional. Grava únicamente el valor añadido en cada fase de los procesos de producción y distribución.

Incentivos fiscales (5.4.B) *fiscal incentives*. Estímulos ofrecidos por las entidades de gobierno regional o nacional a las empresas para que inviertan o contraten trabajadores en determinadas condiciones. Dichos estímulos suelen materializarse en el pago de menores impuestos.

Incubadoras de empresas (9.1.B) *company incubators*. Programas destinados a formar a jóvenes emprendedores en el desarrollo de nuevas empresas.

Industria conservera (4.1.B) *canning industry*. Fábrica o empresa que se dedica al envasado herméticoco o al vacío de productos naturales.

Industria ligera (5.4.A) *light industry*. Industria que elabora productos relacionados directamente con el consumo a partir de materias primas o productos semielaborados. Por ejemplo, industrias textiles y alimentarias.

Industria pesada (2.4.A) *heavy industry*. Industria que realiza la primera elaboración de materias primas y produce máquinas, motores y otros instrumentos que necesitan otras actividades industriales. Por ejemplo, industria siderúrgica y de la construcción naval.

Industria reductora (3.4.A) *fishmeal industry*. Industria especializada en la obtención de harinas a partir del pescado.

Industrialización (5.1.B) *industrialisation*. Acción y resultado de industrializar.

Industrias de transformación (3.1.B) *processing industry*. Industrias especializadas en la elaboración de productos más complejos a partir de materias primas agrícolas.

Industrias fabriles (5.1.B) *manufacturing industry*. Se refiere en general a las fábricas donde se transforman materias básicas en productos elaborados.

Información privilegiada (7.1.B) *insider trading*. Práctica prohibida por la Ley en algunas bolsas consistente en comprar o vender según las informaciones secretas sobre ciertos valores.

Infraestructura (1.1.B) *infrastructure*. Conjunto de medios necesarios para el desarrollo de una actividad.

Ingresos (4.4.C) *income*. Dinero que entra en una empresa por sus ventas o la prestación de sus servicios. Es un concepto relacionado con la contabilidad.

Inmigración (7.4.A) *immigration*. El fenómeno mediante el cual la población de otros lugares se establece en un país o región determinada.

Inmigrantes (2.1.B) *immigrants*. Personas que van a un lugar para intentar establecerse en él.

Inmobiliaria (7.1.B) *real estate agency*. Empresa que construye, vende o alquila viviendas y locales.

Inseguridad jurídica (1.4.A) *lack of legal security*. Situación en la que el sistema jurídico o las leyes de un país cambian constantemente y no se tienen garantías de cumplimiento de los acuerdos.

Inspección (5.4.B) *inspection*. Acción de controlar y vigilar personas, mercancías, aduanas, etc. para que se cumplan ciertas normas.

Integración (5.5.B) *integration*. Proceso por el cual se unen dos o más elementos individuales para formar una comunidad o unidad.

Intereses (6.2.B) *interests*. Cantidad que se paga como remuneración por la disponibilidad de una suma de dinero tomada en concepto de crédito.

Intermediación laboral (2.2.B) *mediation*. Actividad que consiste en intentar colaborar para resolver conflictos laborales entre dos partes.

Invernaderos (1.2.B) *greenhouses*. Lugares acondicionados en los que se cultivan plantas diversas resguardadas bajo plástico de las inclemencias del tiempo o fuera de su ámbito natural.

Inversiones (1.4.A) *investments*. Es la colocación de capitales líquidos en proyectos con la intención de que a la larga se recupere esa colocación con beneficios añadidos.

Inversiones transnacionales (anexo I) *foreign investments*. Son las inversiones que realizan países en otras naciones.

Inversor (10.1.B) *investor*. Persona que invierte su capital en algo con la esperanza de un mayor beneficio a corto, medio o largo plazo.

Juntas de accionistas (6.1.B) *general meetings of shareholders*. Representación máxima de la sociedad o empresa (sociedad anónima) que se celebra al menos una vez al año, con capacidad de decisión sobre los asuntos propios de su competencia. Todos los socios, incluso los que no hayan participado en ella, deben aceptar tales decisiones.

Latifundios (7.4.C) *large estates*. Finca rústica de gran extensión propiedad de una única persona.

Lavado de dinero (8.4.C) *money-laundering*. Expresión que equivale a "blanqueo de dinero", es decir, el dinero que proviene de actividades económicas ilícitas se invierte en actividades legales para así poder justificar su posesión.

Liberalización comercial (3.4.B) *trade deregulation*. Acción y efecto de liberalizar, es decir, eliminar oposiciones, impedimentos u obstáculos a cualquier aspecto de la actividad comercial.

Libre comercio (1.4.B) *free trade*. Libertad que se establece entre países a la hora de realizar la actividad de comprar, vender e intercambiar bienes o servicios.

Libre competencia (anexo I): *free competition*. Libertad en los mercados para que las empresas puedan competir entre sí y así ofrecer mejores precios y servicios a los consumidores.

Licencia (10.4.B) *bussiness licence*. Documento que da permiso a su poseedor para algo, en este caso, para explotar, con ciertas condiciones, un invento ajeno. Se suele conceder a cambio de un *canon* o *royalty*.

Liderazgo (2.3.B) *leadership*. Situación de superioridad en que se halla una empresa, un producto o un sector económico dentro de su ámbito.

Líneas aéreas (9.1.B) *airlines*. Vía, comunicación, que en este caso se realiza por aire, en avión.

Macroproyecto (5.2.B) *large-scale project*. Proyecto diseñado para realizarse a gran escala, como conjunto de grandes magnitudes.

Mano de obra (2.1.B) *labor*. El factor trabajo en una empresa o en un país. También se refiere al conjunto de personas que trabajan o están disponibles para trabajar.

Mantenimiento (9.2.B) *maintenance*. Conjunto de operaciones y cuidados necesarios para que las instalaciones, edificios, industrias, etc. puedan seguir funcionando adecuadamente.

Manufacturas (3.4.A) *manufacture*. Obras o productos hechos con la ayuda de una máquina.

Maquiladoras (9.4.A). Término utilizado en México y otros países de América Latina. Fábricas destinadas a manufacturas diversas para su exportación.

Máquinas-herramienta (5.1.B) *machine tools*. Máquinas que sirven para la producción de otras máquinas o bienes.

Marcas (5.1.B) *brand*. Distintivo o señal que el fabricante pone a los productos de su industria, y cuyo uso le pertenece exclusivamente una vez inscrita en el registro competente.

Márgenes (7.2.B) *margins*. Cantidad aproximada de beneficio que nos ofrece una venta o las ventas en un mercado y que se calcula para evaluar la posibilidad de realizar la venta.

Marina mercante (anexo III) *merchant navy*. Conjunto de barcos de un país, junto con el personal que los atiende y las cosas que le son propias, que se dedica al transporte de mercancías.

Materias primas (1.4.A) *raw materials*. Materiales primeros y básicos que la industria o fabricación necesita para realizar sus labores (aunque provengan de otras operaciones industriales) de transformación.

Mecanización (10.4.A) *mechanization*. Acción o resultado de mecanizar.

Medio ambiente (6.4.C) *environment*. Conjunto de circunstancias de la naturaleza exteriores a un ser vivo.

Medios de pago (7.2.B) *means /methods of payment*. Instrumentos que se utilizan en el comercio para pagar deudas y servicios prestados.

Mercado Común del Sur (Mercosur) (1.4.B) *South America Common Market*. Oficialmente fue constituido el 26 de marzo de 1991 por el "Tratado de Asunción", firmado en dicha capital por Argentina, Brasil, Paraguay y Uruguay, y en el que se establecen cuatro instrumentos para alcanzar el futuro mercado común: desarme arancelario y liberalización comercial progresiva para llegar al arancel cero y a la libre circulación de bienes y servicios; arancel externo común frente a terceros países; adopción de acuerdos, mayor competitividad en el exterior y coordinación de las políticas económicas. Actualmente Chile y Bolivia son países observadores.

Mercado comunitario (1.2.B) *Common Market*. Mercado que se establece por acuerdo entre países que pertenece y revierte en la comunidad. Por extensión suele referirse al mercado de los países que integran la Unión Europea.

Mercado de abastos (6.4.B) *central/food market*. Mercado en el que se realiza la actividad de proveer de alimentos, víveres y productos de primera necesidad.

Mercado doméstico (9.2.B) *domestic market*. El mercado del propio país.

Mercado laboral (2.2.B) *labor market*. Mercado del trabajo, en sus aspectos económicos, jurídicos y sociales.

Mercado monetario (5.4.A) *monetary maket*. Es aquel mercado financiero en el que se negocian activos financieros que tienen un corto plazo de vencimiento, una alta liquidez, y un bajo riesgo debido a la solvencia de los emisores. Son mercados de mayoristas, por el importe medio de las operaciones que se cruzan. Su importancia radica en su estrecha vinculación a la política monetaria y económica.

Mercado negro (10.4.B) *black market*. Dícese de aquel en que se produce tráfico clandestino de mercancías, de moneda o de activos financieros, a precios distintos de los eventualmente legales y al margen de la fiscalidad.

Mercado secundario (7.1.B) *secondary market*. Se denomina así cualquier tipo de foro de contratación en el cual un empresario mayorista, de mercancías o de títulos valores realiza ventas a compradores al mejor precio.

Mobiliaria (7.1.B) *negotiable, transferable*. Dicho por lo común de los efectos públicos al portador, o transferibles por endoso.

Monopolios (10.1.B) *monopolies*. Forma concreta de mercado en el que solo existe un ofertante, que por su situación de dominio, al no haber competencia, puede imponer los precios que más le interesen para alcanzar el mayor beneficio. Para ello reduce, si es preciso, la oferta.

Multinacionales (1.4.A) *multinational corporations*. Expresión abreviada para referirse a las empresas con sedes y filiales en muchos países del mundo, y conocidas en los países hispanohablantes, generalmente, como transnacionales.

Mundialización (10.1.B) *globalization*. Se refiere al hecho de que algo alcance dimensiones mundiales o afecte a la mayoría de la población del mundo. En este caso referido a la economía.

Negocio on line (9.2.B) *on line business*. Al igual que en el caso del concepto "comercio", aquí se refiere a la actividad de compra-venta a través de Internet.

Nivel de vida (10.4.A) *standard of living*. Conjunto de condiciones económicas, sociales, culturales, etc. que disfruta o que posee una persona o una sociedad determinada.

Notario (6.1.B) *notary public*. Funcionario público autorizado para dar fe de la veracidad de contratos, etc., dándole la forma legal requerida y siguiendo un ordenamiento jurídico determinado.

Obligaciones (7.1.B) *debentures, bonds*. Se refiere a los títulos representativos de una cantidad prestada a una sociedad de capitales. Se diferencia de la acción en que su propietario tiene derecho a cobrar un interés fijo aunque no haya beneficios en la sociedad y también se puede amortizar en cantidades fijas de una vez o cantidades periódicas.

Obligaciones convertibles (6.1.B) *convertible bond*. Característica de convertibilidad que puede asignarse a los bonos u obligaciones al objeto de permitir su sustitución por "acciones ordinarias" de la entidad emisora.

Obras hidráulicas (9.1.B) *hydraulic works*. Trabajos relacionados con la construcción destinados al agua, su aprovisionamiento, aprovechamiento tanto industrial, como fuente de energía.

OCDE (2.1.B) *OECD. Organization for Economic Cooperation and Development:* (Organización de Cooperación y Desarrollo Económico). Organización creada en 1961 para fomentar la cooperación entre países y el desarrollo de los países occidentales de Europa. También forman parte de ella EE.UU., Canadá, Japón, Australia y Nueva Zelanda.

Oligopolio (7.4.B) *oligopoly*. Forma concreta del mercado en la cual un reducido número de ofertantes controla la mayor parte de la oferta, pero sin llegar a un acuerdo entre sí, de modo que se mantiene cierta competencia oligopolística, que generalmente va paralela a la existencia de "marcas", cuya difusión en el mercado se intenta a través de estudios de marketing, promoción, publicidad.

Opciones (7.1.B) *options*. Contrato por el que se adquiere el derecho, mediante el pago de un precio o prima, de comprar *opción call* o vender, *opción put*, una determinada cantidad de un instrumento financiero concreto o un futuro, en, o hasta, una fecha futura y a un precio fijo, *strike price*.

Organismo supranacional (4.1.B) *international organization*. Institución de carácter internacional. Por ejemplo, las Naciones Unidas, el Banco Mundial, el Consejo de Europa, etc.

Organización de Naciones Unidas (ONU) (2.4.C) *United Nations*. Más conocida por su acrónimo ONU. Desde el punto de vista económico, ya antes de su solemne creación formal (24-4/26-6/1945, en la Conferencia de San Francisco) se habían promovido varios de sus organismos más importantes; entre ellos, en 1944 el Fondo Monetario Internacional (FMI) y el

Banco Internacional de Reconstrucción y Fomento (BIRF) en la Conferencia de Bretton Woods. Como organizaciones económicas dentro de la ONU deben mencionarse la FAO, la OIT, la OIEA y la UNCTAD. Las Naciones Unidas se han preocupado reiteradamente de los problemas del desarrollo del Tercer Mundo y han promovido distintos programas para el Desarrollo.

Organización Internacional del Trabajo (OIT) (9.4.A) *International Labor Organization*. Creada por la Sociedad de las Naciones, es uno de los organismos especializados de las Naciones Unidas. Con sede en Ginebra, se ocupa de lo relativo a las relaciones laborales que se discuten en su Asamblea General, de carácter anual, a la que asisten representantes de los empresarios, trabajadores, y administraciones públicas. Los trabajos de la OIT se materializan en convenciones, que son obligatorias para los Estados miembros que la firman. Entre ellas destacan las relativas a la negociación colectiva, la igualdad de salarios a trabajo igual, la libre sindicación, etc.

Orografía (1.1.B) *orography*. Parte de la geografía física que trata de las montañas.

PAC (Política Agrícola Común) (4.1.B) *Common Agricultural Policy*. La forman el conjunto de reglamentos que sobre los más variados temas de agricultura, ganadería, cuestiones forestales, etc. han venido publicando las instituciones de lo que hoy constituye la Unión Europea desde 1958, tras sentarse las bases de la agricultura comunitaria en la Conferencia de Stressa. Los Reglamentos desarrollan el artículo 39 del Tratado de Roma, tendiendo a garantizar a los agricultores niveles de precios remuneradores para sus productos. Se expresa en todo un sistema productivo basado en precios guía para el mercado, de intervención para las compras de sostenimiento, y de entrada o umbral para impedir que los productos del exterior lleguen por debajo de ciertas cotizaciones.

PIB (Producto Interior Bruto) (1.4.A) *Gross Domestic Product*. La suma del valor de todos los bienes y servicios finales producidos en un país –por lo cual se denomina interior– en un año. Se habla de bienes y servicios finales porque es producción consolidada, que implica la "agregación" sector por sector, eliminando posibles duplicaciones de cálculo. Se le llama bruto porque en él no se deducen las "amortizaciones".

Pacto andino (7.4.B). Los cinco países fundadores de este acuerdo fueron Bolivia, Chile, Colombia, Ecuador y Perú. Venezuela se sumó en 1973 y Chile se retiró en 1976. El grupo andino se transformó en la Comunidad Andina (CAN) en 1988. Su objetivo fue conseguir una unión aduanera y una regulación del tratamiento de los capitales extranjeros, llevar a cabo programas para racionalizar la producción industrial y mejorar la financiación.

Paquetes (8.2.B) *tourist package*. Conjunto de servicios, especialmente en el sector turístico, que se ofertan a un precio más bajo con la condición de comprar grandes cantidades.

Paro (2.1.B) *unemployment*. Carencia de trabajo por causa independiente de la voluntad del trabajador, y normalmente también de la del empresario.

Parque móvil (10.4.B) *car fleet*. Conjunto de los vehículos o máquinas de cierta clase o utilidad, considerados unitariamente, que pertenecen a un organismo oficial.

Parques tecnológicos (9.1.B) *technological parks*. Es el espacio asignado para la implantación de las muestras de los nuevos avances en las industrias de tecnología al público en general.

Participaciones (6.1.B) *capital share*. Presencia física o jurídica en el capital de una empresa, de forma directa, o a través de otra empresa previamente participada.

Patentes (5.1.B) *patents*. Figura jurídica conforme a la cual un inventor inscribe el fruto de su ingenio en el Registro de la Propiedad Industrial, con lo cual se le confiere el monopolio temporal de su explotación, de modo que quienes quieran aprovecharlo deben pagarle un canon, a fijarlo contractualmente.

Patrimonio (6.1.B) *patrimony, assets*. El conjunto de la propiedad de una persona física o jurídica, incluyendo los derechos inherentes, salvo los estrictamente personales.

Peaje (1.4.B) *toll*. Derecho de tránsito por algún lugar, en tierra o mar.

Pequeñas y medianas empresas (5.1.B) *Small and medium size enterprises*. Unidad de producción de dimensiones reducidas, en cuanto a su capital y número de empleados, frecuente en el sistema de libre empresa.

Per cápita (1.4.C.) (del latín). Por cabeza, quiere decir por persona.

Pernoctaciones (8.2.B) *overnight stay*. Acción o resultado de pernoctar: pasar la noche en algún lugar que no es el acostumbrado, en especial cuando se sale para viajar.

Personalidad jurídica (6.1.B) *legal/corporate person*. Entidad, en este caso con intereses mercantiles, que tiene una personalidad independientemente de los miembros que la formen, con sus propios derechos y obligaciones ante la ley.

Pesquerías (4.1.B) *fisheries*. Artes u oficios de la pesca y actividades relacionadas con ella.

Pesqueros (4.1.B) *fishing boats*. Barcos o buques relativos o pertenecientes a la actividad de la pesca.

Piedras preciosas (4.4.A) *precious stones*. Las piedras empleadas en joyería por sus rasgos excepcionales en cuanto a brillo, color o transparencia.

Plan de ajuste económico (7.4.A) *economic adjustment plan*. Planificación del proceso realizado por una empresa u organismo oficial, por el que se aspira a resolver desequilibrios económicos, como tensiones inflacionistas, déficit público, desfases en balanza de pagos, exceso de oferta, etc. El ajuste puede implicar medidas monetarias, reducción del gasto público, moderación salarial, reconversión industrial, etc.

Plan de convertibililadad (1.4.C) *convertibility plan*. Plan que posibilita, por expreso compromiso oficial, el cambio de moneda en oro o en otra moneda, convertible en oro, o de la más amplia aceptación mundial (desde 1944 es el dólar).

Plan Real (4.4.A). Programa de estabilización económica iniciado en Brasil en 1994.

Planes y fondos de pensiones (7.1.B) *pension schemes/funds*. Institución colectiva cuyo objetivo es la concesión de prestaciones económicas a sus integrantes, como complemento de las coberturas de la Seguridad Social. Su patrimonio ha de estar incorporado en un fondo de pensiones (cantidad de dinero reunido en una caja o depósito para llevar a cabo determinadas actividades económicas). Sus promotores pueden ser cualquier entidad, corporación o sociedad. Sus partícipes son las personas físicas en cuyo interés se crea el plan.

Planificación centralizada (10.4.A) *central planning*. Planificación generalmente central con la finalidad de tomar las decisiones necesarias para la organización de algo, y en economía para fijar las previsiones del crecimiento a nivel sectorial o global, poniendo los medios financieros y estableciendo los objetivos concretos para un período determinado.

Plaza financiera (2.4.A) *financial center*. Ciudad que ha desarrollado un sólido sector bancario que atrae recursos de otros países.

Plazas residenciales (2.2.B) *rooms in a residential home*. Espacio, lugar o sitio que alguien puede ocupar en un lugar o edificio en el que vive una comunidad que comparte determinadas condiciones. Suele utilizarse para referirse a las plazas en residencias destinadas a la tercera edad.

Población activa (2.1.B) *labor force, work force*. Según la Organización Internacional del Trabajo (OIT) son todos los ocupados más los que están buscando empleo. Puede medirse en relación con la población total, o tomando como base aquella parte de la población que está en edad de trabajar.

Poder adquisitivo (1.4.B) *purchaising power*. Capacidad de compra que tiene una persona o un grupo social como promedio; o bien la cantidad de bienes que en distintos momentos pueden comprarse con una suma de dinero contante.

Política agrícola Comunitaria (PAC) (3.1.B). Ver **PAC**.

Política monetaria (7.1.B) *monetary policy*. Tipo de política del lado de la demanda, mediante la cual el banco central de un país actúa sobre la cantidad de dinero, con el fin de influir en los niveles de renta, producción y empleo de la economía, siendo el tipo de interés el nexo de unión entre dinero y renta.

Políticas de competencias (anexo I) *powers policies*. Políticas dirigidas a establecer el organismo u organismos para los que es obligación o responsabilidad algún proyecto o empresa.

Porcino (3.1.B) *porcine*. Relativo o perteneciente al cerdo.

Precalificación (5.2.B) *prequalification*. Dar una puntuación o emitir una valoración sobre el estado o funcionamiento de algo como paso previo a una acción posterior.

Privatización (1.4.B) *privatization*. Transferencia de activos o de servicios públicos desde el control de los poderes del Estado y de otras autoridades al sector privado.

Productividad (3.1.B) *productivity*. Es la imputación que puede hacerse de las distintas producciones de un factor concreto. Normalmente se determina por el cociente que resulta de dividir el volumen total de producción por la magnitud representativa del factor. La productividad es el elemento básico en lo que respecta a la capacidad de competir en los mercados, puesto que indica el mejor o peor uso que se hace de los factores de producción.

Productos hortofrutícolas (1.2.B) *fruit and vegetables*. Productos que se obtienen del proceso y actividad relacionada con el cultivo y recolección de hortalizas y frutas.

PYME (5.1.B). Ver ***Pequeñas y Medianas Empresas***.

Ratios (7.2.B) *ratios*. Palabra latina que sirve para expresar la relación cuantificada entre dos fenómenos, representativa de una situación concreta de rentabilidad, de utilización de recursos ajenos, de nivel de inversiones, etc. Los ratios son muy utilizados en contabilidad a partir de los balances y de las cuentas de pérdidas o ganancias.

Reaseguros (7.1.B) *reinsurance*. Consiste en la contratación de una compañía de seguros con otras para hacer que el riesgo de una póliza se diluya, asumiendo la reaseguradora una proporción tanto del riesgo como de la prima.

Reconversión (4.2.B) *restructuring*. Conjunto de medidas de política económica que tiene por objeto reestructurar sectores en crisis y reducir la capacidad de oferta para adaptarse a una demanda determinada.

Reconvertido (5.4.A) *restructured*. Sector o ámbito productivo que ha sufrido la acción de la reconversión.

Recursos ajenos (7.1.B) *liabilities*. Son aquellas deudas, de cualquier tipo, que una empresa ha contraído con personas distintas de sus propios accionistas.

Recursos mineros (2.4.A) *mining resources*. Medios, en este caso procedentes de la actividad minera, con los que cuenta un país para su funcionamiento y objetivos.

Red de telecomunicaciones (9.1.B) *telecommunication network*. Conjunto de enlaces, conexiones y aparatos que permiten el acceso o intercambio de información y comunicación que pueden funcionar globalmente y a grandes distancias.

Red hospitalaria (2.2.B) *hospitals*. El conjunto de hospitales de una población, región o país.

Red viaria (9.1.B) *road network*. Conjunto organizado y sistemático de carreteras y vías terrestres de comunicación.

Redes comerciales (3.2.B) *commercial network*. Las formas de organización logística para distribuir los productos de las empresas tanto dentro de su propio país como en el extranjero.

Réditos (7.4.A) *interest*. Cantidad que se paga como remuneración por la disponibilidad de una suma de dinero tomada en concepto de crédito.

Refino (5.1.B) *refining*. Se dice del proceso de refinado de los metales. Quitar las impurezas a algo.

Reforma económica (1.4.A) *economic reform*. Conjunto de medidas o cambios realizados en la economía de un país con la finalidad de mejorarla.

Reforma fiscal (9.4.A) *tax reform*. Conjunto de medidas o cambios que afectan a lo relativo o perteneciente al fisco.

Regadíos (1.1.B) *irrigation*. Se dice de los terrenos con plantaciones que requieren riegos. Sistema o instalación con que se efectúa la acción de llevar agua a las plantaciones.

Registro mercantil (6.1.B) *Companies Registration Office*. Institución oficial pública en la que suelen inscribirse todas las sociedades para facilitar las actividades mercantiles de todo tipo.

Renta per cápita (anexo II) *per capita income*. Es el PNN, Producto Nacional Neto, al coste de los factores, visto no desde el lado de la producción, sino como retribución de los factores (salarios, Seguridad Social de los trabajadores, beneficios de empresarios, amortización del capital, etc.) Las dos magnitudes, renta per cápita y renta por individuo activo, conceptos básicos en el estudio de la distribución personal de la renta y en el análisis de la productividad global del sistema económico.

Rentabilidad (4.4.B) *profitability, return*. Es la relación, generalmente expresada en porcentaje, que se establece entre el rendimiento económico que proporciona una determinada operación y lo que se ha invertido en ella.

Rentables (3.1.B) *profitable*. Acciones u operaciones económicas que producen rentabilidad.

Rentas (3.1.B) *revenues, income*. Utilidad o beneficio que rinde anualmente una cosa, como puede ser una vivienda en alquiler o una tierra arrendada para fines agrícolas.

Representante (8.4.C) *agent, representative or salesperson*. Persona que promueve y concierta la venta de productos de una determinada firma comercial desplazándose al lugar del comprador.

Reservas (7.2.B) *reserves, retained earnings*. Parte de los beneficios netos de una empresa que, en lugar de distribuirlos a los accionistas en forma de dividendos, los retiene la sociedad para desarrollar su producción, autofinanciación, etc.

Responsabilidad ilimitada (6.1.B) *unlimited liability*. Obligación que tiene un empresario autónomo o colectivo de responder con sus propiedades a la hora de hacer frente a las deficiencias o pérdidas producidas en su empresa.

Restauración (10.2.B) *restaurant industry*. Industria o actividades que se relacionan con la gastronomía y los restaurantes y, en general, con todo el sector hostelero.

Retención (6.2.B) *withholding*. Es la de carácter fiscal que realiza un ente pagador al satisfacer cierto tipo de prestaciones, honorarios, etc., ya sean personales o de capital, y que deben ingresarse, a nombre del perceptor del ingreso, en el Tesoro Público.

Royalties (6.2.B). El porcentaje que en la venta de un producto tiene derecho a percibir, por contrato previo, el licenciatario o dueño de una patente, de un proceso de producción, etc.

Salazones (4.1.B) *salting*. Procesos u operaciones de conservación de la carne o el pescado en sal, o resultado de dicho proceso. Actividades industriales dedicadas a la fabricación de conservas con base principal en la sal.

Saneamientos (4.4.A) *restructuring*. Referido a una empresa o institución financiera, mejora de su situación económica o recuperación de una economía sana.

Secreto bancario (8.4.B) *bank secrecy*. Compromiso y obligación de los bancos de guardar absoluta discreción sobre lo concerniente a los negocios de su clientela.

Sector agrario (1.2.B) *agricultural sector*. En sentido económico estricto los "agregados", en este caso de la producción y actividad agrícola, del sistema productivo de bienes configurados a partir de los diferentes agentes económicos que pertenecen al sector primario.

Sector agropecuario (3.1.B) *farming sector*. Perteneciente al sector primario de la economía que compone los productos y actividades relacionadas con la agricultura y la ganadería.

Sector arrocero (2.4.A) *rice industry*. Subsector que se encuadra dentro del agrícola y que se dedica en exclusiva a la producción de un monoproducto, en este caso del arroz.

Sector de la automoción (anexo I) *automobile industry*. Sector de producción dedicado a la fabricación de vehículos.

Sector de la construcción (1.4.A) *building sector*. Uno de los subsectores pertenecientes al sector secundario, que se ocupa de la construcción de toda clase de edificios y obras distintas.

Sector exterior (10.1.B) *foreign sector*. Comprende el conjunto de las relaciones económicas de un país con el resto del mundo. Las principales fuentes de información sobre él son la "balanza de pagos" y las "estadísticas de aduanas".

Sector financiero (1.4.A) *financial sector*. Sector de la economía relativo a las finanzas, es decir, la banca, la bolsa, etc.

Sector industrial (1.4.A) *industrial sector*. También llamado sector secundario. Es el que cubre todas las actividades que implican la transformación de alimentos y materias primas a través de los más variados procesos industriales.

Sector informal (9.4.A) *the unofficial sector of the economy*. Sector de la economía que no tiene carácter oficial o no cumple con las obligaciones del Estado.

Sector manufacturero (1.4.A) *manufacturing sector*. Sector de la economía relativo a las manufacturas, es decir a los productos producidos manualmente o mediante un proceso industrial o de fabricación.

Sector petroquímico (4.4.A) *petrochemical sector*. Sector de la economía que abarca a las industrias o empresas que emplean el petróleo como materia prima para obtener productos químicos.

Sector primario (1.4.A) *primary sector*. Es el sector que abarca las actividades que significan una extracción de la naturaleza, sin más transformaciones que las realizadas por esta. Normalmente, se entiende que forman parte del sector primario la minería, la agricultura, la ganadería, la silvicultura y la pesca.

Sector privado (3.4.A) *private sector*. Dentro de la economía de carácter mercantilista, todo el ámbito referido a la financiación, el capital, etc., que pertenece a personas particulares y no a instituciones públicas.

Sector público (anexo I) *public sector*. Dentro de la economía, todo el ámbito que está directamente controlado por los poderes políticos, no solo las administraciones en el sentido estricto de la contabilidad nacional, sino también las empresas en las que participan el Estado, las demás instancias del poder. El sector público puede estar presente en toda una serie de manifestaciones productivas, financieras y de servicios.

Sector servicios (2.1.B) *services sector*. Sector de la economía en el que los comerciantes o las empresas ofrecen actividades a sus clientes para satisfacer algunas necesidades de éstos, y que no son artículos o mercancías materiales.

Sector siderúrgico (4.4.A) *iron and steel*. Sector de la economía que explota todo lo relativo a la extracción y elaboración industrial del hierro, que transforma el hierro en acero.

Sector sumergido (4.4.A) *underground, black economy*. Sector de la economía que es clandestino, se mantiene oculto y escapa al control estatal y fiscal.

Sector terciario (8.4.B) *tertiary sector*. En él se agrupan las actividades que utilizan distintas clases de equipos y de trabajo humano para atender las demandas de transporte, comunicaciones, banca, bolsa, seguros, turismo, etc. Tiene una importancia creciente en las economías más avanzadas, hasta el punto de que se habla de "sociedad de servicios", de "centro de servicios".

Semimanufacturas (10.1.B) *semifinished goods*. Proceso intermedio de producción donde se utiliza una parte de esfuerzo físico humano y otra de industria y mecanización.

Sequías (1.1.B) *droughts*. La falta de lluvia durante un tiempo prolongado que provoca profundas carestías de agua o las reservas de ésta.

Servicios (1.4.A) *services*. Parte fundamental de la economía de un país, que normalmente se incluye en el sector terciario, que no es ni agrario ni industrial. Ejemplo de servicios son: comunicaciones, seguros, comercio, banca, educación, sanidad, transporte, turismo, etc. La exportación e importación de servicios realizada por un país se refleja en la "balanza de servicios".

Servicios financieros (3.4.A) *financial services*. Servicios relativos a las cuestiones bancarias y bursátiles, o a los grandes negocios mercantiles.

Siderurgia (5.1.B) *coal and steel*. Industria dedicada a la extracción y elaboración del hierro.

Sindical (8.3.B) *union [trade]*. Relativo o perteneciente a un sindicato. El sindicato es la organización de trabajadores que procura informar de las obligaciones y proteger los derechos de sus miembros o afiliados.

Sindicalizados (7.4.C) *unionized*. Referido a un trabajador, que pertenece a un sindicato.

Sistema financiero (9.4.B) *financial system*. Conjunto de instituciones que actúan como intermediarias, captando recursos de los ahorradores y encauzándolos hacia la financiación de particulares, empresas, instituciones, etc.

Sistema productivo (1.1.B) *productive system*. Conjunto de leyes, normas y procedimientos que regulan una forma de producción dada.

Sobreexplotación (5.4.A) *overexploitation*. Exceso de gasto o explotación de una materia prima o producto natural determinado.

Sociedad Anónima (S.A.) (6.1.B) *corporation, joint-stock company, public limited company*. Sociedad mercantil cuyo capital se divide en acciones integradas por las aportaciones de los socios, que son transmisibles de modo libre. Los socios no responden con su patrimonio personal ante las deudas de la sociedad. Está gobernada por una Junta General de Accionistas. Es la única sociedad mercantil cuyas acciones pueden cotizar en Bolsa.

Sociedad de Responsabilidad Limitada (S.R.L) (6.1.B) *private limited company*. Sociedad mercantil mixta, es decir tanto personalista como capitalista, que ha de inscribirse en el Registro Mercantil. Este tipo de sociedad tiene un número de socios reducido y su responsabilidad se limita al capital que aporte cada uno. Dicho capital está dividido en participaciones iguales, acumulables e indivisibles, que no pueden llamarse acciones ni venderse libremente sin avisar previamente a la sociedad, quien puede oponerse a dicha venta comprando tales participaciones.

Sociedad en Comandita (S.Com.) (6.1.B) *limited partnership*. Tipo de sociedades comerciales que tienen dos tipos de socios, los de derechos y obligaciones plenas y los de derechos y obligaciones limitadas.

Sociedad Regular Colectiva (S.R.C) (6.1.B) *partnership*. Modalidad de sociedad mercantil personalista. En ella hay una sola clase de socios que son comerciantes, participan en la gestión de la sociedad y responden por igual con su patrimonio personal de las deudas de la sociedad.

Sociedades mercantiles (6.1.B) *corporations, companies, firms*. Son sociedades, compañías que se constituyen por medio de una escritura pública presentada en el Registro Mercantil en la que varios socios se comprometen a poner en común bienes e industria para obtener una ganancia. Tiene personalidad jurídica, con un patrimonio y una responsabilidad propios, al margen de la personalidad de los socios. En todo caso tienen un fin lucrativo, pero se distinguen en sociedades personalistas y sociedades capitalistas, en función del criterio de selección de sus socios.

Sociedades mixtas (10.4.B) *mixed companies; joint ventures*. Sociedades o compañías que están formadas por dos o más empresas, normalmente de países diferentes. Su objetivo suele ser llevar a cabo algún proyecto de interés mutuo, la explotación de recursos, etc.

Socios colectivos (6.1.B) *partners*. Socios que pertenecen a una Sociedad Colectiva, de carácter mercantil con una base personalista, cuya responsabilidad es personal y solidaria entre los socios.

Socios comanditarios (6.1.B) *sleeping/silent partners*. En una sociedad comercial en comandita o comanditaria, se refiere a los socios con derechos y obligaciones limitadas. Son, además, los socios que aportan capital o recursos, pero no su participación directa en la gestión de la empresa.

Socios (6.1.B) *partners*. Personas o entidades que participan en una sociedad con la aportación de su capital, su trabajo, crédito o todo a la vez, según la naturaleza de dicha sociedad.

Solvencia (7.2.B) *solvency*. Capacidad para pagar las deudas.

Subsectores (1.4.A) *subsectors*. Cada una de las partes en que se divide un sector.

Subsidios (anexo I) *subsidies*. Ayudas económicas que recibe alguien del Estado o de una organización humanitaria para paliar la ausencia o insuficiencia de recursos. También se aplica a la subvención o ayuda económica que concede un Estado a una actividad o a un sector de la economía del país para que se mantenga en el mercado y no desaparezca.

Subvenciones (3.1.B) *subsidies*. Transferencias, generalmente de las administraciones públicas a las empresas, o a las familias o a instituciones sin fines de lucro, destinadas a enjugar pérdidas o a fomentar actividades que impulsen el crecimiento económico.

Sucursales (6.2.B) *branches, branch offices*. Establecimientos o entidades sin personalidad jurídica propia que dependen de una empresa matriz y que están situadas en lugares diferentes.

Tasa de fecundidad (2.1.B) *fertility rate*. Porcentaje o valor que se calcula para expresar numéricamente la magnitud de la fertilidad o procreación.

Tasa de inflación (anexo I) *inflation rate*. Porcentaje de la elevación general de precios. Se habla de inflación de costes cuando en lo fundamental se debe al alza de los factores de producción (salarios, tipos de interés, precios del suelo, de la energía, de las materias primas, etc.) y de inflación de demanda, cuando es imputable, principalmente, al aumento de las intenciones de consumo, que por las rigideces de la oferta no tienen otra respuesta que la elevación de los precios.

Tasa de Natalidad (2.1.B) *birth rate*. El valor o porcentaje que se calcula para expresar numéricamente la proporción de personas que nacen en un período de tiempo y lugar determinados. Se aplica a la totalidad de nacimientos.

Tasa (4.4.B) *fixed price, fee, tax*. Antiguamente, el precio que se establecía como máximo por las autoridades para el comercio de un determinado producto. En el ámbito fiscal, el pago que realiza un ciudadano de todo o parte del coste de un servicio público.

Tejido industrial (2.4.A) *industrial organization*. Conjunto homogéneo y organizado de la industria y sus múltiples relaciones, llegando a constituir un todo entrelazado y unido.

Temporada alta (8.1.B) *high season*. Referido al sector del turismo. Se dice de los periodos (semanas o meses) en que se produce la máxima actividad y volumen de negocios.

Temporales (1.2.B) *storms*. Perturbaciones atmosféricas que suelen durar cierto tiempo y se caracterizan por lluvias torrenciales, fuertes vientos, nieve, etc. Suelen provocar daños en las cosechas, problemas en las comunicaciones terrestres o marítimas, inundaciones y otros tipos de desastres.

Tercera edad (2.2.B) *old age, older people*. Periodo de la vejez o conjunto de personas que ya son ancianos o se han jubilado.

Terciarización (9.4.A) *tertiarization*. Cuando el sector terciario de la economía de un país va haciéndose cada vez más importante y tiene un mayor peso en el conjunto de sus actividades.

Terratenientes (7.4.C) *landlords, landowners*. Son los propietarios de tierras que tienen en ellas lo principal de su patrimonio, y que por lo general, no las explotan de forma directa.

Tesorería (7.1.B) *cash*. También llamada caja. Representa en un balance la cantidad de dinero que una empresa tiene en "efectivo". En su sentido amplio, incluye las inversiones financieras temporales, y engloba dinero en efectivo, cuentas y depósitos bancarios e inversiones financieras muy líquidas.

Tiendas de conveniencia (10.1.B) *convenience store*. Este concepto es un calco del inglés. En español debería decirse tienda tradicional o de artículos de consumo. Se refiere también a esas pequeñas tiendas para cualquier apuro o las llamadas tiendas de la esquina donde se vende un poco de todo.

Tiendas de descuento (10.1.B) *discount store*. Comercios, establecimientos que venden productos a precios más bajos que los demás comercios, ya que reducen los costes a base de tener menos personal contratado, exhibir los productos en sus cajas y no invertir en escaparates, etc. Se les llama también tiendas de super-descuento.

Tipo de cambio (1.4.C) *exchange rate*. Es la relación de equivalentes entre dos monedas, medida por el número de unidades de un país que es preciso entregar para adquirir una unidad monetaria de otro país. Puede expresarse para billetes o para divisas, siendo más favorable el segundo, por ser un mercado menos expuesto. Puede hablarse de tipo de cambio al contado, a plazo, fijo y flotante.

Tipo impositivo (6.2.B) *tax rate*. Es la cantidad fija, tanto por ciento, o escala de cantidad que sirve para la aplicación de un gravamen. Hay tipos diferentes. "fijo" que son los mismos cualquiera que sea la cuantía de la base, "progresivos" los que varían con el incremento de la base y "regresivo" en que el aumento de la base comporta la disminución del tipo.

Tipos de interés (6.2.B) *interest rates*. Se define como el precio del dinero. Es la forma de cuantificar, generalmente en tanto por ciento anual, las cantidades que el deudor habrá de pagar al acreedor –además de la devolución principal– como retribución del capital recibido a crédito.

Titularidad de la tierra (5.4.A) *land ownership*. Condición que se aplica a la persona que es titular, a cuyo nombre figura la propiedad de un terreno.

Tour operators (8.1.B). Se llaman así las agencias de viajes de grandes dimensiones con carácter de multinacionales en el sector turístico.

Transporte de carga (6.4.B) *freight transportation*. Transporte de gran cantidad de materiales o productos en vehículos de gran capacidad.

Tratado de Libre Comercio de América del Norte (TLCAN) (9.4.B) *NAFTA [North American Free Trade Agreement* Acuerdo firmado en 1989 entre Estados Unidos, Canadá y México para facilitar el libre comercio de mercancías entre los tres estados. Facilita también la movilidad entre profesionales y empresarios de los tres países. El tratado empezó a ser operativo en 1994.

Ultramarinos (10.1.B) *grocer`s shop*. Tienda de productos comestibles en general.

Unión aduanera (1.4.C) *Customs Union*. Proceso histórico ya con diversas experiencias en el pasado. Desde 1958, funciona la Unión de la Comunidad Europea. En la Unión Aduanera, un conjunto de mercados previamente separados y con "aranceles de aduanas" inde-

pendientes frente al exterior, crean un "mercado común", procediendo para ello al "desarme" arancelario entre sus estados miembros (generalmente realizado de forma paulatina para evitar elevados costes sociales), al tiempo que se realiza la aproximación de todos los componentes de la unión a un "arancel aduanero común", previamente acordado.

Usura (7.1.B) *usury, profiteering*. Interés o ganancia excesivos aplicados a un préstamo.

Valor añadido (3.4.A) *added value*. En un bien –producto agrícola, industrial, etc.– es la parte de su valoración total que se incorpora en una determinada fase del proceso productivo, por la aplicación de trabajo y capital al producto de la fase inmediatamente precedente.

Valor nominal (6.1.B) *face/nominal value*. Se dice del valor que figura como nominal (nombre) en cualquier título valor, billete o moneda. En este último caso puede quedar por debajo del valor de su contenido en metal.

Venta ambulante (5.4.B) *hawking, street trading*. Se dice de la venta que hacen algunos comerciantes o vendedores que llevan las mercancías a distintos lugares en unas determinadas fechas y que, por lo general, tiene lugar en espacios al aire libre reservados para este fin en pueblos y ciudades.

Ventas sin establecimiento (10.1.B) *direct marketing excluding outlets*. Son las ventas que se realizan a través de catálogo, televisión, Internet, etc., donde el cliente no puede tocar el producto o probarlo antes de decidirse a comprarlo.

Vida laboral (2.1.B) *working life*. Actividad habitual en el funcionamiento de los trabajadores en su trabajo. El tipo de vida que hace la gente que trabaja.

Vitivinicultura (3.1.B) *grape and wine-growing*. Técnica y práctica del cultivo de la vid y de la elaboración del vino.

Volatilidad (3.4.A) *volatility*. En el negocio bursátil, la situación de determinadas "acciones" que experimentan alzas y bajas muy superiores a lo normal, por referencia a la evolución del índice general. Esos valores son objeto de operaciones a corto plazo, y cuando se generalizan expresan una situación de cierto nerviosismo.

Zona franca (8.4.C) *customs-free area, foreign trade zone*. Es un espacio claramente delimitado y cerrado, normalmente en las áreas portuarias, que se considera como ubicado al margen del territorio arancelario nacional. Dentro de ella pueden importarse géneros de procedencia extranjera, sin el pago de derechos aduaneros, para su transformación y ulterior exportación a otros países. Normalmente en las zonas francas no se autoriza la residencia de poblaciones, a diferencia de los puertos francos, donde sí hay población residente.